河北新報編集委員
寺島英弥

東日本大震災

何も終わらない福島の5年

飯舘・南相馬から

明石書店

まえがき

東日本大震災、福島第1原子力発電所事故から5年を過ぎて、頭に去来するのは「この5年間とは何であったか？」という問いです。２０１１年3月11日午後2月46分から刻まれている「被災地の時間」に生きる人々にとって、「あの日から○年」という節目とは、その度、何も終わっていない目の前の現実と否応なく向き合わされ、失われたもの、奪われたものに心の痛みとともに見つめ直し、明日を生きていくために再び自らを奮い立たせなければならない、険しくつらい峠越えのような試練です。いまだ旅の終わりが見えぬ、どこまでも「途上」の風景です。

私がいま思い浮かべているのは、この5年の間に通ってきた福島県浜通りの原発事故被災地の風景。住民が避難したままの無人の町や村には除染作業の重機やダンプの音だけが響き、先祖の墓地は雑草に埋もれ、汚染土を詰めたフレコンバッグの山が山野に広がっています。全住民が避難する飯舘村には17年3月末を期日に、政府による「避難指示解除」が迫っていますが、未解決の問題がそのままの姿でさらされた村の風景の1年後を、私はいまだ想像することができずにいます。

集落の隣人が何人戻ってくるのか分からない。しかし、仲間なしでは孤立して生きるほかない地域共同体の再生を苦慮する人、環境省による除染後も残存する放射性物質の除去を訴え、安全な帰還のために自ら除染実験に挑む人。被災地にまとわりつく「風評」の厳しさにあらがい、生業再開の可能性を模索する人。異郷の仮設住宅で心身を弱らせる高齢の仲間たちを、自らも病を抱えながら支えてきた人。原発事故後の混乱で心を痛めて古里を離れる決断をし、慣れぬ風土でコメ作りと格闘している人。

東北の大震災を伝え続けてきた河北新報の記者の１人として、また原発事故被災地となった福島県相馬地方を古里とする者として、私は飯舘村や南相馬市に通いながら、そんな人々と出会いの縁をもらってきました。1本の短いニュースでは「いま」の断片しか見えず、あまりに早い時の流れに消え去ってしまいますが、そこへ通いながら続報を重ねていくことで初めて、人の語る言葉の後ろに連なる長い前史、苦闘から生まれた選択、明日を生き直そうという決断の意味を、被災地から遠い地域の人たちにも伝えられるのではないか、と念じてきました。

大震災発生から3日後の2011年3月14日から、取材先での出来事やノートを埋めた当事者の言葉をできる限り記録しようと、ブログ「余震の中で新聞を作る」を書いています。それも5年を超えて、つづってきた被災地の物語は158回になりました。「大震災4年」となった15年3月11日を迎えたころ、私は当時の状況を次のように記していました。

『「復興をどんどん進めていくには、日本の経済を強くしていかなければなりません」。14年12月、安倍首相は衆院選の第一声を相馬市の漁港で挙げ、看板の経済政策アベノミクスの成果やバラ色の効用を説いた。地元の人々が責任ある約束を何よりも聴きたい「廃炉」「汚染水」に一言も触れず。ある漁業者は「よその世界の話のようだった」と振り返った。被災地で「売り上げが震災前の8割に回復した」水産加工業者はわずか40%——という水産庁の最新の調査結果が15年3月7日の河北新報に載った。回答数で最多の31%を「販路の確保・風評被害」が占め、「人材の確保」が25%で続いた。ありのままの現実だ。被災地が望むのは、アベノミクス景気のおこぼれではない。東京オリンピックのブームから置き去りにされる未来でもない。再び自らの生業で立ち、古里で生きられる日々だ。2015年3月11日午後2時46分から刻まれる「大震災5年目」も、その現実から始まっている。「続報」の取材も終わりなく続いていく。』

このブログをまとめた4冊目の本として15年5月に出た『東日本大震災4年目の記録　風評の厚き壁を前に』（明石書店）の前書きの一節です。文中の「再び自らの生業で立ち、古里で生きられる日々」を取り戻せるのか――という問いは、そこから1年がたってもまだ答えが見えないままです。さらに次の1年を記録していったブログの主題は自然と、同胞の地である福島県浜通りの状況と推移に絞られていきました。

「帰るか、帰れぬのか」の選択が住民により切実にのしかかる中で、除染作業の遅れ、農地に居座る汚染土袋の山、屋敷林に貼りついた放射性物質への不安、対策が見いだせぬ「風評」との闘い、帰る人を孤立から救う支え合いの不在への懸念、共同作業や祭りの存続も難しくなる地域の行方など、むしろ「帰還」への難題があらわになっていくと感じられたからです。政治の側が大震災、原発事故に幕引きするかのように振りまく「復興」の明るい響きが現実を覆い隠そうとし、逆に被災地には厳しい正念場が迫る状況で、同胞たちはどのような選択をし、生き直そうとしているのか？　古里の未来はどうなろうとしているのか？　そんな新たな現実を記録しなければなりません。

東日本大震災　何も終わらない福島の5年　飯舘・南相馬から

目次

第１章

帰れるか、帰れぬのか
―比曽から問う

避難指示解除、帰村への思い

行政区懇談会に住民集う

2015年5月27日の夕方。福島市飯野町にある飯舘村飯野出張所（役場仮庁舎）の会議室に続々と人が詰めかけ、午後6時半には約60人を数えました。4年前の東京電力福島第1発電所事故のため、全村避難中の同村比曽《ひそ》地区の住民たちです。村内に20地区ある行政区の住民と村幹部の「行政区懇談会」が4月下旬に始まり、比曽が13地区目の開催になりました。福島市、二本松市などそれぞれの避難先で5年目の生活を迎えた住民たちは、久しぶりの顔合わせに「よう、元気か」と声を掛け合い、雑談の中から「〝比曽村〟は見捨てられたところだからな……」という言葉も漏れてきます。

比曽は飯舘村の南部にあり、長泥、蕨平《わらびだいら》とともに、江戸時代から続いた旧比曽村（1898年に旧飯樋村と合併して飯曽村、1956年に旧大舘村と合併して飯舘村）を成す地区でした。現在、86戸が行政区の自治会に入っています。村で唯一の帰還困難区域とされた長泥地区に接し、村内で15地区が指定された居住制限区域（他に避難解除準備区域が4地区）の中でも放射線量が高い区域に含まれています。

村が懇談会で配った資料に、「広報いいたて」に公表した各地区の空間線量（定点で測定）の推移がありました。11年4月の8・45マイクロシーベルト（毎時）もあった比曽の定点（宅地）は、14年10月

2015年５月27日夕に開かれた比曽行政区懇談会＝福島市の飯舘村飯野出張所

の時点でも２・87を記録し、同じ居住制限区域にある村中心部の関根・松塚地区の同時期の１・63と比べても高いことが分かります。政府の避難指示解除の要件の一つに、年間の空間線量が20ミリシーベルト以下になることが確実であること――とありますが、その毎時換算の数値（２・28）をも上回っています。

行政区懇談会は、村が新年度の村政の方針を住民に伝え、質問や要望を受ける対話の集会ですが、原発事故後は、除染や賠償、支援などに関する情報伝達、政府の方針をめぐる村の対応の説明、住民との意思疎通、村としてのつながりを保つ場になっています。とりわけ今回の懇談会は、住民にとって重大な関心を持たざるを得ないタイミングでした。

『自民党の東日本大震災復興加速化本部は14日、震災と東京電力福島第１原発事故からの復興に向けた５次提言の骨子案を発表した。住民避難が続く福島県内の「居住制限区域」と「避難指示解除準備区域」について、事故から6年となる2017年3月までに避難指示を解除する目標を示した。今月中にも正式に取りまとめ、政府に提案する。』(15年5月15日の河北新報より)

原発事故から6年が経過する17年3月までに、帰還困難区域を除く避難指示区域について指示を解除する。つまり、被災者1人1人の避難生活が再来年3月まで、という期限を切られ、いまこの時も除染作業が続いている古里への「帰還」をするか否か—の選択、判断を迫られることになったのです。与党の提言案は政府の方針決定の前提になるもので、政治がそうした形で、ついに原発事故の幕引きにかじを切った、と言えました。報道から間もなく開かれた行政区懇談会は、その説明を村幹部に求める場となりました。「17年3月」というリミットを政治から突きつけられた原発事故被災地の住民が、どう受け止め、何を問題と感じ、問うているのか——。比曽の行政区懇談会で聴いた声をお伝えします。

「避難指示解除」に戸惑い

懇談会で、比曽行政区長の菅野秀一さん(53)が最初に質問の手を挙げました。「(17年3月までの避難指示解除についての)新聞報道を知って、村民は不安でたまらない。説明を随時してもらいたい。私たちは懇談会の1週間前に、比曽行政区としての『質問書』を作成した。安心できる場所に安心して戻れることが、我々の願いだ。その環境を確保してほしい」

菅野典雄村長にあてて、行政区の役員の手でまとめた質問書は次のような内容です。

『昨年度から国の(家屋)除染、本年度から農地除染が開始されたばかりの今の状況で避難指示区域の解除時期が報道されることに、大変不安を持っています。早急の帰還を住民が望むのは当然ですが、それは、それ以前のような健康で安心して暮らせる環境と（戻っても）生活できる経済的な裏付けがあってのことです。来年度末までに、この条件が整備されるのでしょうか。

いまだに安心して帰還できる住環境の空間線量基準の明示も、また生産意欲を抱かせるための農地の放射性物質汚染の低減に向けた対策も進んでいるように見えませんし、農地の詳しい汚染土調査もされていないように思われます。

避難指示区域設定、および避難当時の混乱の時期での状況と、避難指示区域解除と住民帰還の進め方は違います。放射性物質による空間線量および土壌汚染に対しての検証と結論づけを慎重に行うべきです。安心して帰還できる住環境の確保および住民の収入確保、耕作意欲のもてる農地復興を進めることが重要と考えます。まずは生活弱者を最優先に対策を行うことをお願いいたします。』

ここにつづられたものが、比曽地区住民が共有する思いでした。その上で質問書は、避難指示解除の根拠を住民に明らかにするよう、飯舘村と政府に求めています。実は、自民党の5次提言案が発表されるひと月足らず前、菅野村長もまた避難解除の時期について言及していました。以下は、15年4月22日の河北新報記事の一部です。

『東京電力福島第1原発事故で全村避難が続く福島県飯舘村の菅野典雄村長は21日、帰還困難区域の長泥地区を除き、避難指示解除の時期について「遅くとも２０１７年３月」との認識を初めて示した。村議会臨時会で議員の質問に答えた。村はこれまで当面の解除目標時期を16年3月としていた。

長泥地区以外は避難指示解除準備区域と居住制限区域に分かれているが、両区域の一括解除を目指す意向も強調した。』

なぜ、被災地側の首長が自ら「帰村」の時期を語ったのか。当時、村民の間に波紋を呼んだ「2017年3月まで」との発言は、その後の自民党の提言案と重なっていました。質問書の「根拠を示してほしい」との問いは、そこに向けられたものです。菅野村長は、懇談会会場の最前列で幹部職員と並んで住民と向き合い、次のような趣旨を説明しました。

解除の根拠と現実が矛盾

「(2017年3月は)避難指示から5年たつことになる。(放射線量が最も高い)長泥地区には立ち入り制限のバリケードが張られ、除染の計画もない。何とかしたいが、(原発事故から)5年を超えても帰還できる見通しがない。帰還困難区域では財物が全額賠償となるが、比曽(など居住制限区域)はそれと同じにならない。そうした賠償の事情が関わってくる。少しでも補償を得ながら、早く帰れる人は帰る。そう国に交渉したい」

菅野村長が語った「根拠」は、政府が12年4月から原発事故被災地で実施した、放射線量による3種の避難区域への再編(飯舘村は同年7月)と、それに基づく東電の財物賠償基準から導いた5年という「物差し」でした。5次提言案の判断も同様とみられます。が、避難区域再編の機械的な線引きそのものに、「同じ自治体内でも、道路一つ挟んで扱いが違うのは納得できない」といった異論が当初から被災地にありました。懇談会でも、この後に続いた比曽の住民たちの声が「物差し」そのものの矛盾を衝《つ》いていきました。

「仮々置き場はどうなるのか。避難指示解除までに、農地の復旧はできるのか」。ある農家の男性が質問したのは、それまでに生業の場となる農地が再生され、住民の手に戻るのか、という当然の確認でした。

仮々置き場は、除染後の汚染土を詰めた黒いフレコンバッグなど廃棄物を仮置きする施設で、飯舘村は当初、仮置き場の候補地を村内で一本化しました。しかし、環境省が「地理的に不適」として、代わりに、造成が容易な水田などを地区ごとに借り上げました。それで「仮々」と呼ばれています。福島県内の除染廃棄物は、福島第1原発周辺の双葉町、大熊町に同省が建設予定の「中間貯蔵施設」に搬出される計画ですが、その用地の確保自体が進展していません。仮々置き場の撤去期限も、各行政区には明示されていません。

比曽では、地区の中心を占める優良な水田を27ヘクタール分も仮々置き場用地に借り上げられ、造成工事が行われているさなか。村の除染担当者は「環境省側から、当分の間、田んぼの利用をお世話になりたい、という話があった」と苦しい回答をしました。

参加者に配られた資料「今後の除染工事工程等について」には、環境省の見解として「平成27（2015）年6月末を目途として、同意済み宅地の除染を完了」「平成28年度末（17年3月）までに除染を終了」とあります。しかし、詳しいスケジュールを見ると、計画通りに農地（田畑）の除染、その後の客土と地力回復工事（肥料などを投入）を終えるのは、放射線量がもともと低い二枚橋・須萱《すがや》、臼石、関根・松塚、前田・八和木《やわき》、大久保・外内の5地区だけ。比曽など14地区では、一連の作業が17年3月を超えて続きます（一部牧草地は18年3月以降も）。避難指示解除とともに地元に戻り、生業を再開するのは困難であり、その現実をよそにした見切り発車の提言案であることを、住民たちは知らされました。

問題山積の訴え続出

農家は再び手を挙げ、除染をめぐる質問をしました。「『局所除染』とは何だ。意味合いが矛盾している。除染をした後、家の前で3、4カ所くらい（放射線量が高い所が）まだあるというのなら、局所だが、家の裏は全部高いのが実態。矛盾ではないか」

この「局所的」という言葉は、懇談会の参加者に村が配った資料の一つ、環境省の「今後の除染工事工程等について」に載っています。正確には「局所的高線量対策工事」といい、「宅地除染終了後、コンクリート、アスファルト舗装のひび割れ・雨だれ等の局所的高線量箇所の空間線量調査・対応策の検討をする」「舗装部の切除、下部土壌除去、舗装復旧をする」といった説明があります。かなり補てん的、限定的な工事と言えますが、質問者が訴えたのは「宅地除染の後も、線量が高いままだ」という別次元の現実でした。

これについて菅野村長は「比曽は線量が下がらないと聞いている」と認め、除染担当者も「局所とはホットスポットを意味するが、問題は、家の裏（の線量）が全体に下がらない状況での対応。それを国に話している。実態を見て対応策を考えたい」と述べました。

「帰村が宣言される根拠というが、それは、生きていく見通しが立った時のことだと思う。立たなくても帰りたい、自分のような者もいることを考えて。営農を再開できても、高線量の中で食料生産をしても、消費者から警戒される。地元で生きていくすべはないのか」

「比曽でも田畑の除染が始まったが、（全村避難中に増えた）イノシシに土を掘り起こされて、大変な状況になっている。（環境省の除染方法は、表土から深さ5センチまでのはぎ取りだが）そんな除染をやられたのでは困る、と不安に思っている」

「地元に戻りたい人は、年寄りが多い。今の比曽の状況では、1、2年で戻れるはずがない。除染もインフラの回復も、どうなるか分からない。それなのに、『帰還』の話ばかり。高齢者世帯は、金取り（収入の道）がないのだから、姥捨《うばすて》山みたいになってしまう。何を目標に帰村したらいいのか、全然イメージがわかない」

問題は山積していました。門馬伸市副村長は次のような答えしか持ち合わせていませんでした。「政府が（2017年3月までの避難指示解除方針）決定すれば、村と議会に説明に来ると思う。我々も『解除ありき』では困り、村と議会だけに説明されては困る。皆さんの顔と声が届く所で、国の職員に説明してほしい。国の責任ある人に答えてもらわなくては」

「福島第1事故　16年度末までに避難解除　政府、福島復興改定指針決定」。河北新報の朝刊1面にこんな見出しが載ったのは、6月13日。そこからまた、比曽に通うことになりました。

居久根にとどまる高い放射線量

住民自ら全戸を検証測定

標高約600メートルの山懐にある飯舘村比曽の小盆地は、夏草に埋もれていました。2014年春から始まった環境省の本格除染は、86戸の家々を順繰りに作業員たちが巡った家屋除染が15年6月までに完了し、次に計画されている農地除染がようやく動きだしたばかりです。この日、7月18日は土曜とあって、ダンプやマイクロバスが行き交う慌ただしさも、全村避難中の住民たちの姿もなく、まぶしい空の下は無人の静けさでした。

南に延びる村道は、隣接する帰還困難区域・長泥地区のバリケード（通行制限の柵）に至ります。その途中に、目印の赤い車が止まっていました。そばに立っていたのは岩瀬広さん（40）。つくば市にある高エネルギー加速器研究機構の放射線研究者で、福島第1原発事故が起きた11年から、専門知識を生かして地元の住民を支援してきました。車の前に広がるのは、原発事故前は牧野だった広い草地で、その向こうに小さく民家が見えます。間もなく、ダダダダダと遠くから音が聞こえ、民家の方から50ccバイクが走ってきました。「比曽行政区　放射線測定中」と印刷された紙がライトの下に貼られています。

乗っていたのは比曽の前区長、菅野啓一さん(60)。バイクの荷台に載せた箱には放射線測定器があり、菅野さんは民家まで往復し、家の周りを徒歩で一巡し、線量を測ってきたのでした。測定機にはGPS(測位システム)が付き、線量と測定地点の両方を記録します。岩瀬さんは荷台の測定機を受け取ると、用意していたパソコンにその場でデータを入力しました。啓一さんは「これで、比曽の86戸の測定が全部終わったな。いやあ、疲れた」と相棒の肩をたたき、画面に浮かび上がった線量入りの「グーグルアース」のマップをのぞき込みました。

比曽地区で最後の1軒の検証測定を終えた啓一さん(左)と岩瀬さん=2015年7月18日

この測定作業は、比曽の自治組織である行政区が独自に、環境省による家屋除染の効果を検証する活動で、委託を受けた2人が5月下旬から延べ5日間にわたって行いました。比曽は村内に15地区ある居住制限区域(他に避難指示解除準備区域が4地区)の一つですが、「ここは『高線量地区』なんだ」と啓一さんは言います。目安の一つである村の定点測定(宅地)の空間線量は、原発事故後の11年4月の8・45マイクロシーベルト毎時から、15年4月に2・54マイクロシーベルトに減りました。しかし、政府・原子力災害対策本部が「避難指示解除要件」とする年間20ミリシーベルト（毎時単純換算にすれば2・28マイクロシーベルト）をなおも超えています。

啓一さんは、飯舘村が11年4月に全村避難（政府が計画的避難を指示）とされて以後、福島市内の避難先から、さまざまな作業があるたびに比曽に通っています。この日の測定活動を終わると、高台にある留守宅に岩瀬さんと一緒に戻り、居間にどっかと腰を下ろしました。2人は早速、初めて出そろった地区全体の状況をパソコンでチェックします。「やっぱり、傾向はどこも同じ。一目瞭然だ」と啓一さんは口を開き、その言葉の通り、画面上のマップには、家屋除染の終了後とは思えない数値が並んでいました。

居久根の林床を測定する啓一さん

測定したルートの空間線量の高低の分布が、青、緑、黄などの色で示されています。アルプスの緑の谷を思い起こさせる比曽の小盆地の南部の一角を試しに見ると、点在する家屋のまわりは、低い所でも毎時0・6〜0・9マイクロシーベルト台の数値で、さらに同1・2〜1・5マイクロシーベルト台が多くなり、高いところになると同2〜3マイクロシーベルト台もあります。「もっと細かく数値を見てみましょう」と岩瀬さんが加増を拡大し、1軒の家をクローズアップしました。畜産農家のようで、母屋のほか牛舎や納屋が7、8棟も見えます。線量の高低の色にはオレンジや赤が混じり、啓一さんが語った「傾向」がよりはっきり分かってきました。

放射線量が下がらぬまま

この家では、南に開けた家屋の玄関側で同0・8〜1・2の間の数値が目立ちます。「除染前には、玄関側でも3マイクロシーベルト以上あった」（啓一さん）といい、ひとまず除染の効果は確認できる数値でした。しかし、山林に面した裏手に目をやると、まるで別世界の様相になっていきます。家のまわりを歩くように数値の変化を追っていくと、それは1・4、1・6、1・7、1・9と上がっていき、家の裏側になると2・1、2・3、2・8、2・9、さらに3・0を超えます。「グーグルアース」では、裏手は、東北で居久根《いぐね》と呼ばれる屋敷林、山林の濃い緑に接しており、最も線量の高い部分は4・0〜5・67マイクロシーベルトに達しています。別の家では、やはり居久根の側が除染前の7・1マイクロシーベルトから3・5マイクロシーベルトにしか下がっていません。

全住民が避難する自治体について政府は6月、帰還困難区域を除いて「2017年3月に避難指示解除する」との方針を決定しました。「しかし、居久根を背負う家はほとんど線量が高止まり。この状態で、解除するから帰れというのか？」と啓一さんはうなりました。

前節で、5月27日に開かれた比曽地区と村幹部の行政区懇談会での議論を紹介しました。その中で、出席した住民の1人が「(環境省が家屋除染の後に補足的に検討する)『局所除染』とは何だ。意味合いが矛盾している。除染をした後、家の前で3、4カ所くらい（放射線量が高い所が）まだあるというのなら局所（ホットスポット）だが、家の裏は全部高いのが実態。矛盾ではないか」と発言していました。その意味が、5日間にわたる検証測定で裏付けられました。

啓一さんは、検証計測した数値の分布を一覧できる地図を作って行政区と全住民で共有し、裏手の再除染の要望を環境省福島環境再生事務所に行っていくそうです。「これまでも、『堆積物の除去』でなく『はぎ取り』の方法で居久根の除染をしてほしい、農家にとっては居久根も生活圏だと訴えてきた。もう、原因も解決策も分かっている」と語りました。

環境省が定める除染方法は、家屋のまわりや農地で「深さ5センチ」を基準に表土をはぎ取ります。これは放射性セシウムに、土壌の粘土分に吸着して離れなくなり、大半が深さ5センチ以内に密集するという性質が確かめられているためです。しかし、居久根など山林の部分では、奥行き20メートルまでの範囲に限り、落ちた葉や枝など林床の堆積物を除去するだけの方法を採っています。この基準の裏付けとして環境省が挙げているのが、福島第1原発から近い大熊町大川原地区で行った「森林除染モデル事業」の試験結果です。14年1月に出した冊子「家のそばの森はどうやって除染するの？〜森林除染についてて〜」（第1版）にこう記しています。

『これまでに、森林から生活圏に与える放射線の影響を調査したところ、生活圏から5〜10メートルまでの森林を除染することが、生活圏の空間線量率の低減に効果的でした』（例示の低減率は、10メートルまでの除染で約24・4％、20メートルまでで約24・1％、30メートルまでで約22・5％など）。樹木の伐採をしない理由は、『放射性物質の多くが森林の地表面へ移行しているため、伐採しても、生活圏の空間線量率の低減効果は限定的です』（例示は、皆伐した場所で低減率が3〜9％、間伐で8％程度)。そのため、多くの放射性物質が付着していると考えられる『落ち葉を取りのぞく』『落ちた枝を取りのぞく』方法を採っており、それで十分な効果がなく、葉や枝に付着した放射性物質による生活圏への影響が大きい場合のみに『林縁部(林縁から数メートル程度)の枝打ちを行います』

ではなぜ、比曽の放射線量が高止まりのままなのか? そこには、12年度、13年度で知見をまとめたという環境省の試験が想定しなかった「時間の経過」が関わっていました。

居久根の除染が不十分

比曽では、住民が専門家と組んで居久根と放射線量の関係を調べてきた経緯があります。啓一さんの仲間である農家の菅野義人さん(62)と、地元を支援する研究者の1人、防風林を長年研究をしてきた帯広畜産大の辻修教授(農業土木)は14年7月末、比曽で一番早く家屋除染が終わった農家の協力を得て、1年前に同じ家の敷地で測った数値との比較調査を行いました。

除染前に3~4マイクロシーベルトあった家屋の表側の放射線量(高さ1メートル)が、深さ5センチまで土をはぎ取った作業の後、1・1~1・4マイクロシーベルトに低減しました。しかし、家屋のすぐ裏に面した居久根の端では、線量が5・9マイクロシーベルトもあり、さらに居久根の奥に約12メートル入った地点では7・4マイクロシーベルトを計測し、どれだけ家のまわりを除染しても、居久根からの放射線の影響は明らかでした。

「家から一歩出ると、いつも放射線を気にしなければならないようでは、農家は不安で仕事をできない」と義人さんは14年9月末の取材で語りました。以下、ブログ120回『飯舘の春いまだ遠く・その4

除染の実相㊤』から紹介します。

『辻教授は、居久根の放射線量が高いままの原因を調べるため、除染が始まっていなかった義人さん宅の居久根で林床の土を採取し、比較分析をしました。その結果、家屋前の土のセシウムの濃度は、深さ1センチで7万ベクレル(1キロ当たり)ありましたが、2~5センチの深さで1850ベクレルに激減しました。これに対し、そこから約13メートル離れた地点の居久根の土では、深さ1センチで約24万8000ベクレル、2~5センチで約8万ベクレル、6~10センチでも約1万4000ベクレルに達しました。セシウムが居具根の土に深く入り込んでおり、「これ(林床の堆積物を除去する方法)では除染といえない」との疑問がわきます。

(中略)辻教授はこう解説してくれました。「林床では、落ち葉が腐って分解すると腐葉土になっていく。その過程で、葉に付いた放射性物質が外に離れる。これが土ならば、粘土分に付着する性質のあるセシウムはがっちり固定されるが、腐葉土の層には粘土がないので吸着せず、降ってくる雨水とともに下に動いていく。原発事故から3年半がたち、落ち葉は積もって腐葉土となり、セシウムは既に林床に染み込んでいる。表面の堆積物の除去だけでは不十分なことは明らかだ」』

比曽行政区は14年春、役員や元区長らをメンバーとする「除染協議会」を立ち上げ、本格除染のスタートとともに生じる問題を持ち寄り、話し合い、除染を統括する環境省福島環境再生事務所と交渉をする窓口としてきました。このような組織を独自に設けた行政区は、村内で他にありません。「そもそも放射線量の低い他の行政区と同じ基準、マニュアルで除染されても無意味。高線量地区の実情に応じて、はぎ取りを実行してほしい」と、これまで現地担当者を呼んでの説明や要望を重ね、辻教授との共同調査のデータも提出してきたそうです。「俺は比曽に帰ってくるつもり。また、土や居久根と暮らしていかなきゃならない。それは俺たちの代だけの問題じゃない。高線量の所を測って歩きながら、自分も被ばくしているのは確かだが、誰かがやらなきゃならない」。啓一さんはこう語りました。自ら「第3種放射線取扱主任者」の資格を勉強して取り、居久根の除染実験に取り組み、ある結果を出していたのです。

避難指示解除をなぜ急ぐ

きっかけは、自宅2階の室内の線量がどうしても下がらないことでした。12年8月末、住民の帰村に向けた生業、住環境の復旧支援活動をしているＮＰＯ法人「ふくしま再生の会」の有志、岩瀬さんらが、「この地域の除染技術の開発を、うちの家をモデルに実験してほしい」という啓一さんの提案を受け、敷地の土壌や線量の調査の後、高線量を示す瓦のコケやコンクリート床の土を洗い流し、雨樋下の土や家まわりの雑草、枯れ葉などを取りのぞきました。この作業には私も居合わせ、鮮明に記憶しています。村内でも先駆けの除染実験でしたが、２階部屋の室内線量が2・4マイクロシーベルト前後もあって全く下がらず、「問題は屋根ではなく、すぐ裏の杉林なのではないか」という仮説が議論されました。

岩瀬さんは当時から比曽全域の放射線量マップ作りを手伝っており、「家まわりの環境の高線量は共通しており、居久根が原因なのでは、という疑問が住民の間であった。福島第1原発から拡散した放射性物質が、背の高い居久根の杉林に最も多く降り注いだのではないか」と語りました。家の裏手と居久根の境界の空間線量は8〜9マイクロシーベルト、地表面は10〜20マイクロシーベルトに達しており、

啓一さんが支援者と共に自宅裏の居久根で行った除染実験
＝2012年９月８日

「居久根原因説」は強まりました。

啓一さんはそれから、福島市の避難先から自宅に通って居久根の枝打ちに独力で挑み、奥行き20メートル、高さ8メートルまでの杉の枝をすべて切り落としました。実験はさらに続き、最初の実験から2週間後の9月上旬、今度は啓一さんがバックホー（工事用の小型ショベルカー）を運転し、見通しが良くなった杉林の中を縦横に動いて土をはぎ取っていきました。その深さは12～13センチ。積もった枯れ葉や枝ごと、水を通さぬ粘土層まで深さ1・5メートルほどの穴を掘って埋設しました。冬仕事として20年以上も工事車両を操った腕前、杉林丸ごとの枝打ちをやり遂げる農家の力のすごさに驚きました。

『実験前後の線量の変化を測った結果、家と屋敷林の境の計測地点では、地表面が20・5マイクロシーベルトから1・8マイクロシーベルトに減り、地上1メートルの線量も9マイクロシーベルトから2マイクロシーベルトに減った。

家の周囲、屋敷林の計23地点で、実験後の計測値は1～3マイクロシーベルト（いずれも地上1メートル）と低く、生活圏を一体にした除染の効果が確かめられた。

菅野さんは「高所の枝切り、急斜面の場所での作業などに課題はあるが、実際にここまでやれると分かったことは希望だ。各地区の除染を行う国にデータを示し、住民の提案を採り入れてもらいたい」と話している。』（12年9月24日の河北新報記事より）

この時の居久根除染実験の成果も、比曽行政区を通して環境省の現地担当者に伝えられたそうです。住民たちが自助努力を積み重ねた要望として、啓一さんら除染協議会は「俺たちが現実に確かめたやり方で、再除染をしてほしい」と訴え続けて、その結果、福島環境再生事務所からは「放射線量がとりわけ高止まりの3軒の家を選んで（居久根の）試験除染を行う」との回答を引き出しました。

私も環境省・本省の除染チーム（放射性物質汚染対策担当）に電話をして比曽の現状を伝え、対応を尋ねたところ、「除染のやり方が悪いから放射線量が下がらない、という人はいるが、高い所には不可抗力的な理由もあるのではないか。効果が出るところは、制約条件をつけずにやるべき、との意見もある。全体の検証調査をし、まず全体の下がり具合と、（下がらない所に）どんな条件があるのかを確かめ、フォローアップの除染をするかどうか、村と相談させてもらう」という話でした。

しかし、村を通して前述の行政区懇談会で伝えられた対応は結局、アスファルト道路などの限定的な「局所除染」です。比曽の除染協議会にもまだ、現地担当者から「試験除染」の時期や方法について明確な回答がなく、どこまで期待できるのか、はっきりしません。

政府の避難指示解除要件の一つは、「空間被ばく線量が年間積算で20ミリシーベルト以下になるのが確実なこと」。福島第1原発事故後に採った暫定基準で、長期的に「年間1ミリシーベルト（毎時0・23マイクロシーベルト）以下を目指す」（原子力災害対策本部の『原子力災害からの福島復興の加速に向けて／改訂版』）とします。が、そのための工程表や方策は何ら示されていません。参考にチェルノブイリ原発事故の例を見ると、事故の5年後にできたチェルノブイリ法は、年間5ミリシーベルトを移住義務の一線としています。

「なぜ、実態を検証することなしに解除を急ぐのか。17年3月の期限と住民の安全と、どちらが大事なのか」と、啓一さんは問います。

「周辺地区」は置き去りなのか？

「復興拠点」計画への疑問

「避難先の家が近いから、寄っていったら？」。福島市飯野町の飯舘村飯野出張所で2015年5月27日夜、比曽地区の住民と菅野典雄村長ら村幹部との行政区懇談会を聴いた後、参加者の1人だった菅野義人さん（62）から声を掛けられました。2013年9月まで4期16年にわたって村議を務め、水田と子牛の繁殖を手掛ける農家でしたが、11年3月の東京電力福島第1原発事故の後、飼っていた36頭を苦渋の思いで手放し、二本松市内に家を借りて比曽に通っています。

農家菅野啓一さん（60）と長年の村づくりの盟友で、共に、比曽行政区が独自に組織した「除染協議会」メンバーです。住民有志との農地の土壌測定や、帯広畜産大の辻修教授と協働しての居久根（屋敷林）の放射能汚染実態調査にも取り組んできました。

飯野出張所から車で10分ほどの夜道は山あいに入り、長い坂の上の農家に至りました。「きょう説明されたのは、国のお金を使うがためのプランではないのか。俺たちの村のやり方ではない、という思いは自分だけではないだろう」と、義人さんは懇談会の感想を語りました。参加した住民たちの村に対する質問の多くは、高止まりする放射線量と不十分な除染への不安、憤りでした。義人さんが指摘したのは、村が3月にまとめ、比曽をはじめ全20地区の行政区懇談会で村が説明した「いいたて までいな復興計画（案）」（第5版）の内容。「ネットワーク型の新しいむらづくり」という副題の新しい復興計画案が掲げた「村内復興拠点」の話です。

「復興拠点は避難指示解除時の帰村者の生活をはじめ村の生活を支え、また、『人』、『もの』、『情報』が集まり、復興に向かう村のすがたを発信する『ネットワーク型の新しいむらづくり』の中心地として整備を進めます」。復興計画案はこう概要を説明しています。復興拠点は、村の中心部を東西に貫く県道原町川俣線の深谷地区に、道の駅「までい館」（物産の展示・販売と村の情報発信）を中心に、交流ホールとイベント広場、コンビニ（ミニスーパーと弁当宅配サービスの機能も）、花き栽培施設、集会所と復興住宅、太陽光発電施設、公園などを併設し、村民が働ける場にもするという計画です。道の駅は、政府が決めた避難指示解除の時期にタイミングを合わせ、17年3月までに完成を予定しています。政府が14年度に創設した福島再生加速化交付金を申請し、後押しを受けた計画です。それは、避難指示解除要件であるインフラや住民サービスの復旧が遅れた自治体に、復興の「顔」を促成する事業といえました。

義人さんは、震災翌年の12年12月に編まれた最初の復興計画（第1版）で、村議代表の1人として村民会議（策定委員会）委員に名を連ねました。「『までいの力』を結集して」という言葉が副題にある第1版は、「コミュニティの再生」について、行政区を中心にして帰村、除染、暮らし再生の検討が進むことを想定し、5年後に「希望する村民の帰村」によって地域コミュニティが再開し、さらに地域づくりが行われて10年後には復興が達成される、という目標を掲げました。そして、「既存の行政区と、避難でできた新たなコミュニティの両方を支援する」ことを重点施策の一つにしました。「住民による地域の再生＝村の復興」という考え方です。

ところが、新しい第5版の本編からは「行政区」の文字が消え、「復興拠点」のみが優先される結果となりました。逆に、「必要に応じて、居住エリアの集約とそれに合わせた20行政区の再編を検討する」という施策提案も盛られました。義人さんが懇談会で感じたものは「行政区、地域、住民の自助努力の切り捨て」につながるのではないか、という懸念です。村民代表が集って「までい」に手作りした第1版と違って、大手コンサルタントの三菱総合研究所が事務局に入って策定をまとめた事実も、「国のお金を使うがためのプランではないのか」「俺たちの村のやり方ではない」という思いを強めることになりました。それは、政府が「17年3月まで」というタイムリミットを切って「見た目の復興」を急がせることへの疑問を、住民たちに募らせました。

「周辺地区」から問う

比曽には、羽山神社、田《た》神社、愛宕神社、大明神という土地の神様があります。田神社は、ブログ71回『除染に挑む・飯舘／その6』でも紹介しました。いまは仮々置き場が造成されている田園の道路脇に、高さ10メートル、胸高周囲が6・1メートルの「神杉」と古い社があります。以下は、原発事故の翌12年4月下旬に聴いた菅野啓一さんの話です。

『「春は豊作祈願、秋は感謝祈願のお祭りがあって、屋台も並んでにぎわうんだ。ここは住民のほとんどが農家なので、農作業の合間にも休む人が多い。そこで、ムラづくりの自主事業としてミニ公園を整備したんだ。石のベンチの休憩所、神杉の保護の囲いや案内板も」。全世帯がムラづくりの会議に参加し、「お金はなくとも、体で助け合う。結《ゆい》のつながりが原点」』（同ブログより）。原発事故の後も、田神

除染現場に囲まれた、現在の田神社

社に住民が集まり、最後のお祭りをしてから避難したそうです。

羽山神社は、比曽の北外れの山上（標高約680メートル）にあり、里の鎮守です。旧4月8日の縁日に露店が立ち、戦前まで旧10月10日に「夜ごもり」が行われました。過疎もあって、約20年前から「四社大祭」（4つの神社の合同祭）が毎年11月3日に開かれてきました。「1日だけの合同の社《やしろ》を地区集会所に設けて、比曽の伝統芸能の『三匹獅子舞』や神楽、手踊りを皆で演じた」と、羽山神社の氏子総代長、菅野民雄さん（69）は語ります。若者のミニライブや「よさこい」の前夜祭の後、当日は婦人会が「収穫感謝鍋」を振る舞い、子ども向けの屋台や農産加工グループの試食販売会もあり、地区挙げての祭りとしてにぎわいました。が、やはり震災以後は途絶えています。

民雄さんを訪ねたのは7月23日。深い山林を背にして古い鳥居が立つ羽山神社のすぐ近くに、母屋と納屋がつながった農家造りの自宅があります。この日は福島市内の避難先から、家族と一緒に、お盆前に家のまわりの草刈りをしようと帰ったところでした。話を伺いたいと思ったきっかけは、5月27日にあった行政区懇談会での発言です。「羽山神社の参道も除染してほしい」という環境省への要望とともに、民雄さんはやはり「いいたて までいな復興計画（案）」（第5版）について、こう質問しました。

「復興計画案を読む気にならない。計画案がいう『復興』は村の中心部だけ。比曽など周辺地区は後回しなのか。（避難指示解除の後）帰村させる時期はどこも同じなのでしょう？ 周辺地区は、住民が自分たちで考えてやれ、と言われているようだ。どうしたらいいの？ どういう暮らしをしたらいいのか？ 私が帰りたい所の計画を立ててほしい」

この時、門馬伸市副村長は「計画案に載っていないからやらないのでない。見捨てたのか、と誤解したようだが、決してそうでない。こういうのはどうか、というものが皆さんの方で、出してほしい」と述べるのにとどまり、実際に村側に策がないことを印象づけました。

「周辺地区」という言葉を、筆者が飯舘村で耳にするのは初めてで、その意味をじかに尋ねたいと思いました。民雄さんは2代前の区長でもあり、1996年から04年前まで4期にわたって務めました。その時に始めたのが「わいわいがやがやサミット」、別名「周辺地区サミット」でした。08年にあった第7回の模様が「広報いいたて」にありました。それによると、参加したのは比曽、持ち回りのホスト役になった小宮のほか、佐須、大倉、八木沢・芦原、長泥、蕨平《わらびだいら》の7行政区の約50人。東京や埼玉、秋田から移住してきた4家族がゲストになった「までいな田舎暮らし」の体験トークと、地区の活性化をめぐる議論、民俗芸能と地元食材のフルコースを楽しむ懇親会という内容。すごいと感じたのは、村の中のさらに周縁の地域住民が主役になったサミットが、震災前年まで回を重ねたことです。

手作りの地域づくり

「区長になった翌年ごろだった。佐須（村の北端の行政区）の区長が飲み仲間で、『いつも、中央に集まれ、だな』という話題で意気投合したんだ。村役場などがある伊丹沢、商店街がある草野など、施設も行事も中心部に集まり、我々はいつも集められる側、遠くから駆けつける側だった。中心部の地区は、黙っていても便利に整備され、我々は陳情に行って初めて声が届いた。なにくそ、という自立心も育っていた。最初は5つの地区と記憶しているが、『気楽に飲んで思いを語り、意見を交換しよう』と呼び掛けた」

村の「中央と地方」の構図を克服しようと地元でも、区長の民雄さんを、菅野義人さん、啓一さんら若い世代が副区長などになって支え、新しい地域づくりを始めました。以下は、啓一さんを取材したブログ71回の続きです。

『広い田園を縁取る里山の道に、いくつも小さな公園がありました。「比曽の十三佛」という村指定文化財の傍らにある「愛宕公園」。比曽には昔、相馬と二本松を結んだ「塩の道」が通り、峠越えの人や物資の往来とともに、さまざまな神仏が道の端にまつられてきました。「番屋の公園」は、やはり信仰の石碑群が静かにたたずむ所で、「戦争の時代、出征する若者をここで見送り、お別れした」といいます。「ベンチを置いてきれいにしたら、年配者から『いろんな思い出がある場所。大切にしてくれて、ありがとう』と喜ばれたよ」

（中略）「ああ、ミズバショウ」と口を衝《つ》いて出ました。奥の木立を見やると、明るい日が差し込んだ林床に湿地が広がり、純白の花苞《かほう》が点々とどこまでも。厳しい放射線量に立ち向かう現実を、どこかへ忘れさせてしまうようでした。

1972年に村天然記念物に指定され、「比曽の宝」として住民が保護してきた場所です。「ここも、ムラづくりの事業で手を掛け、株を増やしてきたんだ。しかし、ずっと管理してきた農家のあるじも今は避難し、せっかくのミズバショウを見に訪れる人もいなくなった」と無念そうでした。』

それらのミニ公園は、村が各行政区に配った1000万円ずつの自主事業予算を元手に、住民の「地区別計画策定委員会」が10年を費やして議論、立案し、手作りで形にした場所です。全住民参加の成果には「比曽地区史」という冊子もあります。地元の歴史や故事伝承、文化財、民俗遺産などのほか、当時の87世帯の家系図を現在の家族写真とともに記録しました。家々の記憶とつながりをひもとき、寺の過去帳などを調べ、互いに持ち寄り、4、5世代前の江戸時代まで。「地区の中の信頼関係があってこそできた。他の地域では考えられない」と比曽の人々はいまも誇りにしています。

「若い人たちが応援してくれた。住民が皆、参加して話し合い、協力し合い、手間暇を掛けて手作りしたんだ。飯舘の『までい』な村づくりは、地域が担ってきた」と民雄さんは言います。「村が立派な拠点を造っても、施設に関わって生活できる人はいいが、『箱物』では後々、村財政の負担になるだけではないのか」

民雄さんは、避難先の福島市内に求めた中古住宅で家族と暮らしています。「古くなった母屋を解体するつもりだが、物置を改修して小屋を造り、捨てがたい昔の物を残し、厳しい冬以外の季節を比曽で過ごしたい。(標高約600メートルの高冷地で)夏は涼しいんだ」「うちの農地は田んぼ50～60アールだ

原発事故による避難後、比曽で初の共同作業となった墓地の草刈り＝2015年8月2日

けで、あとは借りた畑でタバコを栽培してきた。年を取って、足も悪くし、もう農業はやれない。戻っても（厳しい風評のため）ここで作物はもう作れまい」

心配するのは、氏子総代を務める羽山神社のこれからです。民雄さんは5月27日の行政区懇談会で、予定が立っていなかった神社参道の除染をしてほしいと訴え、村の働き掛けで環境省がその後、参道の両側2メートルずつの範囲で山上の社まで除染を実施しました。「しかし、境内の維持管理をどうするか、誰が担えるのか、祭りをまたやれるのか、見通しはない」。避難指示解除後に、住民の何人が比曽に帰るのかも分からないからだといいます。

避難後初の作業に集う

8月2日の朝、比曽の盆地の上には抜けるような夏の青空が広がりました。日曜日とあって、除染作業の現場は動きを止め、ただウィーン、ウィーンという動力式草刈り機の音があちこちから響きます。

広い田んぼに造成中の仮々置き場を見下ろす墓地で、地区の男衆ら約60人が、伸び放題だった雑草をみるみるうちに切り払っていきました。手慣れた農家の腕で、作業は30分足らずで完了。墓地にあるあずまやで飲み物を手に涼む住民に、行政区長の菅野秀一さん（53）があいさつしました。「こんなに大勢の仲間が久々に顔をそろえ、お墓をきれいにし、お盆に帰ってくる先祖たちもきっと喜んでくれるだろう」

秀一さんは、勤務先の電気工事店がある隣の川俣町に避難中です。12年3月に菅野啓一さんの後継の区長に選ばれ、行政区の役員に歴代の区長経験者を加えた「除染協議会」、婦人会メンバーを入れた「復興委員会」を設けて、山積する課題を毎月話し合ってきました。この朝の草刈りは、原発事故と住民の避難後、初めてとなる地元での共同作業でした。

「すべて手作りしたんだ」と、あずまやの天井を眺める菅野秀一さん

あずまやには、冷たい水をくめる井戸と手押しポンプがあり、「いっぷく公園らんばの森」と名づけられています。らんば、とは地元の古い言葉で墓（卵塔場）のこと。お盆や春秋の彼岸に、比曽の人々がこぞってお参りしました。まわ

りの田んぼで乾いたのども潤せるように、と男衆が土木作業や水道工事の腕を持ち寄って造った憩いの場です。ここもまた、全戸参加の委員会が計画し、総出で手作りしたミニ公園です。草刈りの後、参加者の多くが居残って近況を語り合い、思い出話で笑い合う光景も自然でした。しばらく使われていないポンプが壊れていると分かり、「すぐに直そう」という声も上がっていました。

「皆、集まりたい気持ちは一緒だった」と秀一さんは語りました。「参加者はもっと少ないかなと思っていた。でも、都合が悪くて出られない親の代わりに息子さんが来た家もあって、うれしかった。この機会を待っていたんだ。地区集会所の除染が去年終わり、集まりができる環境ができた。墓地の敷地の堆積物を除去する作業もようやく終わったのをきっかけに、共同作業を復活させようと考えた。比曽のコミュニティ再生の始まりにしたいと願って」

民雄さんの話にあった『比曽の三匹獅子舞』は、約350年前から伝わる芸能（村無形民俗文化財）です。雌雄の獅子による激しい動きの舞いで、豊作や豊猟を祈願し、病気や悪霊などを払う神事。羽山神社など地元の四社の祭りなどで演じられてきました。旧相馬中村藩の殿様からじきじきに許された「九曜の紋」が獅子頭の前垂れに添えられ、当時の比曽村が90戸から3戸に減ったと伝わる天明の飢饉（1783～87年）の後も、人々の復興を鼓舞してきました。避難生活中の現在も月1回、住民の比曽芸能保存会のメンバーが練習に集まり、福島県内外の舞台で披露しています。秀一さんは保存会長で、「30年前から舞っている」という継承者の1人。それを伝えてきた比曽のコミュニティを守り、維持することの意味も難しさも知っています。

共同体の再生を

秀一さんは5月27日の行政区懇談会で比曽住民を代表し、菅野典雄村長あてに質問書を出したことを前述しました。地区内の放射線量が高止まりの現状で政府が避難指示解除をする根拠を問い、徹底除染を求めたほかに、こんな質問も重ねました。

「村内には高齢者世帯、高齢者の独居世帯などの生活弱者を筆頭に、基幹産業である農家も農業収入がない状況で、帰還後の生活に恐々としている。（避難指示解除になれば）賠償も今後なくなっていく状況で、生活の糧をどのように求めたらよいのか」

「地区内にある商店、事業所（の再開）は活気ある地区再興に向けて必須条件ではないか」

「特に中心部より離れた村外縁地区の再生促進に向けた方策にも注力すべき」

「村内循環、村外アクセスの公共交通機関を今まで以上に整備する必要があるのではないか」

「行政サービスについても、（各地区への）巡回窓口、訪問サービスのほか、税負担（の軽減）など住民の負担の少ない方法で住民（の帰還）を支援し、帰村へ向けて飯舘村の新たな魅力を発信しなければならないのではないか」

「避難指示解除になっても、経済力があってどこでも暮らせる人はいいが、地元に一番帰りたい人は（年金以外に収入がない）高齢者ら弱い立場の人。支援がなくてはどうにもならない」と秀一さんは語りました。「隣の人が具合を悪くしたら助けに行く。畑で取れた野菜のおすそ分けをする。我々の地域が大事にしてきたつながりこそが、最高の福祉であり共助だ。それをつなぐ糸が切れてしまったら、どうなるか。（阪神淡路大震災後の被災地でも多発した）孤独死、孤立死につながる。だから、帰る人をバックアップできる環境づくりが、帰還のための条件だ」。そうした現実への危惧や配慮が、一方的な避難指示解除には欠けている、といいます。

秀一さんも、飯舘村の復興計画案（第5版）が掲げる「復興拠点」エリア建設の計画に対し、「拠点を分散させなくては、地域の復興の力はどんどんなくなり、再生の芽はなくなる」と危ぶんでいます。17年3月には、限界集落の状態、あるいは地区消滅の瀬戸際から再出発しなくてはならないのが現実。「これまで比曽のコミュニティ維持に参加してきた人、これから古里に戻ろうと決めた人、避難指示解除の後も戻れない人も共に関わり続け、いつでも集まり、交流し続けられる共同体にすることが必要であり、それこそが復興拠点づくりなのではないか」

３５０年の歴史がある『比曽の三匹獅子舞』を未来に伝承する活動と同様に、大勢の住民が再び集った草刈りの作業は、原発事故と避難の苦難を超えて墳墓の地を守り続ける意志を確かめ合う場になります。「新しい共同体を育てていかないと、帰る人も、離れる人も孤立していく。神社の祭りも、農地の維持管理も、共同作業もそうだ。だから、行政区ごとの再生を村と国は全力で支援してほしい」

課題を残したままの見切り発車

築100余年の家を残す決意

話は2015年7月18日の飯舘村比曽に戻ります。人影がない家々の一角から、トントントン、トントンと槌音が響いてきます。雑草だらけになった盆地中央の田んぼを望む、高台の赤いサイロがある農家の改築工事です。明治45（1902）年に建てられたと聞いた、2階建ての大きな母屋が骨組みだけになり、4、5人の大工さんが作業をしていました。

目に入ったのが、黒光りする柱と梁《はり》の太さ、立派さです。「4代前の先祖が建てたんだ。柱は杉と、奥の部分がヒノキ。痛みがなく構造もしっかりしていて、残せるものは残そうとやっているが、『五寸五分』といった昔の寸法なので、大工さんは大変だ。それに合わせて製材もしなくてはならない」。家主の菅野義人さん（62）は、どっしりそびえる、という貫禄で立つケヤキの大黒柱を見上げました。家と地域の縁の歴史そのものです。「ふすまを外すと、『田の字』の広間になり、昔は大勢の人が集まり、結婚式も葬式もここでやった」

この家を残す選択をした義人さんは、以前から、比曽に帰ることを決めています。2・1ヘクタールの田んぼのコメ作りと牛の繁殖を手がけ、2011年3月の東京電力福島第1原発事故の後、手塩に掛

４代前の先祖が建てた母屋の大黒柱に触れる義人さん

けた牛36頭を身を切られる思いで手放して、二本松市内に避難しました。

「それでも我々が頑張れるのは、先祖たちの努力を思い返せばこそ。できることは、それを引き継いで、後世に残すこと。『すっぱり壊して、新築すればいいだろう』と言う人もいる。が、引き継ぐべきものがあるから、帰還後、ここで生き続けるための基軸になる」

ここで思い出すのは、13年10月に義人さんを取材した折に聴いた、こんな言葉です。『萱野さんは、比曽に入植した初代から数えて15世代、約４００年続く農家で、開拓の難儀、大凶作、戦争を乗り越えて耕し、肥やし、守ってきた農地、集落であるといいます。

天明の飢饉（１７８３～87年）の話が出ました。相馬中村藩の山中郷《さんちゅうごう》と呼ばれた現飯舘村では約５００００人の４割が死亡・失踪し、当時91戸の比曽で残ったのが、わずか3戸でした。「生き残りの１戸が私の家だった。それが復興の原点。先人の労苦を思えば、乗り越えられない困難はない。歴史からもそう問われ、試されている」』（ブログ105回『生きる、天明の末裔として／飯舘　その１』より）。「すっぱり壊して、新築すればいい」という気持ちには、義人さんはなれません。

そうした歴史の歩みを共有する比曽の仲間が、政府が方針を決めた「2017年3月末までに」という避難指示解除の後、何人帰ってくるのか、86世帯の住民の誰にも定かではありません。まだ、決めかねている、という家も少なくないことでしょう（復興庁が15年3月に公表した飯舘村の住民意向調査では、『将来帰りたい』が29・4％、『戻らない』が26・5％、『まだ判断がつかない』が32・5％）。義人さんは最近、2代前の行政区長で、里の鎮守である羽山神社の氏子総代、菅野民雄さん（69）から、こんな相談を受けたそうです。「比曽に帰村する人だけで、地元の神社の維持管理をできないだろうか」。義人さんは「それは無理だ」としか言えませんでした。「コメ作りという共通の生業が途絶え、『結《ゆい》』の基盤がなくなったいま、義務だけを課せられない」

農地は、環境省の除染作業が終わった後、持ち主に返されます。が、農地を使うか否かに関わらず、その維持管理をしなくては、ただ耕作放棄地になって荒れるだけ。そうさせないためには草刈り、水路の泥さらいなどの共同作業が必要になります（地元では人足仕事といいます）。義人さんは、避難先の福島市に新居を建てて「（比曽にも家を残し）2世帯居住をする」という住民に、「人足に、その都度来てくれるか？」と尋ねたところ、「お茶飲みくらいはできるが、それ以外は勘弁して」と言われたそうです。また、別の住民からは「孫と一緒に暮らしたいので、（比曽から離れた）福島市にしか住めない」、あるいは「賠償金を細く長く使って暮らす」という話も聞いたそうです。義人さんは考えます。「帰るのか、帰れぬのか」という選択を分ける人それぞれの意識も、ばらばらの避難生活の中で離れていたのではないか、と。そして、帰る人だけが共同体維持の負担を背負うのでは、復興にならない、と。「ひと握りの帰還者が孤立し、つぶれたら、『復興』は失敗に終わる」

戻る人が主体になって議論を

除染後も高止まりする放射線量とともに、比曽という地域を復興する上での困難な課題が、コミュニティの再生です。「これまで比曽のコミュニティ維持に参加してきた人、これから古里に戻ろうと決めた人、避難指示解除の後も戻れない人も共に関わり続け、いつでも集まり、交流し続けられる共同体にすることが必要」「新しい共同体を育てていかないと、帰る人も、離れる人も孤立していく。神社の祭りも、農地の維持管理も、共同作業もそうだ。だから、行政区ごとの再生を村と国は全力で支援してほしい」。ブログ132回「帰れるか、帰れぬのか～飯舘村・比曽　その3」で、行政区長の菅野秀一さん(53)も、こう苦悩を語りました。

飯舘村の幹部らが比曽など村内20地区の住民との行政区懇談会で披露した「いいたて　までいな復興計画（案）」（第5版）の副題は、「ネットワーク型の新しいむらづくり」です。やはり、村に帰る人、村外に住むと決めた人、そして、支援する人がつながり、それぞれの場所から新しい村づくりに参加する――というイメージですが、それが現時点でいかに裏付け、実体のないスローガンであるかが、地域の当事者の暗中模索を知って初めて見えてきます。

「17年3月までの避難指示解除」という期限を政府から切られたいまは、帰村と地域再生をどうするか、「戻ろうという人が主体になって話し合い、準備していく時ではないか」と義人さんは提起します。「どうやって生活していくか、降りかかってくる問題をどう解決しておくべきか。現実に立ち向かって一歩を踏み出そうとするのなら、戻ろうと決めた地区の有志が集まっての話し合いを始めなくては。箱もの建設の『復興拠点』（村中心部の深谷地区に商業、交流、花作り、居住の施設を集める計画／ブログ132回参照）より、そこに村は予算を配分するべきではないか。地区ごとの行政区懇談会をこそ、その議論の場にするべきだった」

「計画案に載っていないからやらないのではない。見捨てたのか、と誤解したようだが、決してそうでない。こういうのはどうか、というものが皆さんの方で、出してほしい」「政府が（2017年3月までの避難指示解除方針）決定すれば、村と議会に説明に来ると思う。我々も『解除ありき』では困り、村と議会だけに説明されては困る。皆さんの顔と声が届く所で、国の職員に説明してほしい。国の責任ある人に答えてもらわなくては」。いずれのコメントも比曽の行政区懇談会で、村の幹部が住民の質問を受けて語った言葉です。復旧復興の事業予算の大半を国に依存し、住民の側に立って政府に声をぶつけることが難しい村の立場もあらわになりました。

「決定すれば、村と議会に説明に来ると思う」とそこで答弁された、避難指示解除についての政府の方針説明は、20行政区の正副区長を集めて7月15日、飯舘村役場飯野出張所で行われました。資料として配られたのは、政府の原子力災害対策本部が6月に上記の方針を盛り込み、閣議決定された「原子力災害からの福島復興の加速に向けて」（改訂版）という冊子です。出席した内閣府の担当者の説明は、方針を伝えるだけの公式的な内容で、各行政区の代表からはやはり、除染の不十分さへの不満や帰村後の生活再生の見通しのなさから異議が上がったといいます。義人さんも手を挙げ、「これほど政府と地元の主張が乖離しているのだから、あなた方に歩み寄ってもらうしかない。安心して帰村できる前提となる環境整備をしてほしい」と率直に訴えて回答を求めました。「ところが、担当者は『宅地のまわりの除染をすれば、避難解除、帰還は差し支えない』と平気で言った」

撤去時期不明の仮々置き場

義人さんの話を聴いた自宅から一歩外へ出ると、「アルプスの緑の谷の風景に似ている」と思ってきた比曽の盆地を望めます。ところが、いま、田園があった土地には、それを何百年も耕してきた住民の夢を黒く塗り込めるような袋の山が積まれています。環境省がいま、除染作業で出る汚染土のフレコンバッグを集積する仮々置き場を造成中で、菅野さんの水田もその下に埋もれつつあります。仮々置き場は、除染作業に先立って飯舘村が村内で一本化した仮置き場の候補地を、環境省が「地理的に不適」として、代わりに「仮々」の一時保管場所として地区ごとに借り上げた経緯があります。比曽だけでなく村内の多くの行政区で、集落から離れた山中や牧野よりも造成工事が容易な農地が選ばれました。

『見渡す限りの田園の真ん中に「仮々置き場を造り、はぎ取った土を置かせてほしいと国が言っている」というのです。菅野さんらは驚き、「廃土の仮々置き場など、集落や農地から離れた山の中に造成してもらいたい」と環境省の福島環境再生事務所に訴えたものの、「山だと、木を伐採する必要があり、造成の費用もかさむとの回答だった」と菅野さん。

「最低でも3年はそのままだろう。黒い袋で古里が埋まっているのを見た時、比曽に戻ろうとしていた人はどう思うか。戻ってまた農業をやろう、という気持ちもなえるのではないか」。中間貯蔵施設の建設がいつになるかによって、さらに存在が長期化する可能性もあります。(中略) 菅野さんによると、比曽地区の役員会に提示された仮々置き場案は、1980年から5年間にわたった土地改良事業で生まれた優良な田んぼ60ヘクタールのうち、約半分の27ヘクタール。「比曽の真ん中の一番いい農地に置かれたら、復興の妨げになる。われわれは、どうやって復興すればいいんだ？」と質すと、「それは、こちらの管轄ではない。早急に除染を進めたいためだ」との回答だったそうです。菅野さんは、復興の主体である住民として受け入れられない、との思いでしたが、問題は「是か非か」よりも複雑でした。』（ブログ105回『生きる、天明の末裔として／飯舘　その1』より）

14年10月の取材で義人さんから聴いた、このような懸念は現実になろうとしています。中間貯蔵施設は、福島第1原発事故の除染で出た汚染土など廃棄物を最長30年間保管する施設（大熊、双葉両町にまたがる1600ヘクタール、容量は2200立方メートル）で、環境省は14年4月に着工、15年1月の使用開始を目指していました。しかし、用地交渉は難航し、同省は15年8月28日、予定地の地権者2365人のうち7人しか売買契約ができていないことを明らかにしました。

「17年3月までに避難指示を解除する」という政府方針の前提にある矛盾は、優良農地だった比曽の中央部からの撤去時期さえも不明な仮々置き場の問題だけではありません。

5月27日にあった比曽の住民と村幹部との行政区懇談会にもう一度触れます。そこでも、17年3月までの避難指示解除とともに地元に戻り、生業を再開するのが困難であるという現実が示されました。『参加者に配られた資料「今後の除染工事工程等について」には、環境省の見解として「平成27（2015）年6月末を目途として、同意済み宅地の除染を完了」「平成28年度末（17年3月）までに除染を終了」とあります。しかし、詳しいスケジュールを見ると、計画通りに農地（田畑）の除染、その後の客土と地力回復工事（肥料などを投入）を終えるのは、放射線量がもともと低い二枚橋・須萱、臼石、関根・松塚、前田・八和木、大久保・外内の5地区だけ。比曽など14地区では、一連の作業が17年3月を

超えて続きます（一部牧草地は18年3月以降も）。』（ブログ130回『帰れるか、帰れぬのか～飯舘村・比曽　その1』より）

「農地の除染で、表土をはぎ取った（環境省の基準では深さ5センチ）後の客土にどんな土が使われるのか、知りたいと、行政区の役員会で先日、環境省（福島環境再生事務所）の担当者にサンプルを持ってきてもらった」と、義人さんは話を続けました。「見せられたのは、砂だった。セメントに混ぜるものと同じ山の砂だ。山の深いところにある花崗岩を細かくしたようなものだ。見た瞬間にもう、正直、農地に客土しようとは思わなかった。牧草地には、とても使えない」

除染後、山砂で覆われた農地＝前田地区

　話を聴いて、先行的に農地除染が進んだ前田地区の光景を思い浮かべました。比曽に車で向かう途中に、いつも眺める場所です。上の写真を見ていただくと、一目瞭然と思います。それは、かつての黒々とした農地でなく、一言で表現すれば、白い「砂漠」のようです。山砂が、基準通りにほぼ5センチの厚さで除染後の地面を覆い、手にすくえば、ざらざらとこぼれ落ち、雨の後もすぐに乾いています。この農地を返された持ち主は、途方にくれたのではないか、と想像するほかありませんでした。政府のいう農地再生とは、主体である農家が不在の「砂上の楼閣」なのではないか、というやりきれなさを感じました。

「見切り発車」を宣言したのか

環境省が農地除染の後に行う「地力回復」の工事は、次のようなマニュアルです。「原則として5000bq（ベクレル）／kg超の農地（除染等工事共通仕様書に定める「水田」及び「畑」）……剥ぎ取り、客土、耕起を実施。地力回復のためにゼオライト、ケイ酸カリウム、熔リンを散布」（14年7月26日発表の『福島県直轄除染エリア（11市町村）における営農再開に向けた連携方策について』より）。ゼオライトは、肥料の三要素である窒素、リン、カリウムなどを吸着し、土壌の保肥力を高めるという改良材です。放射性セシウムを根から吸収させにくくする働きもあります。が、それで土は回復するのか？　14年11月に義人さんから聴いた言葉がよみがえりました。農家の暮らしや歴史と何の縁もなかった、想像すらつかないであろう霞が関の人々と、比曽の篤農家の思いとのあまりに遠い距離を語ったようでした。

「田んぼ10アールから11俵（660キロ）を取れたのは、ひとえに土の力だった。そうなるまでが大変な苦労だった。比曽の地区を挙げて田んぼの基盤整備事業をしたのが、昭和55年から59年（1980～84年）。1反1反は広くなったが、（耕土をはぎ取られた）底土だけの所、排水が悪いところもあった。そこからが本当の始まりだ。稲刈りをした後の田んぼをうない（土を起こし）、堆肥を入れ、春にまた耕耘をして、少しずつ生産力を上げてきたんだ。比曽の冬は、土が凍りつくほど寒い。昔のトラクターは運転席が外にむき出しで、吹雪にさらされ、ハンドルを握る指が動かなくなるまで走らせ、堆肥をまき続けた」

「山の土につくる牧草地もそうだ。手っ取り早く化成肥料を入れて、効率よく牧草を育てようとしても、それを食べる牛が繁殖障害（受胎しないこと）を起こした。繰り返し堆肥をふって土を肥やし、いい草が育つようになって初めて、いい牛も育つようになった」

農業を再興しようとするなら、土をプラウ（トラクターに装着して深く掘り、反転耕する機材）で耕起し、一から本来の土作りをするしかないのかもしれない——と、義人さんは考えます。「この土地は、反転耕すれば必ず、石が大量に露出してくる。石との闘いになる」。石と闘いながら、鋤《すき》や鍬《くわ》で土を耕起し、比曽の地を開拓した先祖たちの歴史を繰り返すことになるのです。「地力回復のためには、石を取り除いてもらわなければ作土できなくなる。そこまでの工事を村や政府に要求しなければならなくなる」。しかし、現実には困難です。そこまで厳しさが増すのなら、農業で再び生きようとする人はいなくなります。原発事故被災地での生産活動に「風評」の重しが付いてまわるだけでなく、「壁」は次々に生まれます。「だが、このまま農地を荒らしたら、次の代に引き継ぐことができなくなる。子どもたちが戻れなくなる。改築しているこの家とともに、何とか、あと20年頑張れたらと思う」

政府が17年3月末までの避難指示解除を打ち出した「原子力災害からの福島復興の加速に向けて」（改訂版）には、前述した解除のための三つの要件（①放射線量が年間20ミリシーベルト以下であること、②生活のインフラ、サービスの回復、③県、市町村、住民との十分な協議）のほかに、こんな部分もあります。「避難指示が解除されたとしても、個々の住民の方々が故郷に帰還するか否かは、それぞれの様々な事情により判断がなされるものであり、国が避難指示を解除することをもって、住民の方々に帰還を強制するものではない」。つまり、政府が責任を持って安全を確保し、生活と生業再開の障害を取り除き、住民に帰還してもらう——のでなく、17年春以後の帰還も、それに伴ってリスクを負うことも、当

比曽の農地を埋めていく仮々置き場の造成現場と義人さん

事者の自己責任である――と、政府の責任回避を断り書きしたと読める一文です。高止まりする放射線量をはじめ、難問が山積する比曽の人々には、政府が前もって「見切り発車」を宣言したのと同じに響きます。明らかなのは、住民の意見が何ら汲み取られていないことです。

義人さんはこう問います。「17年3月末で避難指示を解除するが、帰るか否かの判断はお任せする。そう言われて、われわれはどうすればいいのか。政府は、被災地の復興が、そこに再び住もうとする者のコミュニティの再生が前提になることを全く念頭に置かず、避難指示解除と除染の成否の評価を切り離し、生業の土台となる農地さえも住民から切り離そうとしている。形の上の『復興』を早く宣言したいがために、本来あるべき筋道をばらばらに切り離したのか」。東日本大震災、福島第1原発事故を1年でも早く幕引きしようと、かじを切ったように見える政治の海図の先にあるのは何なのか、それは「復興五輪」の喧騒なのか、と。

帰村に向けた執念の除染

居久根は生活圏

「環境省が行った『実証事業』とは、こういうものだった」。2015年12月23日、飯舘村比曽の農業菅野義人さん（63）は、自宅から車で数分の距離にある1軒の留守宅を訪れ、裏手の居久根《いぐね》（屋敷林）に案内してくれました。高い杉林の居久根は、家の端から続く高さ5メートルほどの急な斜面の上にあります。その斜面の表土は工事ではぎ取られ、数十メートルにわたって真新しい土が露出しており、一番下には土砂の流出を防ぐ土留めが作られていました。

「実証事業」とは、つまり試験除染のことです。義人さんも役員を務める比曽行政区が繰り返し要望していました。86戸ある比曽では、同省による家屋の除染作業が15年春までに終わりました。が、義人さんの仲間である前区長の菅野啓一さん（60）が中心となって行政区独自の検証測定を全戸で行ったところ、多くの家で、居久根がある裏手の放射線量が高い実態が分かりました（ブログ131回『帰れるか、帰れぬのか～飯舘村・比曽　その2』参照）。

環境省の福島環境再生事務所に要望を重ねた末、「実証事業」が行われたのは3戸。除染後の検証測定では、家屋の表（玄関側）と裏手の放射線量がそれぞれ①0・7マイクロシーベルト（毎時）と3・

1マイクロシーベルト、②0・6マイクロシーベルトと4・7マイクロシーベルト、③1・1マイクロシーベルトと7・4マイクロシーベルト――と極端に違った結果が出ました。そのうちの1軒が義人さんに案内された家で、2代前の区長で羽山神社の氏子総代長、菅野民雄さん(69)の自宅です。「居久根から飛んでくる放射線の影響は明らかだ」と義人さん。居久根はただの山林ではありません。それぞれの家の財産で、子や孫が建てる家の材料など育てようと代々植えられ、守られてきました。2011年3月の福島第1原発事故で拡散し、北西方向の飯舘村に降った放射性物質が高木の居久根の葉や枝に付着したまま、放置されてきました。

2016年12月23日、環境省の「実証事業」が行われた現場に立つ菅野義人さん＝飯舘村比曽

環境省の除染は家屋の周囲の汚染土を5センチの厚さではぎ取り、放射線量を下げる方法ですが、居久根の部分は、森林について定めた除染基準に沿って落ち葉など表面の堆積物を除去するのみです。「農家は家にこもって暮らせない。居久根は昔から生活圏なんだ。家の周囲が等しく安全な環境に戻らなければ、人も帰れない。土のはぎ取りは必須の条件だ」と義人さんは憤ります。自宅のすぐ裏の斜面の上に、やはり大きな杉木立の居久根があり、氏神をまつる社がたたずんで

います。中に古い鉦《かね》が下がっており、見せてもらうと、延享2（1745）年の年号と先祖の菅野伝左衛門の銘がありました。「代々の家族がお参りしてきた場所だ。生活圏と認めてもらわなくては困る」と同省の現地担当者に訴え、14年秋、特例的に社の周りだけ土のはぎ取りが行われました。

義人さんはこの時の除染作業前後の放射線量を測定し、記録したデータを11月末の比曽行政区の役員会に報告しました。社の周囲7～8メートル四方の4地点での①除染前、②堆積物除去後、③はぎ取り・覆土後の空間線量（地表1メートル）は次のようになりました。

自宅裏の居久根にある氏神の社と義人さん。社の周囲の土がはぎ取られた

【A地点①7・13→②5・87（①と比べ18％減）→③2・43（①と比べて66％減）　B地点①8・73→②6・96（①と比べ20％減）→③2・74（①と比べて69％減）　C地点①データなし②3・68→③1・49　D地点①データなし②6・01→③2・49】

除染後も放射線量の高止まり状態が続くことの原因について、比曽行政区に協力して義人さんと一緒に居久根の汚染実態を調べた、前述の辻修帯広畜産大教授（農業土木／防風林を研究）はこう解説しました。「林床では、落ち葉が腐って分

解すると腐葉土になっていく。その過程で、葉に付いた放射性物質が外に離れる。これが土ならば、粘土分に付着する性質のあるセシウムはがっちり固定されるが、腐葉土の層には粘土がないので吸着せず、降ってくる雨水がとともに下に動いていく。原発事故から3年半がたち、落ち葉は積もって腐葉土となり、セシウムは既に林床に染み込んでいる。表面の堆積物の除去だけでは不十分なことは明らかだ」（ブログ131回参照）

帰還のために、生活圏の放射線量を確実に下げる「はぎ取りは必須の条件だ」という義人さんと比曽行政区の訴えの根拠はここにあります。福島県森林計画課が15年3月にまとめた森林のモニタリング調査で、同県内の森林に降った放射性物質の75％が、それまで4年の間に木々の枝葉から、辻教授が語ったメカニズムによって土壌（深さ5センチ内）に移行したことが分かりました。表面の堆積物除去で足りないのは自明でした。問題は、自らの基準に固執し、被災地の現場からの声に耳を傾けてこなかった環境省の姿勢でした。

異例づくめの「実証事業」

「実証事業をしたい」と環境省福島環境再生事務所から比曽行政区に話があり、それが実施されたのは15年10〜11月でした。義人さんによると、「これでは、とても帰還などできない。再除染をしてほしい」という行政区からの度重なる要望に、直ちに応えるものでない——と環境省側から断りを入れられ、「(同じく放射線量が下がらないとの声が挙がった)他の地区にはおおっぴらにしないで。事前にマスコミにも出さないでもらいたい」と注文をつけられ、さらに「確認し合ったことをきちんと文書にしてほしい」という行政区の求めも容れられず、実証事業の実施日も明らかにされない、という異例づくめの出来事でした。実施の箇所については行政区から、前述のように除染後の検証測定で玄関側と居久根側の放射線量の差が大きい家々の中から3戸を選んで要望しました。

菅野民雄さん宅の実施箇所で見た限り、重機ではなく作業員の手作業による工事でした。はぎ取りの深さは5センチとみられますが、義人さんが問題だと指摘したのは、「斜面の表土はぎ取りが、家との境から約5メートルという狭い範囲にとどまっていたこと」。実証事業の結果について同事務所から報告があったのは、比曽行政区が同年12月4日に開いた新旧役員らの除染協議会の席上です。「環境省側からは『除染効果が上がった』と話し、『放射線量の低減率はおおむね45%だった』と説明された。が、詳しいデータなどを記した資料は、いったんわれわれに配られながら、すべて回収されてしまった」。義人さんはやり取りをこう振り返りました。

実証事業が一応、「表土から5センチのはぎ取りを」という地元の希望に沿った形のはぎ取り試験を行ったことは事実でした。しかし、「除染の範囲(奥行)がわずか5メートル程度では、放射線量の低減効果は限られている。『居久根という空間全体を住民の生活圏と認めて除染してほしい』という行政区の要望から遠いものだった」。行政区はさらに「有効と分かったのであれば、こちらの意見も生かして本格的な再除染を比曽の全戸で実施してほしい。住民の不安を取り除いてもらいたい」と訴えましたが、これに対して環境省側は「今回の結果を踏まえて新たな基準をつくって、除染のガイドラインに盛り込む」というあいまいな回答を後に残しただけでした。「いったい、この実証事業が何につながるのか、現地の当事者にも知らされない。記録も文書も約束も地元には残されない。住民に言われたからやった、とは決して認めたくないからないのだろう」。それが国の姿勢だ、と義人さんは厳しく語りました。

「除染後も高い線量が残る場所でフォローアップ(追加)除染を行う」という方針案を環境省が明ら

かにしたのは同年12月21日、原発事故被災地をめぐる「環境回復検討会」（第16回）の場でした。飯舘村比曽（地名は公表せず）のほか南相馬市、福島県川俣町、葛尾《かつらお》村などの斜面など計30カ所で同様の「実証事業」を行って検討したといい、「基本的に面的な除染は再度実施しないということでありますが、除染効果が維持されていない箇所が確認された場合には、その原因も可能な限り把握して、合理性や実施可能性を判断した上で、フォローアップの除染を実施する」＝議事録での鈴木基之座長（東京大名誉教授／環境工学・環境省中央環境審議会会長）の発言＝。その中で、従来「土砂崩れの恐れが出る」という理由で実施してこなかった斜面でのはぎ取りを特例的に認めました。その理由は地元住民からの要望があったからでなく、あくまで政府内の期限、都合に迫られての方針転換でした。

議事録によると、鈴木座長はこう触れました。「最近の動きでございますけども、6月の閣議決定、原子力災害からの福島復興の加速に向けてにおきましては、遅くとも平成29年3月までに避難指示を解除し、住民の方々の帰還を可能にしていけるよう、除染の十分な実施等に取り組むと。また、併せまして、居住地周辺における除染効果を確実なものとするための取り組み等、復興の動きと連携した除染を推進するとされております。ご承知のとおり、避難指示解除に向けましては、年間積算線量が20ミリシーベルト以下になることが確実であることという要件を満たすこととされておりまして、今後、円滑な避難指示解除にできる限り貢献できるように、除染を進めていく必要があるという状況でございます」

ただし、この日の環境再生検討会の資料には「宅地内の法面《のり》の表土の削り取り」との表現はありますが、居久根、標準語なら屋敷林への言及はありません。環境省の現地担当者に対する「居久根を住民の生活圏と認めてほしい」という比曽行政区の訴えは届かず、顧みられなかったことになります。ただし、議事録には「住民に近い自治体の方々にフォローアップ除染をしていただく、あるいは判断をしていただく、それから住民の方々と実際に相談をして必要なところを除染する。全て環境省がおやりになるんじゃなくて、次のフェーズへ移していくような措置も、ぜひ、とっていただきたいと思います」という委員の要望も記されています。「現地のことは、現地の人が一番よく知っている。意見を聴け」との提言です。が、これと正反対の姿勢を翌年2月、環境大臣自身が露呈してしまいました。

基準値をめぐる国の本音

16年2月8日の信濃毎日新聞。丸川珠代環境相が前日、松本市で講演したという記事を載せましたが、その中での発言が他メディアにも報じられました。東京電力福島第1原発事故の後、政府が全住民避難を指示した福島県の被災地で行っている除染で、年間被ばく量の目標を1ミリシーベルト（毎時換算0・23マイクロシーベルト）としている点について「『反放射能派』と言うと変ですが、どれだけ下げても心配だと言う人は世の中にいる。そういう人たちが騒いだ中で、何の科学的根拠もなく時の環境大臣が決めた」と同紙は報じました。

「年間1ミリシーベルト」は、政府の原子力災害対策本部が15年6月に決定した基本方針「原子力災害からの福島復興の加速に向けて」（改訂版）に以下のように明記してあります。「住民の方々が帰還し、生活する中で、個人が受ける追加被ばく線量を、長期目標として、年間1ミリシーベルト以下になることを引き続き目指していく」。この文言に続き、線量水準に関する国際的・科学的な考え方を踏まえて対応することについて、「住民の方々に丁寧に説明を行い、正確な理解の浸透に引き続き努める」という努力を政府自らに課しています。「年間1ミリシーベルト」は、国際放射線防護委員会（ＩＣＲＰ）

が原子力災害の「復興期（現存被ばく状況）」にある場合の目標を1～20マイクロシーベルトと勧告し、その範囲での適切な防護をした上での長期目標としています。原発事故被災地の避難指示解除要件として、政府は「年間20ミリシーベルトを下回る」ことを除染目標を掲げています。

原発事故被災地の復興に向けて政府が決めた最高方針であり、責任者の丸川環境相が知らぬはずはありません。同9日の衆議院予算委員会で発言を問われ、「反放射能派」について「秘書がおらず記録も取っておらず、こういう言い回しをしたという記憶もない」と答弁し、翌10日には「1ミリシーベルトを除染だけで達成するとか、帰還の際の目標値だと誤解している人がいる。住民との意思疎通が不十分だったとの指摘をしたいとの趣旨だった」と釈明しました。ご当人は就任後の15年10月8日に福島市入りした際、同省福島環境再生事務所で「『原発事故直後、東京で電気を使っている立場として申し訳ないと思っていた。皆さんと共に頑張っていきたい』と言葉を詰まらせながら職員に訓示した」（同9日の河北新報より）。どちらが本心か。比曽の菅野義人さんにはどう響いたのでしょう。

「あれだけの原発事故を起こして、政府が自らの責任で除染を行っている以上、被災地の環境回復と住民の帰還のために少しでも線量を下げる、しっかりやっていく、と言うべき立場なのが環境相ではないか」「目標通りの安全達成を目指してもらいたいのは『反放射能派』でなく、われわれ当事者なのだ」「（丸川環境相は）初心の謙虚さを忘れたというより、線量を減らすよりも『早く幕引きをしたい』という政府の本音を出したようだ。政府は来年3月までの避難指示解除（全住民避難地域が対象。帰還困難区域を除く）を決めたが、そこからどうやって生活していけるかが、帰還する者には問題なのだ」

本心はどこにあるのか？　その疑問は、環境省の「フォローアップ除染」のこれからの進め方にもありました。「除染後も高い放射線量が残る場所を再測定した上で実施を判断する」というのが基本の手順ですが、その判断の基準は被災地の住民の常識とは違っています。環境省は「年間20ミリシーベルトを下回る」という政府の避難指示解除要件を超える放射線量がある場合を挙げますが、「年間20ミリ」の中身は、毎時単純換算をした数値の2・28マイクロシーベルトでなく、「3・8マイクロシーベルト」だとしています。その根拠とは「屋外に8時間、屋内に16時間とどまる」という生活パターンを想定したケースでの独自の計算です。文部科学省も原発事故があった11年、この計算による「3・8マイクロシーベルト」を福島県の学校における校庭・校舎使用の基準として通知しました。

しかし、平常時の基準1ミリシーベルトと比べて「あまりにも高線量だ」と保護者らの強い批判を浴び、撤回した経緯がありました。にもかかわらず、避難指示解除後にやはり子どもが帰るかもしれない被災地に適用しようとする構えです。同省除染チームは私の問い合わせに「『3・8マイクロシーベルト』は政府・原子力災害対策本部の基本方針で、それに準拠している」と答えました。が、政府の最高方針である「原子力災害からの福島復興の加速に向けて」(改訂版)に、その説明は明記されていません。もし、「3・8マイクロシーベルト」がフォローアップ除染の判断基準として運用されるならば、「農家は、家にこもっていては仕事にならない」と語る比曽の住民たちが、「安心できない」と受け止める多くの場所が「問題なし」と片付けられてしまいます。その科学的根拠についてこそ、責任者の丸川環境相は被災地の住民を訪ねて説明するべきでした。(11年4月、福島県の学校への通知に当時の内閣官房参与の小佐古敏荘東大教授が『年間1ミリシーベルトで管理すべき』と泣いて抗議しました。文科省は通知を撤回し、『年間1ミリシーベルト』以下を目標にすると発表しました)。

帰村は新たな闘いの始まり

「田んぼ（の稲作）は諦めているよ。風評がどうだという前に、このありさまではなあ」

16年1月初めの夕方、比曽の小盆地は厳しい寒さと薄雪に包まれ、全住民避難の里のわびしさを増していました。菅野啓一さん（61）は荒れ果てた水田を指さしました。避難先の福島市内のアパートから車で40～50分の道を足しげく通い、自宅に残した農地の草刈りなど維持管理を怠っていません。しかし、見渡す限りの水田の土はめちゃくちゃに掘り返され、くぼみの凹凸の深さは30センチもありました。イノシシがミミズなど土中の餌をあさった跡です。人の姿がなくなった飯舘村の全域で数を増し、縄張りを広げたのがイノシシとサル。他地区でも深刻な問題になっています。

雪をかぶった菅野啓一さんの田んぼ。イノシシに掘り返された

「うちの田んぼにはまだ除染作業の順番が回ってきていないが、イノシシは（放射性物質で）汚染された土を、くぼみの底までかき混ぜている。深さ5センチまで土をはぎ取る環境省の方法では、もうやれない。でこぼこをいったん重機で平らにならしたとしても、汚染土は取り切れないだろうな」

啓一さんは福島第1原発事故の前、稲作と和牛繁殖、トルコキキョウのハウス栽培を手掛けていました。原発事故を挟

2016年1月12日、義人さん宅の母屋で、比曽のこれからを語り合う菅野義人さん（右）と啓一さん

んで12年3月まで8年間、比曽行政区長を務め、菅野義人さんとは地元青年会以来の地域づくりの仲間で、避難指示解除後の帰還とそれからの生き直しの道を共に模索しています。「手塩に掛けた皆の財産を取り戻したい。そのために、できることを何でもやる」と地区の放射線量測定やソバの栽培試験、自前の除染実験、行政区除染協議会メンバーとして家屋除染後の検証測定にも取り組んできました（ブログ131回参照）。

築後28年になる家も、帰還に備えてリフォーム工事を終え、外壁などは真新しく輝いています。「（来年3月が期限の）避難指示解除後は税や医療費などの減免、賠償や補償もなくなるだろう。当分は無収入を覚悟しなくてはな。村の『見守り隊』（住民による行政区ごとの巡回活動）に代わる臨時雇用事業も要望しながら、生業の再建を準備しないとならない」

「いくら除染をしても、口に入るもの（コメなどの作物）を作るのは無理だろう」と、先の見通しがつかない農地の利用では、まずトルコキキョウの栽培を再開するつもりです。「比曽は標高６００メートル。9年間栽培したトルコキキョウは、高冷地の気候に合って発色が良いと、市場で評判だった。その経験があるから自信はある」。避難中も風雪による破損から守ってきた10棟のハウスは、15年秋にビニールを全て外しました。「土を新鮮な空気と雨水にさらして生き返らせ、春には耕起する」。啓一さんは、復興加速化事業としてさらに10アール規模の大型ハウスを建てる計画を村に申請しています。「連作障害を防いで1年交代で栽培できるようにハウスを広げる。だが、実際に花作りを始められるのは早くて2年後だろうな」。そう言って、啓一さんは骨組みだけのハウスの梁に手を伸ばしました。無収入を覚悟の生活再建の厳しさ、辛抱して待つ年月の長さを、その日の寒さの中で感じました。

トルコキキョウの栽培再開を決意し、骨組みになったハウスを見る啓一さん

家の裏手に大木の杉の居久根が広がっています。「おやじが杉を植え、この家を建てた時、俺が一本一本を切って材料にした。居久根は、次の世代に手渡す財産なんだ」。12年9月には、それらの枝を独力で切り払い、長年の冬仕事で習得した小型重機操縦の技術で林床の土をはぎ取る実験をしました。

『実験範囲は、家の周囲と、境を接

する屋敷林の奥行き約20メートル。林床に積もった落ち葉を除去し、小型ショベルカーを入れ、表土から十数センチの土をはぎ取った。廃土や落ち葉は、深さ約1メートルの粘土層まで穴を掘って埋め、きれいな土で覆った。

実験前後の線量の変化を測った結果、家と屋敷林の境の計測地点では、地表面が20・5マイクロシーベルトから1・8マイクロシーベルトに減り、地上1メートルの線量も9マイクロシーベルトから2マイクロシーベルトに減った。

家の周囲、屋敷林の計23地点で、実験後の計測値は1～3マイクロシーベルト（いずれも地上1メートル）と低く、生活圏を一体にした除染の効果が確かめられた。

菅野さんは「高所の枝切り、急斜面の場所での作業などに課題はあるが、実際にここまでやれると分かったことは希望だ。各地区の除染を行う国にデータを示し、住民の提案を採り入れてもらいたい」と話している。』（12年9月24日の河北新報より）

その居久根の杉材で造られた小屋が、一番家屋寄りの場所に立っています。内部には汚染されていない土と杉材を組み合わせた三重の壁があり、真ん中の空間に放射線を24時間測定する装置が据えられています。居久根から飛んでくる放射線を土の壁で遮り、帰還後の安全な住まい方を工夫するための実験施設。原発事故のため需要がなくなった地元材を活用するモデルハウスの試作品でもあります。村民有志と協働し、生業と生活の再建を支援しているNPO法人「ふくしま再生の会」（田尾陽一理事長）から実験を提案され、啓一さんが頭領役になって15年秋、再生の会メンバーと建てました。

小屋の周囲は奥行き20メートルまで杉の木々が切られ、家の敷地の一部として堆積物除去の除染が行われていました。残った居久根の一番前列に立つ木、そこからさらに20メートル奥までにある木などにも点々と放射線量の測定機が取り付けられ、「居久根の放射線の実態を調べるんだ。奥に向かって自前の除染実験も進めていき、小屋に届く線量がどう変わるかも測定する」と啓一さんは語りました。『フォローアップ』なんて、環境省のやることを当てにしていられない」という強い言葉とともに。

「何度も言ってきたのに、環境省は居久根の除染をする気がない。俺たちは、モルモットにされるのはごめんだ。俺も義人さんもここに戻って、生きていかなきゃならないんだ。戻ることを決めた自分たちで除染を続けていくしかないと思っているんだ。俺は4年も前に居久根の除染実験をやって、どうやればどこまで下がるか、やり方を分かっている。村が新しい臨時雇用事業にしてもくれるよう働き掛けて、一緒に比曽に戻る仲間、外から参加してくれる人を募り、安全な状態まで除染をしたい」

2016年6月22日、新たな居久根の除染実験で枝を落とす菅野啓一さん

避難指示解除とはバラ色の夢でなく、新たな闘いの始まり――。啓一さんのもう一つの厳しい覚悟でした。

古里から北へ遠く離れて

家に宿る歴史の重み

２０１５年12月23日、飯舘村比曽にある農業菅野義人さん宅を訪ねた日の続きです。目印の赤い屋根のサイロと棟続きで立っていた明治45（１９０２）年建築の母屋は、前年夏に始まったリフォーム工事がほぼ終わっていました。比曽の文化財のような家でした。

『「4代前の先祖が建てたんだ。柱は杉と、奥の部分がヒノキ。傷みがなく構造もしっかりしていて、残せるものは残そうとやっているが、『五寸五分』といった昔の寸法なので、大工さんは大変だ。それに合わせて製材もしなくてはならない」。家主の菅野義人さん（62）は、どっしりそびえる、という貫禄で立つケヤキの大黒柱を見上げました。家と地域の縁の歴史そのものです。「ふすまを外すと、『田の字』の広間になり、昔は大勢の人が集まり、結婚式も葬式もここでやった」』（ブログ133回『帰れるか、帰れぬのか〜飯舘村・比曽　その4』より）

義人さんは、それらの黒光りする太い柱や梁《はり》をそのまま残して、避難先から帰還した後の新しい日々を生きるための場へと改築しました。黒い瓦屋根の下の白壁、こげ茶色の板壁が美しく、比曽の昔ながらの風景と生き方を受け継ごうという気概が込もる家です。ちょうど地元の男性が立ち寄り、内装工事の途中だった母屋を一緒に見せてもらいました。

古い蔵と並んで建つ納屋の解体工事がひと月遅れているといい、「そこから、雪が本格的に降る前に少しずつ家具を運び込みたい。いっぺん積もると（標高600メートルの比曽の）寒さで凍りついて、作業ができなくなるから。これから大工さんが棚などを作っていくが、この家の歴史が一緒に生きる家になった」。義人さんがそう言って指さしたのは、天井近くに掲げられた立派な屋根のある神棚でした。一辺5～6メートルある部屋の壁いっぱいの横幅で、高さは1・2メートルほどにも見えます。私はかつて東北の民俗信仰の連載取材で遠野地方（岩手県）のオシラサマをまつる南部曲がりの家などを訪ね歩きましたが、これほど大きな神棚を見たことがありません。深い飴色になった神棚の奥の板には、「明治四拾五年壱月六日　大工　越後之国蒲原郡　相馬駒吉　戸主　菅野義久《ぎきゅう》」と墨書されています。

「博物館を作るつもりか？と大工から言われた。梁に付けた電気の碍子《がいし》も、昭和20年代、比曽に電気が初めて通った時のものだ」。部屋の欄間もそうですし、玄関の格子天井は江戸時代からあった前々代の家から受け継がれています。「藩の侍を泊めた部屋にあったそうだ」。菅野家は代々旧比曽村で、旧相馬中村藩から武士の身分を許された肝入《きもいり》（名主）でした＝慶長12（1607）年、比曽を開拓した初代の白幡但馬から、義人さんは15代目＝（ブログ106回『生きる、天明の末裔として／飯舘　その2』参照）。

前年7月に訪ねた折、解体工事中だった母屋の大黒柱に触れながら、義人さんが語った言葉がよみがえりました。福島第1原発事故に暮らしを奪われ、放射線量を減らす闘いの中で、「それでもわれわれが頑張れるのは先祖たちの努力を思い返せばこそ。できることは、それを引き継いで後世に残すこと。

『すっぱり壊して新築すればいいだろう』と言う人もいる。が、引き継ぐべきものがあるから、帰還後、ここで生き続けるための基軸になる」

行き先のない除染廃棄物

少し高台にある義人宅からは、比曽の小盆地の真ん中を占める広い水田の風景を望めます。が、いま見えるのは、時とともに増殖する真っ黒なフレコンバッグの山。15年度から始まった農地除染とともに汚染土の仮々置き場の造成も広がり、比曽の農家が優良農地に肥やした約60ヘクタールの水田のうち約半分、27ヘクタールを埋めていきます。「最低でも3年はそのままだろう。黒い袋で古里が埋まっているのを見た時、比曽に戻ろうとしていた人はどう思うか。戻ってまた農業をやろう、という気持ちもなえるのではないか」。義人さんから聴いた次のような話を、ブログ133回「帰れるか、帰れぬのか～飯舘村・比曽　その4」などで引用しました。『「比曽の真ん中の一番いい農地に置かれたら、復興の妨げになる。われわれは、どうやって復興すればいいんだ?」と（環境省の現地担当者に）質すと、「それは、こちらの管轄ではない。早急に除染を進めたいためだ」との回答だったそうです。』

政府は17年3月末までの避難指示解除の方針を飯舘村などに通告したにもかかわらず、義人さんが「住民の帰還への意欲がなえる」「復興を妨げる」と懸念した通り、仮々置き場は、住民が帰還するか否かの判断をする最も大切な1年余りを超えて居座ることが確実でした。そして、避難指示解除を迫られた当事者の住民に対し、環境省からの釈明はありません。この1週間後、15年12月30日の河北新報に、汚染土の排出先である中間貯蔵施設の用地交渉の遅れと被災地への居座りを、復興の最大の課題になったと指摘する社説が載りました。

『東京電力福島第1原発事故で発生した除染廃棄物を保管する中間貯蔵施設の用地交渉が難航している。福島県が昨年8月に建設受け入れを決定してから1年4カ月が経過した。建設予定地の大熊、双葉両町の地権者2365人のうち、契約がまとまったのは22人。県内各地から廃棄物を運び込む試験輸送がことし3月に始まったにもかかわらずである。

施設は第1原発の周囲に建設予定で、周囲は帰還困難区域だ。大熊、双葉両町の全住民が避難しており、地権者約1000人と連絡が取れていない。うち約560人は既に死亡したという。(中略)試験輸送は、予定地近くの一時保管場に県内43市町村から廃棄物を1000立方メートルずつ運び込む。来年3月まで約4万3000立方メートルを搬入する計画だが、最大2200万立方メートルと推計される廃棄物のわずかにすぎない。

試験輸送が円滑に進んでも、用地の確保が進まなければ、本格輸送に移行できまい。県内には除染廃棄物の仮置き場が約1000カ所、住宅の庭先などの現場保管が10万カ所以上ある。廃棄物が山積みのまま各地に仮置きされる状態が続いているのである。』

義人さんは原発事故前、稲作と和牛の繁殖を営んでいました。計2・4ヘクタールの水田はいま、仮々置き場の下に埋まっています。自宅裏に大きな牛舎がありますが、がらんとして、当時飼っていた36頭の牛たちの名札が残るだけです。農協の和牛部会長などを務めた菅野さんは、原発事故と全村避難のさなかで起きた牛たちとの別離を回想しました。

11年6月下旬、「牛を積んだトラックが連なって家畜市場へ処分に向かった。苦労して築いた産地が音を立てて崩れた日だ」。よろよろして歩けない生後1週間の子牛までも両腕で抱えて競りに出し、「牛飼いとして、やってはいけない罪悪を犯したと思った」と言います。「大冷害があった1980年の夏だった。稲が褐色になって壊滅した中で青々と茂る牧草を食べる牛たちに、俺たち農家が救われた」「空っぽの牛舎を見て人生の全てを失ったと感じ、避難するのを忘れて寝込んだ。もう牛を飼ってはいけないのではないか、と自責の念に今も苦しむ」（ブログ143回『生きる、飯舘に戻る日まで⑦　牛たちの哀歌』参照）

2015年12月23日、開墾を予定する除染後の牧草地跡に埋設した地下配水管を見る義人さん

牛舎の裏山には、牛たちが遊んだなだらかな牧草地がありました。農地除染の一環で草と表土を剥ぎ取られ、見渡す限りの土色が広がっています。水田の利用を仮々置き場に阻まれた状況にあって、「この牧草地跡を一から耕して畑にし、帰還したら当面、野菜を作ろうと思う」と義人さん。しかし、重い工事車両を使った除染作業で土は踏み固められ、雨が浸透しなくなって、水が地表にあふれていました。「排水不良では作物が育たない」と避難先の二本松市から通い、小型重機で延長計160メートルに及ぶ地

下排水管の埋設を独力でやり遂げたそうです。1人の開拓者に戻ったような畑開墾の第一歩ですが、その排水管の覆いに使ったのが、解体された母屋の廃材。ここでも歴史は生き続けます。

「俺も10年後は70代。新しい家も畑も、次の代に手渡すのが自分の役目だと思う。それまでには放射線量も下がるだろうし、いま北海道にいる息子夫婦も孫も帰ってこれるように頑張る」

北海道で再出発

16年1月19日、新千歳空港からレンタカーで走る道の両側は、幸いに快晴の空の下、白銀の世界がどこまでも続いていました。1時間ほどで入った栗山町で、夏ならば広大な畑や牧草地のただ中かと思われる雪原に、大きなビニールハウス群が見えてきました。

義人さんの長男、菅野義樹さん(37)はストーブのあるプレハブの休憩室に招き入れてくれました。「ゆうべ、子牛が生まれたんです。難産でなくてよかった。体重の計測をするのに、まもなく妻もここに来ますよ」。比曽の実家で父と一緒に農業に取り組んできましたが、福島第1原発事故のため、北の栗山町で避難生活を送りながら畜産を再開しました。

まぶしい日差しを通すパイプハウスの広い牛舎に、生まれたばかりの子牛の鳴き声が響きます。義樹さんが大事そうに子牛を抱え、二つ並べた小型の体重計に乗ると、かがんで数値を注視していた妻美枝子さん(42)が「35キロあるよ」。義樹さんは「メスでは大きい方だ」と顔をほころばせました。早くも、哺乳瓶からミルクをたっぷり飲むそうです。

牛舎2棟と、たい肥舎、乾燥室、機械室が各1棟の新しい施設。避難先での営農再開を支援する飯舘村の事業に応募し、15年9月から和牛の親牛25頭を飼い、家業だった繁殖を始めました。これまで6頭

2016年１月17日、北海道栗山町の新しい牛舎で子牛を見守る菅野義樹さんの一家

の子牛が生まれています。避難するまで２人だった夫婦にも家族が増え、４歳の長女葵ちゃん、１歳の長男義暁ちゃんは道産子。葵ちゃんはお父さんと一緒に子牛をなでるのが、義暁ちゃんはお母さんに抱っこされて見るのが大好きです。

原発事故が起きて間もなく、夫婦はまず常陸那珂市にある美枝子さんの実家に避難し、４月になって全住民の計画的避難が決まると、しばらくは帰れないことを覚悟せざるを得ませんでした。「当面、自分たちで収入を稼がなくてはならない」と、仕事ができる場所を模索し、同年７月、北海道に渡りました。義樹さんは酪農学園大（江別市）、美枝子さんは帯広畜産大で学び、ゆかり深い土地です。「来た時は、こちらで農業をやるかという思い、戻りたいという気持ち、避難も長期化するなという現実の間で揺れて、夢物語の中にいるようだった」と義樹さんは振り返りました。「32～33歳のころ、ニュージーランドなどいろんな所で働き、学んで飯舘村に帰った。30代で苦労して人生の基盤をつくらないと、その後に響くと考えていた。ところが、原発事故の後、ずるずると国の迷走に引きずられ、このままでは自分の人生そのものを喪失すると焦った。自ら動いて人生を取り戻さなくては、と思った」

空港や札幌から近い長沼町（栗山町の西隣）の野菜作り農家で1年間、研修をしましたが、「やはり違った。小さい時からおやじを手伝った和牛をやりたい、という答えを見つけた」と義樹さん。自分の原点から生活を再建しよう、と決意が固まりました。栗山町は人口減や農業後継者難もあって、新規就農者や移住者の受け入れ・支援に力を入れており、「再出発の拠点をつくろう」という希望にかなう土地も見つかりました。飯舘村の事業は、福島県の交付金を通じて再起に必要な施設、機材を貸与する制度で、村復興の命運を託するような悲壮なる目的を掲げていました。

『飯舘村の農業そのものが存続の危機に瀕している。これ以上の営農休止は、担い手の営農再開意欲を消滅させることになり、これまで培ってきた「までいブランド」の市場評価はもとより、人材と栽培技術までをも失うことになる（中略）飯舘村の農業復興の第一歩として、避難先での営農再開を支援するものである。』

「動くことで『自分は何をすべきか？』という焦りは薄れていった。まず、自分の生活から再建しよう、と。だが、このまま飯舘村から離れてしまうのではないのか？　俺は長男の務めを果たせないのに、おやじや（菅野）啓一さんだけを村で頑張らせていいのか？　そんな葛藤は消えなかった」

古里への思いは募る

いま、牛舎で餌にしている牧草は「チモシー」という栄養に優れた寒冷地種。義樹さんは自前で7ヘクタール分を栽培し、それでも足りなくて、地元の農家から安価に仕入れています。「チモシーは内地の暑さに向かないので、福島県での作付は少なく、畜産農家は子牛の餌に高値で買っている。が、ここでは2割のコストで作っている。おやじが昔、チモシーの種を試しにまいていた。その意味をここで知った。標高600メートルの比曽なら、自給を大きくやれると思う」。遠い北海道で農業に挑むことで、古里の飯舘村が見えてきました。

栗山町は麦の生産も多い土地です。麦わらは牛舎の敷わらに適しており、「牛の堆肥との物々交換で、麦を栽培している農家からもらえる」。牛舎で牛ふんと交じった麦わらも良質の堆肥になり、それを畑にすきこむことで地力を富ませます。「農家が支え合う循環がここにはある。自分も飯舘村でやりたかったことだ。将来、飯舘村に帰って新しい農業を志す農家同士で、牛の餌の自給を含めて、地域を超えた循環の仕組みをつくれたらいい」

義樹さんは大学を卒業後も4年間、実習教員として現地で過ごしましたが、北海道にあらためて来て、農業の先進地であること、「寒い所は遅れた地域」という内地の価値観とは逆の視点があることを知ったといいます。「飯舘村の良さも、おやじたちが模索してきたものも、いま学べている。新しいヒントや技術、経営のノウハウを身に着けた人材として飯舘村に帰り、復興に貢献したい。それが、自分がやるべきことだと思えるようになった」

牧舎での取材を終えて、そこから車で栗山町の中心部に向かい、義樹さんが家族と暮らす家を訪ねました。以前は教員住宅で、町が新規就農者向けに貸しています。ちょうどお昼の時刻。キッチンのテーブルに家族4人がそろい、お母さん手作りのビーフハンバーガーをそろって頬張りました。美枝子さんはサラリーマン家庭で育ちましたが、父方の実家は農家で、「(畜産大の)学科は畜産でなかったけれど、サークル活動で付属農場の乳しぼりや畑仕事のボランティアをした」。義樹さんとは農業系のイベントで知り合って10年8月に結婚、比曽の両親と同居していました。その5カ月後の福島第1原発事故でした。

「子どもがまだ生まれていなかったから、2人の選択で北海道に飛べた。『めぐり合わせ』の運命があるなら、それぞれに意味あることをやるべきなのだと思う。原発事故で俺たちは生活の場、仕事の場を一度失ったけれど、当たり前に農業ができること、家族と一緒にいることの幸せをしみじみと考えられるようになった」。義樹さんはこう語り、さらに続けました。

「いまはおやじや啓一さんに、比曽のことをお任せしているが、やるべきは、向き合っている現実を受け入れ、次に続く若手として農業を学ぶことだ。昔、高校進学前に両親は『自分に合う道があるなら決めればいい』と言った。でも、両親が誇りをもって農家の仕事をしている姿に、自分は迷わず相馬農業高を決めた。その気持ちは変わっていない」。そんな義樹さんの志こそが、義人さん、啓一さんにとっても、いまの苦境を踏ん張ることができる希望なのだ――。話を聴いていた私には分かりました。

異郷での苦い思い、内なる苦闘もありました。「(原発事故被災地の)除染なんて無駄。なんで莫大な国費を掛けている」「危険な所から逃げてきてよかったね」と初めのころ、町の人から言われたそうです。「安全・危険で決めてほしくない、かけがえのない村なのだ」と歯を食いしばりましたが、最近は、飯舘村の実情を分かってくれる人が現れたそうです。「汚染牛を売って補償金をもらっているのか」という言い掛かりを投げつけられたこともあり、「自分も避難前に被ばくしたし、父はわが身を切られる思いで牛を処分したのに」と悔しさに耐えましたが、後になって相手は「申し訳ないことをした」と謝ったそうです。

義樹さんが大学卒業後の4年間、実習教員をしたとご紹介しましたが、その当時、東京の子どもたちが来て「乳搾りをしたら、すごく温かい」と喜ぶのを見て、「農村は価値ある教育の場だと気付いた」。札幌や新千歳空港、苫小牧からも近い栗山町などの地域には遠来の親子旅行が訪れ、さまざまな農業体験やファームレストランもあります。「都会の人が憩える農村空間を飯舘村で提供したい」という夢も膨らんでいるそうです。長年の共同体の分断という現実がある全村避難中の古里に「人と人のつながり」を取り戻したい、という願いでもあります。異郷での生活は自分だけの力でなく、さまざまな「つながり」の中で農業を営み、暮らしていると実感している、それを飯舘村に持ち帰りたい、と義樹さん。

うまいイタリアンで評判の「オステリア　デッレ　ジョイエ／Osteria delle Gioie」という店が福島市にあります。震災前に知り合いからシェフを紹介され、そこに昨年、肉を提供したそうです。「ブランドだった『飯舘牛』は、しゃぶしゃぶに合う肉という定評だったが、ジョイエのシェフには赤肉を使ってもらった。『菅野さんの肉とワインを楽しむ会』という催しで。震災を考えるイベントなどで使ってもらっている」「『東京朝市　アースデイマーケット』（毎月1回、代々木公園）を催している人とも出会ったが、その人も福島に足を運んで福島産のものを使って、伝えてくれている。不特定多数の消費者に流通させる、という従来のやり方でなく、しっかりと目に見える人に、こちらの思いを乗せて的確に届けたい。そんな『つながりの経済』を広げていけたら、『風評』の壁もきっと破れる」

父義人さんの苦闘を思い、比曽の未来を見つめる菅野義樹さん＝2016年１月17日、北海道栗山町

義樹さんは、福島第１原発事故の翌年、飯舘村の若い世代の有志７、８人を中心にした議論の場「対話の会」を立ち上げました。福島市内の会場にたびたび集って、さまざまな立場、考え、視点を突き合わせて意見を交換し、古里の未来のこと、それぞれがどう生きて何をすべきか——などを話し合ってきました。その仲間が昨年、栗山町に義樹さんを訪ねてきました。牛舎からは続く広々とした農地と、その向こうの地平線を縁取る夕張山地を眺めて、こう漏らしたそうです。「まるで、比曽のようだな」。その風景に義樹さんも、いずれ帰る古里を重ねています。

比曽のランドマークのように鮮やかな赤い屋根。本稿の冒頭でも触れた菅野家の古いサイロは、「祖父が北海道にあこがれて建てた。自分が生まれた時に植えてくれた記念樹はシラカバだった」と義樹さん。「これも、めぐり合わせなのかもしれない。いま、ここに生かされている、という思いが強くなる」

「までい」の心に支えられて

離れていく住民の気持ち

話は2015年11月30日に戻ります。この日夕方、私が5年前から東北大で受け持っている河北新報・東北大連携の新聞論講座の授業に、飯舘村比曽の農業菅野義人さん(64)を招きました。メディアに関心ある大学生たちに東日本大震災と福島第1原発事故を、福島の被災者のナラティブ(当事者が語る事実)を通して、自らの体験として知ってもらえたら、と考えたからです。義人さんも快く引き受けてくれました。「震災の経験、教訓をこれからに生かしてくれる若い世代に伝えたい」と期待を込めて。

7人の受講生が聴き入る同大川内キャンパスの教室で、義人さんは語り始めました。「大震災以後、エネルギーを含めて、われわれの生活をどう変えていけるか? その問題意識があっという間に風化しつつある。全村避難を前に『放射線量が下がったら、皆で比曽に戻ろう』と約束し合った住民の間でさえ」。講話のテーマは、原発事故と地域の共同体の行方でした。「冬になれば、比曽の人たちは月500円を出し合ってトラクターを借り、お年寄りの家の雪かきをした。お金の問題ではなく、何代にもわたって住民が力を出し合い、支え合ってきた地域のありようだ。それが危機の瀬戸際にある」

原発事故後の11年5月末、比曽の86戸のお別れ会が催されました。「必ず帰るぞ、この比曽へ」「比曽は一つしかないんだぞ」。集会所のホワイトボードには、住民の寄せ書きが残されました。その決意を実らせようと、「私たち比曽行政区は翌6月6日から、放射線量の定点測定を続けてきた。当初は毎時8・12〜16・3マイクロシーベルトもあった。ちゃんと記録して国に線量を下げてもらい、『皆で帰るべ、再生するべ』という思いだった」と義人さん。苦い挫折を味わう体験がありました。

「原発事故後、飯舘村は放射線量が高くなっているとの情報が流れたが、テレビで（枝野幸男）官房長官が『避難することはない』と言っていた。比曽の隣の長泥地区（帰還困難区域）の知人から『うちの嫁さんの様子がおかしい。うつのようになっている』と電話があった。その家に出掛けていって、『健康に影響はない、と（政府が）言ってるんだから、気をもむ必要はない。安心していいんだ』と2時間も説得した。少し安心したようだったが、美人だった奥さんの顔つきが変わっていた。その1週間後、（政府から全住民の）計画的避難指示の方針がテレビで伝えられ、結果的に自分はうそを言ったことになった。その奥さんにとっては耐えがたい苦痛だったろう。自分がやったことがいやになった」

「そのころ文部科学省の放射線量モニタリング測定調査があり、比曽の区長から『30マイクロシーベルトあるそうだ。義人くん、どうしたらいい？』と問われ、『マイクロだから、1000分の1、1000000分の1のレベルではないのか』と答えた。当然、避難しなければならない数字だった。放射性物質の影響について知識がなかったことに、また自分がいやになった」。その挫折感が、住民が動いて調べ、自分たちの地区の実態を知り、そこから訴えよう、という自主活動を始める出発点になりました。

それから4年余り。避難指示解除の期限は17年3月末に迫っていますが、離散した住民の何人が比曽に戻る意向なのか、互いに分からぬままです。

復興庁が15年3月に公表した飯舘村の住民意向調査（回答は全2973世帯の47・5%）によると、村民の帰還意向は「戻りたい」が29・4％、「戻らない」が26・5％、「まだ判断がつかない」が32・5％。「戻りたい」は60代の4割、50代と70代のそれぞれ約3割を占めましたが、20～40代で1割前後。回答者の大半が福島市など村の近辺に避難しており「村とのつながりを保ちたいと思う」は全体の51・5％でした＝最新の調査（16年2月）では、「戻りたい」が32・8％、「戻らない」が31・3％で、前回に比べ、それぞれ3・4ポイント、4・7ポイント増えました。帰還しない理由は「避難先のほうが利便性が高い」が57・1％、「放射線量が不安」は49・8％＝。

「長年、青年会やPTAなどで一緒に活動してきた住民の3割しか戻らない。孫がおり、放射線が心配で帰れないという人、避難先で親の介護に追われている人もおり、それぞれの事情がある。だが、仮に3割が戻るとしても、全村避難前と同じ事が地域でやれるか？　戻らないと決めた人に以前のような協力を求められるか？　もう、お別れ会の時のような気持ち、同じ価値観では人を導けない」

「までい」とは何か？

義人さんは、プロジェクターで原発事故前の比曽で行われていた住民活動を紹介しました。春は農作業に先立つ用水路の泥上げ、夏は川べりや道路沿いの草刈り、田植え後や収穫後の神社の祭り、冬は除雪作業。「都会の人には分からないかもしれないが、われわれにとって共同体とは、なくては生きられぬ必修科目だった。代々培った共助の暮らしを原発事故は壊した。除染後の農地や用水路、比曽に四つある神社の維持管理を取っても、わずかな帰還者の力では無理。『では、戻らない人に『共同作業に集まって』と協力を求められるか。あるいは、どんな住民の連携が可能なのか。帰還者だけが疲弊して復興があるのか。避難指示解除が再来年3月に迫るいま、地区ごとに話し合いを始めなくては間に合わな

2015年11月30日、東北大の講義で学生たちに語る菅野義人さん＝仙台市青葉区の川内キャンパス

い」

講話を聴いた学生たちは、教室の黒板の前にいすを並べて義人さんを囲み、次々と質問をしました。「コミュニティの重要さが語られたが、互いの支え合いは村でどんな意味を持っていたのですか？」

義人さんは、自身の父親の話から答えをひもときました。「私が32歳の時、父はがんで亡くなったが、最後にこう言った。『義人、体に気をつけて頑張れよ』『組（隣組の班）の人たちによろしく言ってくれ』。弱った体で、なんで『組』の話なのかと思った。父が他界すると、組の人たちが自宅に来て、布団を下ろして葬式の準備をはじめ、すべてやってくれた」「飼っていた牛が難産の時、仲間に電話をすると、牛飼いの人たちがどっと来て手伝ってくれた」

農協和牛部会の委員長も長く務め、集まりは年に大小40回もありました。「夜の会合に出掛ける時など、『自分の赤ちゃんをお風呂に一緒に入れる時間よりも、組織が大切なの？』と家内に責められたが、それもお互いの助け合いだった。（繁殖させた）牛の売り値が安くて困った、と言えば、何か企画を考えようと議論し、飯舘村の名物になった「牛まつり」のイベントを始めた。たった1時間の雹《ひょう》で作物がだめになったり、牛が死んだり、冷害で稲がやられたり、人間1人ではどうしようもない天変地異の時こそ、支え合いに助けられた。農村で『コミュニティ』とは、生命保険よりも介護保険よりも大きな力だった」

「『までい』の意味を教えてください。地域再生の指標になるのですか？」との質問も出ました。

義人さんは、飯舘村が発信している「真手《まて》（両方の手）。真心を込めて丁寧に」とのきれいな説明に賛同せず、「我慢をする」という意味合いがこもった言葉ではないかと、子どものころの思い出を語りました。「昔の村には、子どもが欲しがるいいものを売っていなかった。でも、父が身の回りの木っ端から船やそり、スキー板を作ってくれた。売っている高いものでなく、村の人は自分で工夫して作って、使った。それが『までい』と感じた」。困った状況があっても、集まって議論し、知恵を出し合い、「ないもの探し」でなく、あるものからイベントも生み出したという村人の生き方そのものでした。「その気持ちがいま、みんなの中に残っているか。難しいのではないか、と思っている」

以前は、自分の住む地域が良くならなければ、自分も良くなれないという意識さえ持っていたといいます。しかし、原発事故後、避難先の個々人が賠償金や精神的慰謝料を手にし、「他人に頼らぬ自己完結な生き方ができるようになった」。その変化を、義人さんが衝撃とともに感じた出来事がありました。13年秋、環境省福島環境再生事務所から「比曽の水田27ヘクタールを仮々置き場の用地として賃借したい」という申し出が、比曽行政区にあった時です。ブログ105回『生きる、天明の末裔として／飯舘　その1』に、役員会でのこんなくだりがあります。

『「役員会には借地料が示され、田んぼが10アール当たり18万円、牧野が9万円だった」と菅野さん。地区の住民の間には「除染しても、今の市場流通では、ここで作るコメに買い手がつくかどうか。それよりも、お金を得た方がいいのではないか」との意見が出たそうです。「残念だ。お金では、村は復興できない」と、菅野さんはマイクで語りました。

「寄りかかったら、一歩を踏み出せないし、そういうお金は自助、自立の復興に結びつかない。お金で土地を売り、原発を造らせたのと一緒。除染は手段であって、目的ではないのだ。国はそれを考えない。はぎ取られるのは、結束しなくてはならぬ住民の気持ちだ」』

その役員会で、仮々置き場の受け入れに反対した義人さんらに投げ掛けられたのが、「金のある人はいい。俺は1円でも欲しい」という仲間の言葉だったそうです。「原発事故は、人の関係を壊し、ばらばらにする災害だ」と義人さん。村の人々が大切にしてきた「までい」の絆も壊れかけた瞬間でした。

加速する故郷離れ

「中間貯蔵施設（双葉町、大熊町）に放射性廃棄物（除染廃土のフレコンバッグなど）が試験搬入された、というニュースが流れていますが、どう受け止めますか？」と質問する学生もいました。政府が福島県内の放射性廃棄物（約2200万立方メートル）を搬入、集約する計画の中間貯蔵施設は、15年末の段階で地権者2365人のうち22人としか契約が進んでおらず、造成の見通しはつかず、環境省の失態を指摘する声が上がっています（ブログ153回『帰れるか、帰れぬのか～飯舘村・比曽　その6』参照）。同省はやむなく、可能な予定地に野積みする形で運び込む試験搬入に踏み切っていました。被災地の復興が進展しているような印象のニュースに、義人さんは「実態は全く違うと思う」と違和感を語りました。黒いフレコンバッグの山は被災地の山野にあふれ、比曽の共同墓地の真ん前にもそびえています。

同年12月24~26日の河北新報社会面に連載「中間貯蔵施設　故郷を手放す　福島・原発事故の現場」が出ました。予定地とされた双葉、大熊両町の地権者である住民たちの生の声が伝えられています。

『自宅や畑が中間貯蔵施設になるという話を聞き、インターネットで確かめた。環境省は何も言ってこない。地権者との用地交渉が進まず、建設が遅れている――。そんな報道を見て、頭に血が上った。

「連絡も寄こさないくせに、地権者を悪者にするつもりか」。福島環境再生事務所の電話番号を調べ、問いただした。ことし11月中旬、相談窓口などが書かれた封書が届いた。』

『施設をめぐっては、搬入開始から30年後に廃棄物を福島県外に搬出することが法律で定められている。廃炉が進み、除染などで放射線量が下がれば、帰還できる日が来るかもしれない。営農再開は難しくても、先祖伝来の土地に子孫が戻れる選択肢を残したい。

ただ、多くの地権者は県外搬出には懐疑的だ。「結局、最終処分場になるんじゃないか」「だれも戻らないんじゃないか」。地区の集まりでは、決まってそんな話になる。賃貸契約に返還時期を明記するよう求めるつもりだ。それが6代目の責任だ。』

『「最後は金目でしょう」。２０１４年夏、施設をめぐる（石原伸晃）環境大臣の発言に耳を疑った。地権者説明会でも、土地などの補償方針を一方的に説明する国の姿勢に違和感が募り、途中で席を立った。受け入れは「県や町が勝手に決めた」との思いが今も拭えない。』

「復興を求め、語るべき本当の主人公は、国でも県でもなく住民だ。そこへ戻ろうとする人にとってどうなのか。それを突き詰めないと、国の大規模な事業の陰で、復興の意味が分からなくなる」。義人さんは話を飯舘村に戻し、こう語りました。「多額な国の予算を投じた事業の末に、人が戻らなくては復興と言えない。地方が国のやり方に巻き込まれる、これまでの流れをいまからでも変えないと」

飯舘村は「までいな復興計画」(第5版)に「復興拠点エリア」整備を掲げています。中心部の深谷地区の県道に道の駅とミニスーパー、交流ホール、イベント広場、花栽培施設、災害公営住宅などを備えた大規模施設を、国の復興加速化交付金で17年3月までに造る予定です。政府の避難指示解除要件である公共インフラ、住民サービスの復旧にもかかない、新しい村の顔にふさわしい施設と位置付けています。この事業が「復興の目玉」とされていることに、義人さんは違和感を抱いていました。利便性はあっても、「人が帰って生活していく『地域』とのつながりがどこにも見えないから」と。

同じ違和感は、飯舘村が15年10月から会合を重ねている「営農再開検討会議」にも向けられます。この会議は村の畜産、花作り、イチゴ栽培の農家、農協や農業団体の関係者、福島県職員らを委員(9人)に、「(避難指示解除後の)営農再開に向けて目標となるビジョンを明確にし、もって飯舘村の農業の復興に資する」(設置要項より)狙いを掲げています。ただし現場の声を吸い上げて計画を練る場ではなく、復興計画にある農業分野の目標を具体的な施策として提示し、委員に認証してもらう形の審議会で、メニューの大半は国の農業復興関連事業を組み合わせた内容です。「生きがい農業」「なりわい農業」の選択と共存、「営農再開の意欲の高い人を先行的に支援する」「20行政区の農地保全を図っていく」「未来の農業者の育成を図っていく」などを掲げ、あらかじめ事業ごとに示した数カ年の実施スケジュールを遂行する先に「復興」のゴールがある、という村主導のシナリオが描かれています。

「村が主眼を置く『意欲ある人』とは、地域を離れた『点』でしかない」と義人さん。そのあり方は、やはり村が目玉とする「復興拠点」の姿に重なります。「一握りの人たちの挑戦がもし破綻し、孤立した時、その後ろに地域の支えも助けもないとしたらどうなる。国に頼った復興は失敗してしまう」

（その後、16年2月10日にあった3回目の営農再開検討会議で公表されたのが『営農再開に係る意向等アンケート』（農家台帳に登録された1196人が対象）。避難先の632人から回答があり、再開の意向がある人は29％＝『なりわい農業』希望者はその11％＝。再開の意向がない人は64％、除染後の農地の管理・保全もしない――と答えた人も47％に上り、離農の加速が鮮明になりました。）

訪ねてきた学生たち

東日本大震災と福島第1原発事故から丸5年となった16年3月を過ぎて、4月2日、3人の東北大生が飯舘村比曽を訪れました。東北大学新聞部の越田健介さん（19）、片山篤規さん（19）、千葉麻菜美さん（20）。1年生だった前年、河北新報・東北大連携の新聞論講座を受講し、義人さんがゲストに招かれた講義に参加しました。東北大学新聞でも「震災から5年」を3回にわたって特集することになり、「義人さんを比曽に訪ねて、講義だけで分からない村の現状を伝えたい」と希望したのでした。

のどかな春の村を黒く埋めるフレコンバッグの山に言葉を奪われながら、3人が胸に抱いた関心はやはり原発事故とコミュニティをめぐる問題。「長年の仲間が他人のようになってしまう。復興したくと

2016年４月２日、リフォームが終わった比曽の自宅に義人さんを訪ねた東北大生たち

も、それを担う人の力、絆がなくなる。一番必要なもので、国のお金では買えないもの」と越田さん。「被災地の外にいる人は、『復興は進んでいる』という情報を鵜呑みにしている。積み上げてきたものが一瞬で崩れたことのやりきれなさが、義人さんの表情や言葉にあった」と片山さんは話し、千葉さんも「(来年3月に）避難指示解除になると聞いて、だいぶ状況が良くなったのかと思っていた」。リフォーム工事が終わった自宅で再会を果たした3人は、居間のテーブルで義人さんを囲みました。

「人生でこれほど大きな変化はなかった5年であり、空白の5年だった。専業農家の仕事、地元での活動が一切できず、牛も処分した。家族もばらばらになった。（二本松市内に）避難してからは地域の再生を思い、くまなく線量を測り、どんな課題があるのかを手探りし、皆が戻れるための一番いい対処を訴えてきた。だが、原子力災害では国が関与している点が、経験になかったこと。それまでは村と住民の顔の見える関係だったが、例えば環境省の除染方法の要望などはストレートに伝わらない。諦めずに話し合いをしてきたが、地元の声を国の政策に反映できる余地は少ないのが現実。仲間には諦めが出ているが、若い人が帰ってくれる環境を取り戻すためにも線量を下げるよう訴え続けていく」

「ただ、政府の姿勢は、戻りたい人は戻ってください、そうでない人は戻らなくていい、という自己判断、自己責任を被災者の側に投げ掛け、地域の価値観になかったお金を絡めて『分断』を生じさせた。それぞれの関心はばらつき、距離も気持ちも遠くなったと感じたところに『○○さんは福島市に新しい家を建てたそうだ』といった話を聞かされ、複雑な思いを募らせた。幸せとは、人と人が信頼関係をもって一緒に生きられること。『お前だけが良くなっても、だめなんじゃないか。みんなのレベルが上がらなければ』『お前は、おやじ（父親）の苦労を知っているのか』『少し学校で勉強したからって、いい気になるな。ここでは通用しないんだぞ』――。人生で聞かされた厳しい言葉の数々も、人を教え、育てる地域の力だった。多少考えは違って議論しても、同じ地域や組織で生きる者同士だからこそ、一緒に力を合わせて活動できた。農村のコミュニティの本質だった。原発事故は、それを断ち切った」

どうすれば避難指示解除後の村に、その本質なる魂を取り戻すことができるのか？　国主導の復興事業とは違う、飯舘村らしく住民が主体となって地域から「までい」に取り組む復興の道はないのか？　その自問と格闘し、義人さんがたどり着いた提案があります。15年11月13日に福島市内であった、村の復興を論議する有志の定例会で発表しました。「飯舘村地域再生プラン」という名前です。東北大生3人の比曽訪問から4週間後の4月30日、私は義人さんを再訪し、その話を聴きました。

議論こそ村の伝統

『長引く避難生活により、それぞれの家庭を取り巻く環境は大きく変化し、帰村する村民の激減、高齢化により、各地域の再生に関しては大きな困難が予想される。

また避難指示解除後の課題に対し、現在進められている拠点整備を中心とした復興政策のみでは、十分に対応できるものとは思えない。

戻りたいと考える村民が、村で生きるための道を見出すことができ、生きるための糧を得ながら、戻らないと決めた村民とも連携を図ることが出来れば、必ず村の再建につなげることが可能であろう。そのためには、自分たちの地域は、その地域で決められるような裁量権と財源を確保することで、自主性・主体性を発揮できる仕組みができる。

しかも、多くの村民は、賠償がなくなれば、収入の道を絶たれた状況となることから、生きるための糧を得ることと、地域づくりを行うことを連結して行えることが重要である。

また、生活の基盤は集落にあることを認識したうえで、地域再生のためには、状況の変化に対応しながら集落機能を再生しなければならない。』

義人さんはプランを作った理由と採るべき方策をこう記し、村独自の「飯舘村地域再生基金」の創設を提唱しました。各行政区に分配して、住民が自らの地域の再生計画を作り、実践していくための基金です。それを活用するプランは、17年3月の避難指示解除を前にした16年度から10カ年にわたります。これまで報告してきた義人さんの疑問や問題意識を形にしたものであると分かります。

最初の16年度は行政区ごとに、急を要する「帰還」についての住民の意識調査、公的資源である農地・農道・集会所・神社などの維持管理の方法、人口減が明らかな行政区の組織運営と活動・事業の見直し、新たな現実で可能な地域づくりの企画、放射線を下げるなど住環境整備の継続的な取り組みや、村外に家を建てるなど「戻らない」意向である住民との連携の検討――などを挙げ、それを基にした「地域再生計画」の策定を挙げています。

避難指示解除後の3年間は、国と「点」でつながる補助事業でなく各行政区の帰還農家が協働する営農再開支援事業や、孤立の恐れがある高齢者の生活を地域で支える事業などが挙がります。4年目から6年間は、帰還後の現実に合わせた計画修正と必要な事業を検討し、次世代の帰還と参加を促す新たな産業興し、他地域や都市の人々との交流、集落を超えてつながる活動や事業を展開する――といい、財源として村地域再生基金から、地区ごとに毎年1000万円を、10年間分配する構想です。

地域再生プランは、15年5月にあった村幹部と比曽行政区の懇談会で響いた『「復興計画案を読む気にならない。計画案がいう『復興』は村の中心部だけ。比曽など周辺地区は後回しなのか。(中略) 周辺地区は、住民が自分たちで考えてやれ、と言われているようだ。どうしたらいいの? どういう暮らしをしたらいいのか? 私が帰りたい所の計画を立ててほしい」』(ブログ132回『帰れるか、帰れぬのか～飯舘村・比曽　その3』) という住民の率直な訴えを形にしたものでした。

その原点には、村の「周辺地域」とされた比曽など七つの行政区が結束し、原発事故前年まで開催した住民交流の「わいわいがやがやサミット」があり、あるいは村が各行政区に1000万円ずつを分配し、住民の「地区別計画策定委員会」が議論を重ねて10年間で実らせた自主事業がありました (比曽行政区はミニ公園や『比曽地区史』などを手作り)。「飯舘という村の個性も強さも地域の力、議論する力に

2015年８月２日、共同墓地の草刈りに集った比曽の住民たち

あった」と義人さんは力を込めました。

飯舘村は、「平成の大合併を拒否した村」でもありました（以下は04年9月8日の河北新報より）。

『福島県飯舘村の菅野典雄村長は7日、原町市、鹿島町、小高町と構成する南相馬法定合併協議会から離脱する考えを明らかにした。同日開会した村議会9月定例会に、法定協離脱の議案を追加提案した。離脱理由について菅野村長は「山間部の飯舘村は3市町と環境が違い、分権分散型合併への思いに温度差がある。自立の道を選ぶことが最善と判断した」と述べた。議案は17日に採決される。』

当時、村議だった義人さんも離脱に賛成しましたが、村議会の議案採決は8対9の僅差で否決。菅野村長は翌10月にあった村長選（任期満了）で「飯舘村の自立」を住民に訴え、反対派候補と「離脱か合併か」を争いました。「合併しないと、国から金（合併特例債）

が来ない。村の将来もない」「国は厳しい財政見直しを迫ってくる。小さな村は生きていけなくなる」と反対陣営は危機をあおり、「合併すれば、農林業以外に産業がない村も豊かになる」とのバラ色のチラシをまいた、と義人さんは振り返りました。「それに対し『飯舘らしい自立の村づくりを』という自分たちの訴えは『我慢のプラン』。だが、まさしく『までい』の生き方だった」。住民ぐるみの議論は451票差という大激戦の末の勝利を生みました。

「選挙が終わっても、そこから村としてどうやって、また一つになってやっていけるか、という新たな議論が村議会の内外で始まった。村の生き方を、われわれは自分たちで決めてきたんだ。ところがいま、除染のあり方や避難指示解除をめぐっては、住民を挙げた議論が起きていない。政府の指示のまま、村も住民も『もう決まったこと』との態度は、村にとっていいことなのか？　避難指示を解除すれば、政府は『原発事故からの復興』をアピールし、手の平を返すように、被災地の住民を自立へと突き放すだろう。いまは国の復興予算で財政が膨らんだ村も、『みんな、力を貸してくれ』とわれわれ住民に求める日が、原点回帰の日が必ず来るはずだ」

第2章

生きる、飯舘に戻る日まで

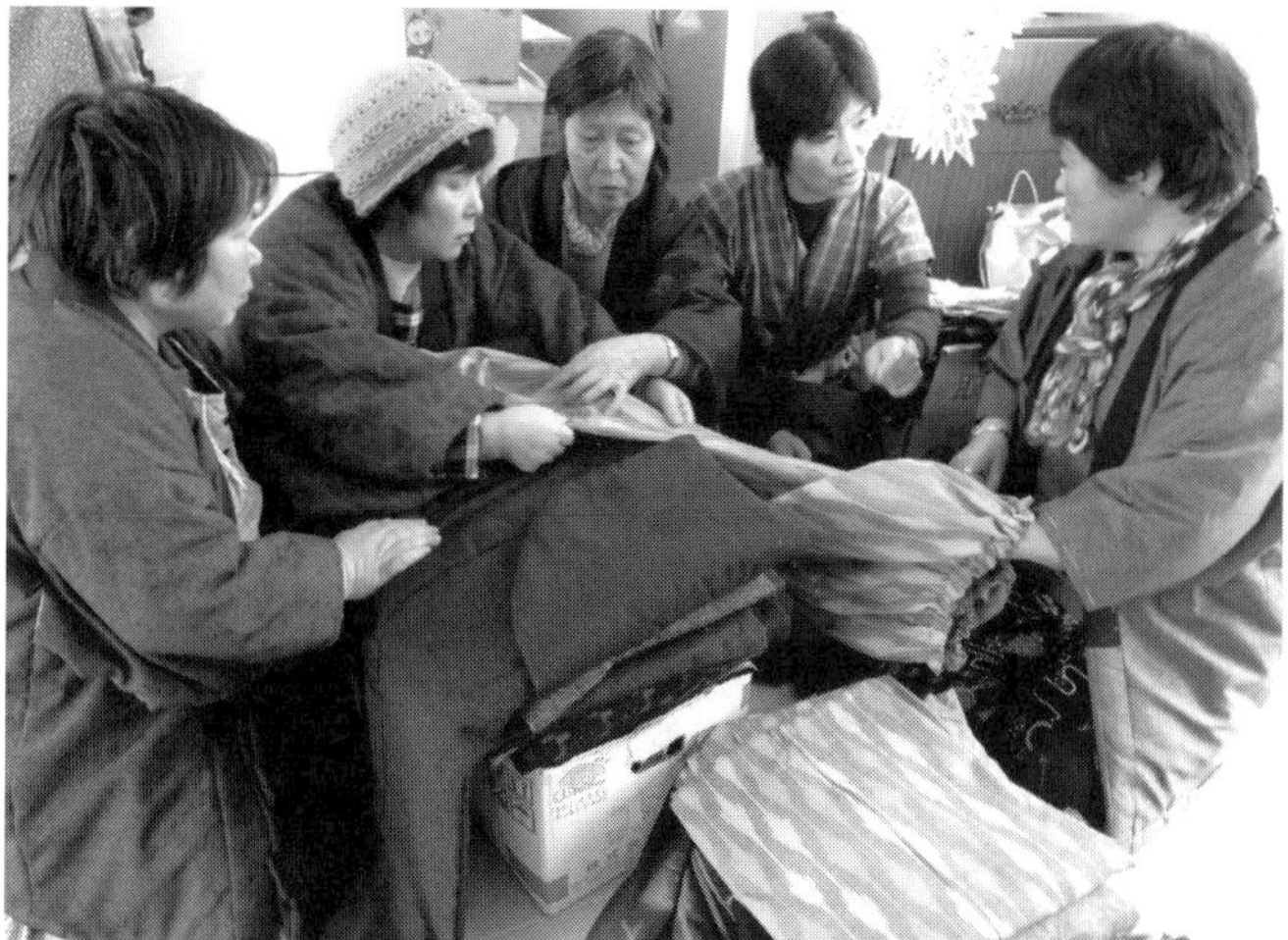

若妻たちは飛んだ

福島市松川町にある松川工業団地第1仮設住宅。飯舘村から避難した人々が肩を寄せ合って暮らす「箱舟」のような場所で、行く末の見えない避難生活を強いられた仲間を励まし、懸命に希望の種を創り、自らの病とも闘いながら、野の花のような笑顔を絶やさぬ女性がいます。私が出会った、そんな「ハツノさん」とともに、飯舘という村のかけがえのない日々の暮らし、福島第1原発事故に始まった苦難と苦悩の5年、あすへ抱く思いを見つめていきます（雑誌『婦人之友』2015年1～12月号の連載『心に翼あるかぎり』に加筆）。

「若妻の翼」でヨーロッパへ

「わたし、笑った顔がやせて、目のまわりがくぼんでるでしょ。みんな、年相応にふっくらしているのに」。1枚の記念写真を手にして、佐野ハツノさん（67）は苦笑いしました。

「体力が落ちていたので、6泊8日の旅の途中も疲れが出て、1日おきに休んだり、夕方の外出を控えたり、みんなと離れてホテルで寝ていた。でも、楽しかった。あんなに笑ったこと、避難生活の中でなかった。おなかが痛くなって困ったけれど、がんのせいじゃなく、大きな声で笑いすぎたから」

2014年10月上旬、福島市松川町にある松川工業団地第1仮設住宅の一室。見せてもらった写真には、その4カ月前の同年6月、ドイツからオーストリアへと旅した女性10人の一行が写っていました。確かにウィーン郊外のレストラン前でほほえむ仲間たちと比べても、いま目の前にいるご本人と見比べても、写真のハツノさんの顔は痛々しくやせています。

東京電力福島第1原発事故のために福島県飯舘村の自宅を離れ、仮設住宅の暮らしはこの日まで3年半を過ぎていました。11年8月末に仮設住宅の自治会が発足して以来、村の臨時職員である管理人を務め、平均年齢が約70歳という入居者たちの世話役として労苦を重ねた後の13年7月末、直腸にがんが見つかりました。大きな手術をし、管理人を辞めて治療に専念しましたが、14年になって、郡山市内の病院の主治医から肝臓への転移を告げられたのです。5月から抗がん剤投与が始まり、1回目が終わった直後、「どうしても行きたい」と訴えて参加した空路の片道8時間の大旅行でした。

2014年６月のドイツ再訪の写真とハツノさん＝同年10月、福島市の松川工業団地第１仮設住宅

旅の仲間や目的をまず紹介しますと、話は1989（平成元）年までさかのぼります。もちろん原発事故のはるか以前の飯舘村です。当時の斉藤長見村長が前年10月の村長選で初当選した際、打ち出

した公約の目玉に「若妻の翼」がありました。「広報いいたて」に綴じ込みでピンク色のチラシが全戸に配られ、そこには役所言葉とまるで違う、一編の詩のような文章がこう誘っていました。

「してみたいこと　たくさんあって　1年は365日あって　いろんなことができそうだけど　思ったことの　半分ぐらいしか　いつもできない　ことしは、いままで　いちばん、ゆたかみたい　家庭菜園でトマトをつくってみたい　こどもとメダカを　ふ化させてみたい　そして、この大空を飛んで、外国へいってみたい」

女性を口説く甘言を連想した読者の方は、ほぼ正解です。村の歴史にそれまでなかった、農家の主婦を募ってヨーロッパに派遣する研修事業の告知でした。89年9月に実現した第1回「若妻の翼」の参加者は、30〜41歳の主婦19人。その1人が、当時40歳のハツノさんです。西ドイツ（当時）、フランスを巡る12日間の体験は、「〇〇家の嫁」として村に生きてきた彼女たちの世界を大きく変えました。「旅の仲間は生涯の親友になった」とハツノさんは語ります。

冒頭の記念写真が撮られた14年6月のヨーロッパ再訪は、にわかに持ち上がりました。「若妻の翼の旅から帰って間もない（89年）11月に、ドイツで『ベルリンの壁』が崩壊して、仲間はみんな、びっくりした。世界の東西を隔てた壁が取り壊された跡に、平和の象徴として日本から桜の苗木を送って植えてもらおう、という東京のテレビ局の呼びかけがあり、わたしたちはわが事として募金に応じました。そして、『その桜の花が咲くのをいつか見に行こう』と、一緒に旅費の積み立てをしてきたの」

話が具体化したのが14年2月。ハツノさんが仮設住宅の居室のテレビで偶然、ベルリンの桜の開花を伝えたニュースを見たのでした。「若妻の翼」の1期生にとっては、数えて25周年でもあり、仲間たちは盛り上がらぬはずがありません。

しかし、ハツノさんは不安の渦中にありました。がんの再発が見つかった直後。病院で精密検査が先々まで続いてゆくスケジュールが組まれ、自分の体がどうなっていくのか、分からなかったのです。仲間たちは「ハツノさんの具合が悪いのだから、治るのを待とう」と気遣ってくれたそうです。「でも、行きたかった。そのチャンスを逃せば、もう行くことができないのではないか、という気持ちがあった」

主治医から「これから、がんとの闘いです」と告げられたのは4月下旬。血管が重なって手術が難しい部位にがんがあり、抗がん剤の長く苦しい治療がまた始まろうとしていました。ハツノさんは意を決して、こう問いました。「ドイツに行きたいんです。諦めないとだめなのでしょうか?」。鼓動が速まり、判決を待つような胸に、医師の声が優しく響きました。「いってらっしゃい。楽しんできてください」

ドイツ女性の生き方に衝撃

秋の午後の日が差す仮設住宅の居室で、ハツノさんはもう1枚、写真を見せてくれました。「ヘンゼルとグレーテル」のお菓子の家のような建物の前で、19人の女性のまっすぐな目がキラキラと輝いています。写真の日付は「89・9・30」でしたが、時の経過など少しも感じさせぬほど、どの顔にもフレッシュな若さと美しさがあります。旧西ドイツのバイエルン州の町シェルナッハに滞在した「若妻の翼」1期生たちの姿でした。地元の農家に分かれてホームステイしたそうです。「乳牛がたくさんいて、どこまでも牧草地が広がって、風景は飯舘みたいだった」とハツノさんは思い返しました。そこで、わが村とは異なる農村の生活、女性の生き方があることを知ったといいます。

「ヨーロッパの女の人って、自己主張が強くてわがまま、と思い込んでいた。でも、違った。主婦たちはそれぞれの暮らしを夫と二人でつくり、わたしたちをもてなす食事の準備を夫がきびきびと手伝い、楽しく笑い合って、酪農も一緒に経営し、パートナーとして分業していた」「わたしたちは家で、いつも『後ろ』にいた。お客さんが来れば、黙々と台所にこもり、にぎやかな談笑の陰で客間に布団を敷いていた。お正月なんて毎年、足を棒にして働いて終わるだけで、誰も来なければいいと思っていた。だから、村の農家に嫁なんか来るはずがなかった。シェルナッハの民泊先の奥さんは、『自分が家の嫁だなんて考えたことない』と言っていた」

そして、「みんなで感動した」というのが、農村の美しさでした。農家の主婦たちは、庭や野原にある草花を使ったフラワーアレンジメントで家中を飾り、自分の手でドライフラワーも作り上げていました。何よりも目を楽しませてくれたのが、窓辺や花壇にいっぱい咲かせた花々の夢のような彩りです。「うちの方がもっときれいだ」と、家々が競い合っているようにも見えました。「飯舘の農家では考えられないくらいのゆとり、豊かさ、暮らしの楽しみがあった」。それはハツノさんばかりでなく、19人の若妻が分かち合う目標、新しい暮らしの物差しとして根付いていきました。そうした共通体験が、同じ飛行機に偶然に乗った旅の仲間を「生涯の親友」、そして同志に変えていったそうです。

シェルナッハでの写真には、地元のリントナー村長、講師として同行した日本青年館結婚相談所長の板本洋子さん、さらに若い日本人男性が写っています。42歳だった同村公民館長、現在の村長である菅野典雄さん(68)。「若妻の翼」事業の企画責任者でした。

「そのころ、自分もメンバーだった『夢想塾』という村おこし集団があって、新年恒例の名刺交換会なんてつまらないと、『新春ホラふき大会』を始めたんです。何でもいいから、新春らしいでっかいホラを吹く。(87年の大会で)阿部真貴子さんという福島県職員の塾生がこう吹いた。『男は海外に行くチャンスが多いのに、女は本当に少ない。21世紀には村営『主婦の翼』が世界中に飛んでいるはず』

1989年、「若妻の翼」の仲間とバイエルン州の町シェルナッハで＝後列左から４人目がハツノさん

「これだ！と思った」と菅野村長は、福島市飯野町にある飯舘村飯野出張所（仮役場）の村長室で振り返りました。同村佐須地区の酪農家でしたが、「翌（88）年の村長選で（前収入役の）斉藤長見さんの参謀を引き受け、その時の公約に『主婦の翼』を掲げたんだ。私は嘱託の公民館長になって、村は早速、公民館の『人づくり』事業として予算をつけてくれた。私が初めて手掛けた事業だった」

事業化の段階で「主婦」が「若妻」に看板替えされましたが、それには理由がありました。「村の各婦人団体の顔である年配女性たちを集めても意味がない、何の変化もない、と考えた」と言います。「飯舘のような村で、女性たちがいかに生き生きと活躍できるか。田舎の古い壁を打ち破るには、彼女たちの力を発揮してもらうことが必要だった。若妻たちに行動力をつけてもらい、どんどん変わって、村を変えてもらいたかった」

そんな深慮遠謀など知らぬまま、帰国したハツノさんらは否応なく「田舎の壁」にぶつかっていきました。

細腕に勇気ふるい

家族の思わぬ後押し

「ベルリンの壁の崩壊」と同じ1989年、福島県飯舘村の女性19人を旧西ドイツ、フランスの旅に派遣した「若妻の翼」事業（村公民館主催）の企画責任者だった現村長、菅野典雄さん（69）は、村で前代未聞だった旅を振り返り、それが巻き起こす波紋を期待していた、と言います。「自ら『外国に行かせて』と手を挙げる農家の嫁さんは、まず、いないだろう」と菅野さんらは考え、村内にある20の行政区の区長から、これはという女性を1人ずつ「推薦」してもらうことにしました。

佐野ハツノさん（67）は「若妻の翼」に応募するまでの道のりで、むしろ家族から後押しされたそうです。きっかけは、同村八和木《やわき》地区にある自宅への突然の区長来訪でした。「ハツノさん、行ってみないか。行きたいと思っても、自分では言い出せないだろうからな、俺が誘いに来たんだ」

ハツノさんの婚家は、八和木の集落でも大きな専業農家で、当時、水田5・5ヘクタールの稲作、85アールの葉タバコ栽培、肉牛の繁殖、さらにシイタケ栽培を営んでいました。「農協のたばこ部会や後継者育成の会合で発表をした経験があって、区長さんの記憶に留まっていたのかもしれないね」とハツノさん。「若妻の翼」への参加者を募るチラシが全戸に回り、それを目にはしていたといいます。興味を持ちましたが、旅の日程は（89年）9月26～10月7日。「農家にとっては、猫の手も借りたいほど忙しい稲刈りのさなかに当たっていた」。ところが、区長の話を一緒に聴いた夫の幸正さん（68）は「ハツノ、行ってこいよ。俺から両親に話してやる」と、あっさり言ってくれたそうです。

実は、幸正さんは海外の旅を知っていました。結婚翌年の71年、同じ若い農家仲間だった菅野典雄さんらと共に、米国カリフォルニアの先進的で大規模な農業を視察し、「すごい、アメリカは」と感激して帰った経験を持っていました。「だから、わたしをヨーロッパに行かせたかったのね。でも、うちの旦那には『大丈夫だよ、自分でちゃんと伝えるから』と言ったの。義母＝トミエさん（89）＝も心臓が弱く、あまり動けなかったので、すぐには決められなかったのだけれど」

それでも、佐野家には応援者がもう1人いました。義父の章さん（2003年に81歳で死去）です。村選挙管理委員長も務めていた章さんは、先んじて「若妻の翼」の話を村役場で耳にしていました。区長の前でかしこまる嫁を「うちのハツノは、家のためにいままでいっぱいやってくれた」とほめ、「人から物事を頼まれたら、引き受けるもんだぞ。何も心配しないで行ってこい」と後押ししてくれたのでした。最後には、それぞれ大学と高校の受験を控えた長男、次男までが「母ちゃんが留守の間、俺たちが農作業を手伝うから大丈夫だ」と言い出しました。「自分は家族に恵まれたなあ」と涙がこぼれたそうです。

貧しい村の農家の嫁として

「あのころでさえ、『農家の嫁になる』なんていう女の子は飯舘村にもいなかった」と、ハツノさんは笑います。「いまでいう『3K』の仕事で、汚れる、つらい、休みがない。それに、飯舘は3世代同居が普通だったから、姑、小姑つき。自分の家だけじゃなく、嫁に対するまわりの目もうるさかった」

ハツノさんが思い出したのが、結婚して初めての夫婦げんかです。よくある、ささいな口論だったそうですが、よほど大きな声が出たのか、「佐野さんの嫁は、かわいい顔をして、旦那が一言いうと三言返す。なんて、きかない（性格のきつい）嫁だろう」。隣のおばあさんが聞いていたらしく、うわさがぱっと広がったそうです。それが回り回って義父の耳に入り、「けんかをするな」と若夫婦はたしなめられました。

ハツノさん自身も旧姓佐藤の独身時代、農家の嫁になる気はなく、高度経済成長期に青春を過ごした世代らしく「村を出て、自由になりたかった」。67年春に相馬農業高飯舘校を卒業後、日光・中禅寺湖畔にある「味の素」の保養所に勤めました。しかし、あまりに閑静で寂しいほどの所で、時事通信社にいた母方のいとこの紹介をもらって、栃木県矢板市にあるシャープの工場に再就職しました。そんなころ、見合い話が飛び込んだのです。

ハツノさんについて話を聴いていたらしく、「ぜひ、うちの嫁に欲しい」と気に入ったのが佐野家の義父でした。「農作業をさせない」「子守を雇ってもいい」とまで言ったそうです。そこまでの誠意を知って、「見合い話を断るつもりだった」というハツノさんの気持ちも傾きました。すると予期せず、小さな騒動が起きました。またもうわさが広まって、ハツノさんの叔父が「何だ、条件付きとは！」と酔って怒鳴りこんできたり、同村宮内地区にあるハツノさんの実家の両親も「何で農家に嫁にくれてやるんだ」と親戚から責められたりしたそうです。

ごく普通の……と思われた結婚に対する人々の複雑な反応、感情の背景には、昔ながらの飯舘の「貧

1989年、「若妻の翼」に応募したころのハツノさん。農作業の合間に（佐野さん提供）

しい村」という原像がありました。佐野家はもともと越後（新潟県）から7代前に移住したと伝わり、同じように北陸に先祖の地があるという家が村には多いのです。

「夏の間は雨天が多く、冷気甚だしく、綿入れを着ていた」「山中郷《さんちゅうごう》では9月2日、15日と小霜、27日には大霜となり、10月末には秋風強く、丹塊を喪い、嘆き悲しみ、騒ぎ合った」「翌天明4年の3月までは、砕けしいな、麦類、ヒエなどの雑穀に、クズ、ワラビの根を混ぜ、粥や団子にしてしのいだが、草木の萌え出る頃を待ち、セリ、ナズナ、ウコギ、クコ、カエルッパなどに藁《わら》の粉、こぬか等を混ぜ、練りモチや団子にした」「天明4年の春には、多くの餓死者に加え、疫病が流行し、病死、中毒死もあり、死者の数は増えるばかりであった」

天明の飢饉（1783〜86年）当時の比曽村（現飯舘村比曽、長泥、蕨平地区）の惨状を記した『天荒録』の一節（現代語訳）です（同村比曽の農家、菅野義人さんから教えてもらいました）。「山中郷」は相馬中村藩時代の飯舘の旧名で、高冷地のため、天明の飢饉における死亡・失踪者は当時の住民5138人の37％にも上りました。相馬中村藩は領国の存亡を懸け、幕府の禁制を破って北陸の一円に密使を送り、荒廃した耕土の復興を担ってくれる農家の移民を招いたのです。大きな仏壇とともに険路を越え、根を下ろした開拓者の末裔はいまも「御門徒」（一向宗徒）と呼ばれています。

凶作は、阿武隈山地の標高400～600メートルの村ゆえ宿命となって昭和まで続き、80年には作況指数12という大冷害に襲われました。飯舘村と農家の人々はコメ依存を見直す歴史的な転換をし、厳しい自然環境と共生できる肉牛の飼育に取り組みました。それからの努力は、中央の市場にも知られた「飯舘牛」のブランドに実っていきました。11年3月11日の大震災と福島第一原発事故が降りかかるまで、村には肉牛の子牛繁殖や酪農など、約3000頭もの牛を農家が飼育しており、佐野家の若い夫婦もそこにいました。

「自然と、隣近所や親類が『結《ゆい》』で助け合った。田植え、稲刈りをはじめ、山でカヤ（ススキ）刈りをしての屋根ふき作業も。そうしなければ、お互いに生きていけなかった。お葬式の手伝いをするのも、昔はコメ持参が習わしだった。貧しくて、葬式の参会者にご飯を出すこともできなかったから。迷惑を掛けないよう、自分が食べる分だけは持って行くものだった。自分がつらく苦しい時は、まわりの人のつらさ苦しさも同じだったから」

主婦たちの決断

「若妻の翼」で仲間になる女性たちも、「壁」と闘っていました。

乳牛50頭を飼っていた酪農家の主婦は、飼料とするデントコーンの収穫が重なる9月末の旅は夢のま

地元・飯樋地区にある鎮守、大雷（だいらい）神社の祭りで手踊りを奉納したハツノさん（後列右から３人目）

た夢だったそうです。「若妻の翼」への憧れを口に出せず、仕事が忙しくなるばかりで諦めかけた時、思いを汲んだ夫が締め切りぎりぎりの応募用紙をもらいに行ってくれたといいます。縫製工場に勤めていた主婦は「わが家の経済状態では海外研修に行くなど無理だろう」と危ぶむ夫を説得できず、締め切り3日前に家族で再び話し合いを持って、ようやく賛成をもらいました。家に負担を掛けまいと出発まで3カ月、残業を重ねて頑張ったそうです。また、夫から了解を得ないままに「後悔はしたくない」と応募し、最後の最後に夫を動かした主婦もいました。「自分は子どもを置いて10日間も出かけたことはない」と義母から言われて悩み続け、最後には「同じ女として夢を応援するから」と言われた人、「この企画は第1回なので、肩書の立派な人ばかりが参加するから、見送った方がいいって話だよ」といった村のうわさ話と心で闘い続けた人もいました。

「飯舘は寒くて冷害常襲で貧しくて、皆がいつも馬車馬のように働いて。いつまでも生き方が変わらない、そんな村に誰もやって来ない。わたしたち自身が心を弾ませ、楽しく暮らさないと。そうやって勇気をもって一歩、行動して初めて、新しい村を創っていける。さまざまな葛藤の先に、そんな思いが見えてきた」。ハツノさんはこう語りました。互いの姿がまだ見えぬまま暗中模索していた主婦たちの決断は、やがて、肉牛導入にも負けぬ新しい村づくりの種となって芽吹いていきます。

＊参考文献『天翔けた19妻の田舎もん』（１９９０年　いいたてＷＩＮＧ19編）

「までい」の花、咲いた

村の外の世界と出会う

「宿題もレポートも出さないから、旅を好きに楽しんできてください」

1989年6月、福島県飯舘村の村公民館が主催した第1回「若妻の翼」（女性の海外派遣事業）に参加した19人の主婦たちは、帰国結団式で当時の斎藤長見村長からこう言われていました。「だから、気楽に帰ってきたのに」と、メンバーだった佐野ハツノさん（67）は笑って振り返りました。ドイツの農村生活を体験する旅（同年9月26～10月6日）から帰ってみると、話は全く違っていたといいます。

それぞれの家で旅装を解いてから程なく、ハツノさんら仲間の5人が村役場に呼ばれました。会津の田島町（現南会津町）から遠路、視察の議員団が来村し、その一行から「『若妻の翼』は新しい村づくりのシンボルと聞いた。その体験を話してもらえないか」とリクエストされたのです。

ハツノさんたちは「5分ずつ、みんなでしゃべろう」と打ち合わせ、あれこれと考え、「人前で5分って大変だよね」と緊張していたら、対面したオヤジ議員からいきなり、セクハラ発言をぶつけられました。「なんだなんだ、若妻って何歳までを言うんだ?」。いま風に言えば「アラフォー」の5人を前に、同僚議員たちの笑い声が弾けました。が、ハツノさんは黙っておらず、「えっ、自分たちがそう思っていれば、若妻っていうんですよ」。にこやかに逆襲してやったそうです。

「若妻の翼」を企画した菅野典雄公民館長（現村長）も、その取り組みについて全国各地から講演で招かれるたび、メンバーに声を掛けて同行してもらい、「10分しゃべってね」「今回は20分、大丈夫でしょ」と彼女たちの口で語らせました。「あれは、わたしたちを鍛えるトレーニングだったんだ、と後で分かったの」と、仮設住宅の居室でハツノさんは回想します。

飯舘村は新しい村政の目標として「住民参加の村」を掲げ、将来を担う若い村民の「人づくり」を始めていました。「公の場で経験のない主婦も、人前で話をするうちに変わっていくんだ。そんな場数を踏んでもらおうと、どんどん外に引っ張り出した。時間の自由が利きやすい農家の嫁さんたちが中心になったが、事情を知らない外の人からは『えこひいき』だとか、『館長と○○さんは〝できてる〟』だとか、いろいろ陰口を言われたものだよ」と、全村避難後の仮役場になった飯舘村飯野出張所（福島市飯野町）で菅野村長は苦笑いしました。

講演先では必ず大勢の人と出会い、名刺交換を求められます。「名刺なんて、農家の主婦は持ったことがなかった。でも、初めて村の外の世界に出てみて、新しい人の縁をつくっていくことがどんどん楽しくなった。そこで名刺を作ろうと思い立って、はっと考えた。『肩書』って何だろう？　いったい自分って何なの？」。そんな自問自答を抱えることになりました。悩んだ末に、ハツノさんは生まれて初めての名刺を手にし、肩書をこう記しました。「きょうよりあしたの私へ　農業　佐野ハツノ」

忘れられないことの一つが、岩手県川崎村（現一関市）での出会いでした。生まれて初めて、ただ1人で講演に行かせられることになり、菅野館長は「まず、話すことを箇条書きにして、電車の中で練習していけばいい」とアドバイスしてくれました。川崎村の会場の公民館に着くと、１００人以上の聴衆でいっぱいでした。壇上がとても高く感じられましたが、必死の練習の甲斐あり、『若妻の翼』の旅に出たことで、家族の絆がそれまでよりも密になった」という自身の思いをしっかりと話せたそうです。すると、泣いて聴いているおばあさんの顔が見えました。「農家の嫁の先輩として共感してくれたのだな、と思った。そうしたら、わたしも感激して泣けた」「こうしてまた旅に送り出してくれた、わたしを大事に思ってくれる自分の家族に、きっと恩返しをしていこう」。ハツノさんは誓ったそうです。

村の魅力を再発見

「若妻の翼」から帰って明くる90年、村役場から新たな「未知」の依頼が舞い込みました。「ハツノさん、村づくりの会合の委員になってもらえないかな」。飯舘村など阿武隈地域5町村の活性化委員会の委員への推薦話でした。本人はびっくりしました。

活性化委員会とは、解決の見えない悩み深い過疎と、そこからどんな産業興しができるか——が共通の課題である阿武隈山中の自治体が集い、知恵を持ち寄る場でした。高度経済成長期の物差しで見れば「開発が遅れた」、しかし、恵み豊かで広大な自然と田園の風景、多くの都会人にとっても懐かしいであろう農村の暮らしと人情を残す地域です。やはり迷った末、ハツノさんは委員の話を引き受けました。旅の経験と講演の場数、人との新たな出会いが、家の嫁にチャレンジ精神をはぐくんでいたのでした。

委員になったハツノさんに真っ先に、みずみずしく思い浮かんだイメージがあったそうです。牧草地と森の深い緑、花で彩られた家々の集落が連なるドイツ・バイエルン州の風景。帰ってきた目には、飯舘村の風物すべてが重なるように見えたといいます。そして、委員会で提案をしました。「『阿武隈ロマンチック街道』って、どうでしょう？　わたしたちはそんな場所で暮らしているんだ、もっと素敵に豊かにしていこうって思ったら、人の気持ちも変わるんじゃないですか」

素朴で自然豊かな村の魅力が、実はそのころ、危機にさらされていました。東北からはまだ、テレビのトレンディードラマくらいでしか感じられませんでしたが、日本中がバブル景気に浮かれ始めていた時代です。首都圏から東北各地の田舎に流れ込んできたのが、有象無象のリゾート開発と土地の買いあさり、そして、膨大な産廃不法投棄のダンプカーです。のどかだった飯舘村にもゴルフ場進出の話が降って湧き、「開発を受け入れるか否か」が村内の世論を二分する話題になっていました。

「『もともと農林業しかなかった村に金が入り、景気が良くなるんだったらいいだろう』『せっかく広い土地があるんだ。何も使わないのはもったいないではないか』。そう言っていたのは、おじいさんたち。わたしには、ドイツでもらった種がまた新しい考えをくれた」とハツノさんは言います。思い浮かんだのは、現地で知った「ビオトープ」でした。古い曲がった道は曲がったまま、水路は人工のU字溝でなく昔ながらの土の堀のまま、自然な環境の良さを財産として未来に生かす方法のことです。「開発だけではない生き方が、飯舘村には似合っている。『ゴルフ場なんて造らない』と、みんなで決めておけばいいのでは」というのがハツノさんの意見でした。

飯舘村は90年6月、「快適環境づくり条例」を制定、施行しました。「村づくり目標である『緑とふれあいの村』実現のため、その存立基盤である自然環境を保全し、自然と調和した土地利用を図ることにより住民生活の快適な環境を確保する」と定め、この生き方に沿った施策づくり、環境保存地区の指定などを村の責務とする条例でした。「ゴルフ場を造らない、造らせない」という姿勢を、ハツノさんが願ったように、村ははっきりと打ち出しました。施行と同時に、条例の守り手となる住民参加の「環境づくり審議会」が生まれることになり、ハツノさんにも任命の声が掛かりました。「そんな生き方を村民自ら選んだことが、わたしにとっても誇りだった」

　飯舘村はゴルフ場の誘致・開発を90年から2年間凍結し、それが切れる92年末、あらためて開発の是非を問う全戸（1761戸）アンケートを行いました。その結果、回答者の実に3分の2が「反対」と答え、「賛成」はわずか26・6％にとどまりました。その後、とりわけ原発事故後に村の代名詞として知られていく「までい」（相馬地方の方言で、ゆっくり丁寧に、手間暇を込めて）の生き方も、村民の誰もが認める価値になっていきました。

白いグランドピアノ

「東京生まれで東京育ちの夫を、東京へ出稼ぎに行って連れてきた、副団長の佐藤英子さん。『お前のような駄目主婦が行っても勉強になるぞ』と夫に言われた。今回の応募者で最年長の41歳。旅先では19人のまとめ役」

「若妻の翼」第1期（その後も事業は継続）のメンバーが、90年5月に出版した手記集「天翔けた19妻《さい》の田舎もん」で、佐藤英子さん（68）はこう紹介されました。同村須萱《すがや》地区で夫と共に縫製工場を経営し、東京電力福島第1原発事故の後は伊達市梁川《やながわ》町の借り上げ住宅で暮らしています。

「ドイツ・シェルナッハの民泊先で聞いたら、現地の農家の年収は飯舘村の農家より低かったの。だけど、生活は向こうがずっと豊かだと実感してきた。夕方になると、主婦は作業服を脱いで、きれいなスカート姿になり、手芸やピクルス作りとか、自分の好きなことをゆっくり楽しむ。そんな暮らし方を知って、もう、こそこそと周りに気を遣ってでなく正々堂々と、人目やうわさを気にせず、わたしはわたしで生きようと決めたの」

第１回「若妻の翼」のメンバーが書いた手記集を手にする菅野典雄村長＝飯舘村飯野出張所

旅から帰って、佐藤さんはその決心を実践しました。91年に始めたのがドライフラワー。手作りの花々で家を美しく飾るドイツの生活の流儀から感銘を受けたそうです。「ムギワラギク、ラベンダー、セージ、バラ、麦などを種から自宅で育て、飯舘の山の草木や実を取り混ぜて生かすリース作りの教室を開いたの」。名前は「花職人」。ハツノさんら旅の仲間も参加して、花作りを手伝いました。

「暮らしにもっと楽しみをつくろう」を合言葉にして、みんなで郡山市や仙台市にコンサートを聴きに遠出するようにもなりました。「でも、自分たちだけでは足りない。家族や村の人たちが一緒に楽しめなくては、何も変わらないよね」。そう話し合って91年秋、佐藤さんが実行委員長、ハツノさんが副委員長になり、乗り出したのが「グランドピアノを買って村に寄贈し、自前のコンサートや発表会を毎年開こう」という夢の計画。当時の日当が５０００円だった山の草刈り作業をやって貯めたらどうか、という案も出ましたが、それではとても足りず、話し合いの末、一口１万円の寄付を募る運動を繰り広げることになったのです。

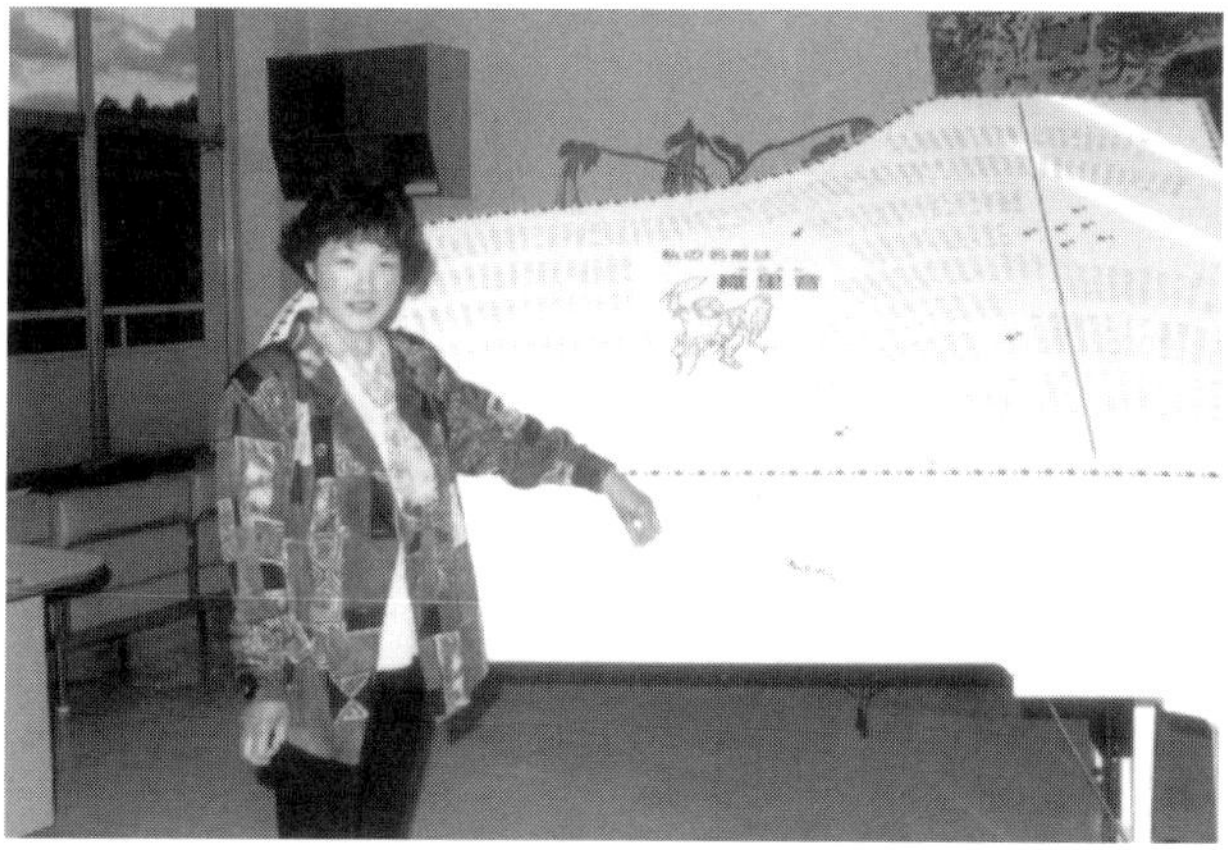

「ふるさといいたて織里音の会」の２代目会長になったハツノさんと白いピアノ＝2000年５月

「若妻の翼」ＯＧ有志をはじめ賛同者が約25人集まり、それから、「いやあ、歩いた歩いた。村内の知人、友人、身内、お店、企業、議員さん……」とハツノさんは振り返ります。「寄付してくれる人の名前を、ピアノに永久にかきいれる」との名誉特典も考えましたが、さすがに現金の寄付集めは難航し、有志一同の落胆と疲れが深まりました。そんな時、運動のピンチを聞きつけた新聞やテレビがニュースを流してくれたといい、福島大の学生グループら村外にも応援は広がって、１年７カ月もの苦労の結果、何と４２０万円が集まりました。「若妻」たちが持ち帰った種から開いた、新たな「までい」の花でした。

「みんなの夢が集まったグランドピアノなんだから」という英子さんの発案で、色は黒でなく、うっとりさせるほどに輝く白が選ばれました。村公民館でのお披露目は仙台市出身のシャンソン歌手かいやま由紀さんを招いての、パリの香りいっぱいのコンサート。「とても素敵だった。来年もやってほしい」という来場者たちのアンコールの声が集まりました。大成功させた実行委員会の有志たちは「ここから文化の風を吹かせていこう」と、「ふるさといいたて織里音《おりおん》の会」を結成し、佐藤さんが初代会長、ハツノさんが2代目になって活動を続けました。

白いピアノはいま、全村避難の中でも大事に保管され、新しい公民館建設を待って再び、美しい姿を現すはず。ハツノさんら織里音の会メンバーたちも、離散した村民を集わせる復活コンサートの日を夢見ています。

農業委員会って何だ？

女性初の農業委員に

『「までい・らいふ」なる言葉を、仙台でのある討論会で聞いた。までい、は「ていねいに、気持ちを込め」という福島の方言。物を大事に扱ったり、作ったりする時に使う。

「生活もじっくり手を掛けて楽しむ。そんな村づくりを、と皆で考えた言葉です」。福島県飯舘村の佐野ハツノさん（57）は語った。

阿武隈山地の標高約５００メートル、人口６７００人の村で葉タバコ、コメをつくる農家。女性で初の農業委員会会長を昨年まで務めた。』

２００６年2月24日の河北新報夕刊「河北抄」の一節です。当時、執筆を担当していた私は、東北農政局が主催した「食育」のシンポジウムで司会をしました。ハツノさんは、地元農家が学校とつながり、給食の食材に取れたての野菜を提供する飯舘村の取り組みを発表しました。その話がとても面白く、コラムで紹介したのが縁の始まりとなりました。

文中にあるように、ハツノさんはこの前年まで飯舘村の農業委員会会長を務めました。１９９６年、女性として農業委員（1期3年）に選ばれたこと自体が村では前代未聞の出来事で、会長になったのは最後の3期目。農業委員会は市町村の機関で「農地の番人」といわれ、農地の売買や転用を審査し、乱開発を監視・抑止することを主な役目としています。委員は選挙で選ばれる特別職の公務員で、会長は議会にも出席します。農業を守る大事な仕事ですが、当の農村では伝統的に「男の役職」のような見方をされていました。

「(96年は) たまたま農業委員の改選時期で、地元の八和木・前田行政区から出ていた委員（同村は定員18人）が辞めることになり、後任のなり手が現れず、たらい回しに話が降ってきた」と、いまは67歳のハツノさん。最初は、中堅の農業経営者として信望のある夫の幸正さん（68）に関係者から打診がありました。幸正さんは当時、農協の理事を務めていたことから辞退し、「農業委員もそろそろ、女性がなってもいいのではないか」と提案したところ、「女なんて委員に出したら、村中から笑われるだけだ」と一蹴されたといいます。ハツノさんら飯舘村の主婦19人がドイツへの旅で農村生活を体験し、「農家の女性が変わると村も変わる」と希望の種を持ち帰った第1回「若妻の翼」の旅から7年がたっていました。が、まだまだ「男社会」の壁は厚かったのです。

とは言え、「ひょうたんから駒」という言葉もあります。その話を耳にして、「ハツノさん、どうだ。農業委員、やってもらおうじゃないか」と後押しする人が現れました。89年に「若妻の翼」への応募で、快活さと度胸の良さを買って推薦してくれた地元の行政区長でした。その年の農業委員の選挙は結果的に定員通りの無競争になりましたが、あれよあれよという当人を担いで、義父の章さん（故人）、義母のトミエさん（89）が「嫁をよろしく」と運動に歩いてくれたそうです。家族が一番の応援者になっていました。そして、この選挙ではもう一人、伊丹沢地区から同じ農家の主婦、杉浦正子さん（66）が新しい農業委員に選ばれました。その点でも、この選挙は飯舘村にとって歴史的な出来事になり、杉浦さんはその後、ハツノさんの心強い同僚になりました。

女性ならではのアイデア

「農業委員って、何をしたらいいの？」。当選したハツノさんにとってはまず、そこからが勉強でした。「毎月の定例会議を聴いていればいい」と言う人もいましたが、実際には、農地をめぐる問題ばかりでなく、村の農業振興のすべてに関わっていく仕事でした。それを知ってからのハツノさんの行動は、それまでの男性委員たちとはひと味、違っていました。「せっかくなれたのだから、何か新しいことをやらないと、もったいない」と思い立ったそうです。

飯舘村では毎年、農業関係者が一堂に集う「農業振興祭」というイベントが開かれていました。講習会や表彰式のほかアトラクションがあり、農協や農業改良推進員などの団体が歌や踊りなど出し物を演じました。何の芸も余興もなく参加してきた農業委員会で、ハツノさんが提案したのが創作の寸劇です。「農業に関わる法律の改正があり、働きやすい農家経営のための家族協定を普及しようという運動もあった。村のみんなが一緒に前に進める、新しい知識を芝居にして披露しよう、と呼び掛けたの。長野オリンピック（98年）を飯舘村から見物に行った——とか、そのころの話題を採り入れた寸劇を考えた」と、いまは福島市松川町の仮設住宅で暮らすハツノさんは振り返りました。

最初に提案を聞いた同僚たちはびっくりし、どぎまぎしたそうです。でも、もともと飯舘村には各地区の青年会や農協の生産部会など、世代を超えた交流と切磋琢磨で人を育てる伝統があり、男性委員の誰もが経験者でした。そんな場にお酒と笑い、一芸はつきもの。「いままでやったことがないが、シナ

1998年の農業振興祭に出演した農業委員会の一座。後列右から２人目がハツノさん

リオを書いてくれるなら……」と話に乗ってくる人が出てきました。ハツノさんが男装し、男の同僚たちが女装をしたり、「ご飯を炊く釜の底の煤《すす》で顔を真っ黒に塗ったり」して、寸劇のにわか一座は爆笑と喝采を誘い、新作が4年続けて演じられるほどの呼び物になりました。「さすが、女性が入ると違う」と言われたそうです。

ハツノさんが農業委員会の会長に選ばれたのは2002年、3期目の冒頭です。委員の互選の結果、9票対8票の僅差となりました。最初はハツノさんを支持してくれた委員が多かったのに、委員会の外側でなおも「女に会長をやらせていいのか？」という巻き返しの動きがあり、予想外の票数になったといいます。

「でも、めげなかった。飯舘村が村づくりの柱に掲げた『男女共同参画社会』の見本にならなきゃ。反対票を入れた委員たちの気持ちを変えていくような活動をやっていこうと思った」

ハツノさんの提案で農業委員会が建議し、1年後に教育委員会が初めて実現させた取り組みが、地元のコメ、野菜の学校給食への導入でした。冒頭でコラムを引用した「食育」のシンポジウムでも、学校、農家が連携して「村の子どもを育てよう」という活動の成果が紹介されました。

農村にはそのころ、見えない将来への危機感が募っていました。コメ余りと米価下落が続き、農産物の輸入自由化も広がり、働き手の高齢化と後継者不足が農家共通の悩みでした。「農業委員も、農家の父ちゃんたちが中心だから、議論を本気でやった。意欲のある生産者を元気づけ、低農薬栽培で一番安心安全な村のコメ、野菜を子どもたちに食べてもらおう、と」

小中学校4校と二つの幼稚園の給食に、とりわけ野菜を継続して出してくれる農家を募ったところ、十数戸が名乗りを上げました。「飯舘は『農』で生きる村だから、みんな、作るのが上手なの。キャベツやトマト、キウリなど夏野菜はほぼ100%、冬場の白菜や根菜類も賄えた。子どもたちにも農業に親しんでもらおうと、生産者に学校に来てもらい、一緒に給食を食べて、食べ物を育てる苦労や努力を話してもらった。それこそ『までい』(丁寧で手間暇を掛けて、という相馬地方の方言)な、生きた食育ができた」

次なる夢に向かって

大震災と福島第1原発事故から間もなく丸4年になるという、15年2月初めの寒空の下。仮設住宅の居室で今回の話を聴いていた時、「ああ、あれがあるんだ」とハツノさんは立ち上がり、戸棚から黄色い小さなカードを出してきました。「労働安全衛生法による(小型車両系建設機械)特別教育の全課程を修了したことを証明する」と記され、発行は04年、コマツ福島株式会社とあります。道路交通法の運転免許ではありませんが、バックホー(小型のショベルカー)などを田畑で操縦できる資格の修了証明書で、自身が建設機械メーカーの指導員の特別講習を受けたといいます。

「これも、農業委員会会長の時に村に提案し、実ったものなの。遊休農地を手入れしたり、農作業のために土を掘り起こしたりする時、専門のオペレーターを頼むと料金が高かった。そこで、農家が自ら技術を身に付け、農地も荒らさずに維持し、経費節約にもつなげよう、というアイデアだった。コマツ福島さんに実技指導の協力をお願いし、村が受講費用を補助するという事業で、希望する農家を募った」。この修了証明書を手にした農家は50人余りもおり、3分の1が女性でした。村の男女共同参画がそこでも生まれました。

原発事故以来、私が取材の縁を重ねる農家に同村比曽地区の菅野啓一さん(61)がいます。バックホー操縦の名人で、自ら田んぼの除染実験を行い、汚染土をほぼ正確に5センチの深さで、細かくはぎ取っていくのを目の当たりにしました。田んぼも凍りつく農閑期の冬、長年働きに通った土木作業の現場で身につけた技術です。東京オリンピック(64年)のころから村外の出稼ぎ仕事は増えましたが、その経験をも財産として持ち帰ったたくましさが、飯舘の人々にはあります。自力で何でもできる、何でも手作りする、という農家が村には多く、「までい」とはまさしく「自助で生きる力」のことだと実感しました。

ハツノさんは、そうした「までい」の生き方、暮らし方をもっと豊かな形にしたいと、新しい未来図を広げていました。

『佐野さんは村の女性らと欧州の農村を訪ねる機会があり、「いい食、環境、ゆとりをつくり、楽しむ暮らし方を学んだ」という。

全国の農業委員会の女性会長を代表して国会に招かれ、意見を述べたハツノさん（佐野さん提供）

以来、仲間と募金でピアノを買って演奏会を開いたり、地元のコメや野菜を学校給食に取り入れる活動をしたり。農村民泊を広める運動もその一つだ。自身も今春から、農業体験と手料理、夜の昔話を楽しんでもらう民泊を家で始める。『「までい・らいふ」を街の人にも伝えたい』」

冒頭の「河北抄」の最後のくだりです。ハツノさんは、全国の農業委員会で当時6人だけだった女性会長の代表として衆議院農林水産委員会に招かれ、意見陳述もしました。が、05年7月に3期目が終わったのを機に委員をすっぱりと辞めました。次の夢への準備を始めるためです。「若妻の翼」の旅で学んだドイツの農村の理想と飯舘村の「までい」の心を一つにした農家民宿を開業したのは、翌06年11月でした。

までい民宿『どうげ』繁盛記

ドイツの農家に憧れて

「いつか、農家民宿をやってみたい」。福島県飯舘村の主婦、佐野ハツノさん（67）は１９８９年秋、女性19人の研修の旅「若妻の翼」で西ドイツ・バイエルン州を訪ねて以来ずっと、そんな夢を温めていました。

飯舘村（標高４００～６００メートル）と環境がよく似た高原の酪農の町シェルナッハで普通の農家で民泊体験をし、主婦が夫と共同経営をしながら、手作りの花々などで美しい家づくりを楽しむ暮らし方に感激しました。その思いは、96年から女性として初めて村農業委員に選ばれ、新たなチャレンジをした後も変わりませんでした。農家民宿は自分の手で、自分らしく実現させたい夢だったといいます。

当時、農家の嫁とは「お客さんが来ると、まるで旅館の中居さんのようだった。話をする暇もなく台所にこもり、布団の上げ下げをし、裏方でへとへとになった。これじゃあ、農家にお嫁さんは来ないよなあ、と思っていた」という存在でした。

自らが客になったドイツの農家は「普段通りの生活で、『自由にどうぞ』と気を遣わせなかった。食事の準備も食卓のおしゃべりも夫婦そろって。奥さんは家を飾るドライフラワー作りや刺繍をし、とても素敵だった。これならわたしにもできる、とヒントをもらった」とハツノさん。「おもてなし」とは、何か特別扱いを提供することでなく、自分たちのいつもの暮らしの豊かさを共に味わってもらうこと、でした。「もともと田舎の農家は大きくて部屋が多いし、食事も、泊まる人に楽しんで作ってもらえばいいんだよ」

ある時、福島県農業会議（農業委員会の県組織）が催した講習会で、農林水産省が推進していた「グリーンツーリズム（農村滞在の余暇活動）」が紹介されました。参加して聞き入ったハツノさんは「これだ！」と思い、さっそく飯舘村の農業委員会に帰って「みんなで勉強会をしましょう」と提案しました。「わたしたちの村の生活ペースを崩す必要はないの」とドイツで考えたことをハツノさん流に話し、「農家にとっていいことなら、やってみよう」と賛同してもらったそうです。

そこから、農業委員会として「グリーンツーリズムを村づくりに生かそう」と村に建議しましたが、当時は発想が新しすぎて、実現できると考えた人はまたほとんどいなかったといいます。「農繁期は、猫の手も借りたいくらい忙しい。民宿だなんて、やっている暇がないだろう」というのが、農家の普通の反応でした。村の農業と特産品づくり、その販売と誘客を結びつける農産加工施設や直売所は増えていましたが、「農家民宿には元手の資金が掛かる」、「そもそも飯舘なんかに客が来るのか？」と実現を危ぶむ声が多いのが現実でした。

までいライフを形に

そのころ、飯舘村で初の「農家レストラン」を開業した女性が現れました。村が国から「どぶろく特区」の認定を受け、それに合わせ、「自家製どぶろく」を目玉にしました。

『相馬税務署は16日、国から「どぶろく特区」の認定を受けている福島県飯舘村で農家レストランを経営する佐々木千栄子さん(59)に、県内では初となる、どぶろく製造免許を交付した。計画では、昨秋に収穫した660キロの自家製のコメを原料に、年間約500リットルのどぶろくを製造する。2月初旬に仕込みを開始し、同月末にはレストランでの提供を始めたいとしている。

佐々木さんは2005年11月、農家レストラン「きまぐれ茶屋ちえこ」をオープン。敷地内の蔵(33平方メートル)をどぶろく工場に改造し、タンクやアルコール測定器などの設備を整えた。免許を手にした佐々木さんは「初めてのことなので何も分からないが、お客さんに喜ばれるどぶろくを造りたい」と話した。』(06年1月17日の河北新報より)

ハツノさんも農家レストランを考えたことがあったそうです。が、「夏に自宅のタバコの収穫作業が忙しく、実際のところ無理な話だった」。農家民宿には、農作業の合間にやれる利点がありましたが、理想とは別のところで、実現は足踏みしていました。

それでも、ハツノさんの熱意を知った飯舘村の担当者は「これを利用しては?」と国の制度を勧めてくれたそうです。「アドベンチャー事業」といい、開業のために200~300万円の補助金をもらえる内容でした。ハツノさん本人は乗り気になりましたが、意外にも、「若妻の翼」の旅への参加以来、一番の応援者であった夫幸正さん(68)=当時は村議=が反対しました。

それは、こういう理由でした。「国のお金をもらったら、いろいろと制約が多く、計画書の提出から結果報告の義務まであって、自由になんかやれないぞ。お前の夢であるならば、人の金なんかを当てにするな。人のふんどしで相撲を取るなよ。まず、自分のやれる範囲で実現させたらどうだ」。そんな男っぽい大人のアドバイスで、ハツノさんの腹は決まりました。あらためて、わがパートナーを頼もしく思ったそうです。

05年7月、3期9年の任期を務め上げた農業委員会を卒業して、ハツノさんはいよいよ農家民宿の開業準備に踏み出しました。「お客さん用に風呂とトイレを直し、気分よく過ごしてもらうために畳を新しくしたかったし、ふわふわした布団も必要だった」

名前は、「までい民宿どうげ」と決めました。「どうげ」は、地元の八和木地区の古名である「同慶」の読みです。この連載でもおなじみの言葉、「までい」は飯舘村など相馬地方の方言で、手間暇を掛け、丹精を込め、丁寧に――。その言葉を冠したのは、「飯舘村は『までいライフ』を村の生き方としてうたっている。わたしも農業委員会で、それを実践しようと努めてきた。泊まってくれるお客さんにも飯舘の暮らし方を知ってもらい、共感してもらえたら、その種を、帰って広めてもらう。そんな宿にしたいな」という願いからでした。「までいライフ」は、飯舘村の一番貴重な資源である自然を大切にし、その恵みに生かされる暮らしでもあります。ハツノさん自身が90年代に委員を務めた「環境づくり審議会」も、バブル時代の乱開発に抗して、村内にゴルフ場を造らせず、自然環境を保全しよう――という飯舘らしい決意とルールの守り手でした。「泊まりながら、心ゆくまで周りの田園や里山を散策してもらい、季節の山菜やキノコ、うちの新鮮な野菜をじかに収穫してもらい、食べてもらおう。迎えるわたしたちも、そんな暮らしを一緒に楽しめばいい」。それは、ハツノさんが「若妻の翼」の旅で出合い、理想を見たドイツの農家民宿のあり方そのものでした。

民宿のお客と語り合うハツノさん（中）と幸正さん（右）
（佐野さん提供）

飯舘流農家民宿

「までい民宿どうげ」の開業は、翌06年11月でした。手作りのチラシを飾ったのは、ハツノさんと幸正さん、義母トミエさん（89）、同居する息子さん夫婦と孫が自宅前にそろった4世代家族の写真です。東京にある飯舘村のアンテナショップや、村が催す県外イベントでまいてもらいました。都会の人たちに向けたがキャッチフレーズは、「田舎の親戚です」。

張り切ったのは、トミエさんでした。「義母はもともと話好きで、笑顔を絶やさない社交家。『どうげ』に初めてのお客さんが見えた日は、ちょうど集落の温泉旅行に行く予定になっていた。なのに、旅行をキャンセルしてしまい、新しいエプロンを着て、お客さんを玄関で出迎えてくれたの。いつの間にか女将さんだねえ、と皆で笑ったよ」

飯舘で初めての滞在型施設の誕生を、村も応援してくれました。役場の宴会を入れてくれたり、視察に来た客を紹介してくれたりしたそうです。さらに村を挙げて

「までいな一日」というホームステイ受け入れの補助事業に乗り出しました。「どうげ」の開業をきっかけに、ハツノさんが提案したグリーンツーリズムがついに実を結んだのです。福島大学の合宿の学生一行がにぎやかに滞在したり、ついに首都圏からの宿泊者が訪れたりするようになりました。

「『田舎の親戚です』という文句の通り、家族がそれぞれにホストを引き受けた」とハツノさんは振り返ります。トミエさんは家庭菜園で先生役になり、いろんな野菜のこと、手間暇掛けた栽培の知恵や苦労から、50歳で心臓手術をして危うく命を取りとめた話までを披露して、お客とたちまち仲良くなりました。「春になって『何を食べたい?』とお客さんに聞くと、『よもぎ餅』というリクエストが挙がった。家の周りは自然がいっぱいなので、すぐにみんなで摘みに行き、父ちゃんが餅をついてごちそうした」。山菜の季節には、名人級のトミエさんや幸正さんが引率して採りに出掛けました。

ハツノさんが手作りした「までい民宿どうげ」のチラシ

幸正さんはシャイな人で、茶の間のおしゃべりに「旦那さんも入って」とお客さんから誘われても、すぐ引っ込んでしまいました。でも、佐野家の名物になった自家栽培のそば打ちは、幸正さんの役目でした。腕のいい猟師でもあり、「タレが最高なんだ」というキジやカモを捕ってきて、にこにこと振舞いました。「若妻の翼」でハツノさんが感激したドイツ流とも一味違う、「田舎と自然を丸ごとごちそうする」飯舘流の農家民宿になりました。

飯舘村にもたくさんの民話があり、語り部がいました。トミエさんの義理の妹に当たる菅野テツ子さん。80代の現在も健在で、ハツノさんと同じ福島市松川町の仮設住宅の仲間でもあります。「どうげ」に10人ほどの客が泊まった晩、ハツノさんはテツ子さんを呼んで昔話を披露してもらいました。リアルな生活感たっぷりの「欲たかり（欲深い）嫁と孝行息子」などの語に、都会人の客はおなかを抱えて笑い、あまりに静かで星が降るように美しい飯舘の夜に浸りました。

「こんなのんびりした生活にあこがれてくれる、なじみ客が増えていった。お盆や正月には、帰省しても実家でなく、うちに泊まるという女性客も少なくなかった。『兄嫁に嫌な顔をされるより……』、『客接待の家事に追われ、笑顔も出ないような里帰りなんて』。そんな打ち明け話の相談役になったのよ」。それもまた、田舎になかった宿でした。

「村に帰れたら、また民宿をやりたい気持ちはある。それが無理なら、また皆が集まれる場をつくりたい」。仮設住宅の狭い空の下でも夢をあきらめることなく、ハツノさんは語りました。全村避難以来、東の阿武隈山地に眠っている飯舘村に、5度目の3月11日が訪れようとしていたころです。

家族で繁盛させた「までい民宿どうげ」にも、あの運命の日はやって来ました。

何が起きた、村はどうなる

錯綜する情報

「までい民宿どうげ」が開業してから5年余り。民宿にはなじみ客が増え、歩みは順調でした。佐野ハツノさん（67）と夫幸正さん（68）の新たな1年の農作業準備がちょうど始まった2011年3月。幸正さんの弟のしゅうとめが亡くなり、南相馬市原町区にある喪中の家に、ハツノさんは同8日から手伝いに通いました。村内を貫く県道12号原町川俣線を車で東へ、八木沢峠を越えて1時間ほどの道です。入棺が行われた11日の午後2時46分ごろ、すさまじく激しい地震がありました。

「それから何が起きていたのか、分からなかった。帰宅したのは午後7時ごろ。村の中は停電で真っ暗になっていた。自宅では屋根瓦が落ち、電話も止まり、ラジオは電池切れで外の情報はなく、ろうそくの火で夜を過ごした。水は、山水を引いた井戸があるので心配なく、民宿のお客さん用の大きなガス釜でご飯を炊いた」

夜半、義弟が原町から車を飛ばして訪ねてきました。「葬祭場が地震で被害を受け、使えなくなった」と言い、2日後の葬儀を自宅で行うことに変更した、という急な知らせでした。

翌12日の午後、その日も手伝いで原町の義弟宅に来ていたハツノさんは、外の通りを南相馬市の広報車が巡回し、こう報じたのを聴いたといいます。「福島第1原子力発電所で水素爆発がありました。家屋に入って避難してください。外に出る時はマスクをしてください」。居合わせた人々は肝をつぶしました。が、1時間ほどすると、また広報車が回ってきて、「先ほどのは誤報でした」と伝えたそうです。奇妙な話です。実際に最初の水素爆発事故が原子炉1号機建屋で起きたのは同日午後3時36分と記録されています。

「狐につままれたよう」な思いを抱きながらお通夜を過ごし、午後10時ごろ、家路につくと、飯舘村との境の八木沢峠を西（福島市方向）へ向かう車が数珠つなぎになっていました。「津波で被災した人たちが避難しているのかなと思った」とハツノさん。そして、13日も葬儀の手伝いに原町へと峠を下り、県道を西に向かう車がひしめき続けているのを見ました。その昼、義弟宅での密葬に訪れた住職が「水素爆発が本当に起きたらしい」と語ったそうです。南相馬市をはじめ福島第1原発の近隣の街々には原発関連の仕事に就いていた人が多く、危機を正確に伝える情報が失われていた中、「大事故が起きた、やばいぞ、すぐに逃げろ」と家族に知らせた話が広まっていました。ハツノさんは、西に向かう長い車列の意味をようやく知りました。

「30キロ余りも山向こうの原発事故の影響が、飯舘まで来ると思わなかった。わたしたちが村を離れることになるとも……」。あの日から丸4年となった15年3月11日、福島市松川町にある松川工業団地第1仮設住宅の居室でハツノさんは振り返りました。

標高400メートルを超える阿武隈山地にある飯舘村で、3月はまだ寒さの中です。大震災も起きて、民宿は空いていました。幸正さんは母校・相馬農業高（南相馬市）の同級生たちに「何晩でもいいから泊まりに来い」と連絡しました。14日になって、原町の義弟の夫婦とその親戚、幸正さんの同級生と家族ら、車いすの人も含めて4組12人が避難してきました。ハツノさんは忙しくなりましたが、「コメ、みそ、野菜はいっぱいあるから、気兼ねせず、安心して過ごしてちょうだい」と、「までい民宿」そのままのもてなしを続けました。笑顔で「こんな時はお互い様なんだから」と元気づけながら。

翌15日、ハツノさんと幸正さんは朝から仕事に追われました。1年の農業の柱であるタバコ栽培を始める準備で、肥土（育苗培土）を鉄板で焼き、殺菌消毒するのがこの季節の作業でした。「夕方から冷たい雨が降り出して、みぞれに変わった。旦那と2人でびしょ濡れになりながら、夜8時まで頑張った。民宿に避難していた人たちも、傘を差して作業を見に来ていた」。ハツノさんはその日を思い出しながら、「あの雨やみぞれと一緒に放射能が降っていたのだ、と後になってから聞いた」と語りました。

2011年4月12日、自宅の牛舎で語り合うハツノさん、幸正さん

佐野家の農業後継者で、5年前に経営権を譲られていた長男は、17日になって「放射能が降ったらしい」という話を友人から伝え聞き、その深夜、妻と子どもたちと共に車で家を離れ、東京にいる弟（次男）を頼りました（その後、福島市に避難）。発生源から遠くなるほど低いはずの放射線量が同日午後、福島第1原発

から30キロ圏外の飯舘村や福島市など内陸で高い数値で検出され、翌18日朝までに新聞などメディアが相次ぎ報じました。海から陸へと風向きを変えて吹いた季節風のためでした。何が起きていたのか、飯舘村の住民たちが知らされたのはずっと後のことです。

『事故から2カ月近く経過した5月3日、原子力安全委員会は初めて、放射性物質の拡散状況を予測した「緊急時迅速放射能影響予測ネットワークシステム（SPEEDI）」の結果を公開した。放射能の放出源として仮定したのは福島第1原発2号機。予測によると、放射性物質は3月15日午後1時から14時間にわたって、西から北北西に拡散した。』（11年5月24日の河北新報より）

「までい」の村の危機

民宿に泊まっていた4組の避難者たちは18、19日にそれぞれ、佐野家の人々にお礼と別れを告げて、さらに遠くへ去りました。そして、飯舘村は希望者を募り、19日から2日間にわたって高齢者ら約500人を大型バスに乗せて栃木県鹿沼市に疎開させました。ハツノさんの義母トミエさん（89）も、妹がいる郡山市の実家へと避難しました。

「どこの家でも、子どもや孫ら若い家族を村外に逃し、年寄りも避難させ、残ったのが、牛の世話などがある、わたしたちの世代だった」。何百年、何十代にもわたり多世代の暮らしが続いた飯舘村にとって、家族が離れ離れになる初めての出来事でもありました。

村議でもあった幸正さんは毎日、村役場に通っていました。菅野典雄村長をトップとする村災害対策本部の会議に参加し、全国から役場に届いていた支援の水や食料を車に積んで、地元の八和木地区の集

2011年４月11日、政府の「計画的避難」指示の発表を村の企業主たちに伝えた菅野典雄村長（左端）

会所で住民たちに分配し、「いま、どうなっているのか？」をめぐる新しい状況、「村はどう対応するか？」の情報を伝える重責を負いました。

「毎朝のテレビが『政府方針』を発表するので、その都度、どうなってるんだ？と村が対応に追われている。村長も怒っている」「村内の土や水から、すごい濃度の放射性物質が出た、という報道もあるが、いつ、どこで、誰が測っているのか。さっぱり分からないんだ」「ＩＡＥＡ（国際原子力機関）が、『飯舘村で検出した放射性物質の数値が、ＩＡＥＡの避難基準を上回った』と発表（３月30日）した翌日、実際には『下回っていた』と間違いを発表した。そんな報道のたびに、何がどうなっているのか、振り回されている」。当時の筆者の取材ノートには、憤り、疲れ切った幸正さんの言葉が並んでいます。

ハツノさんと筆者の出会いはその５年前、仙台市であった食育シンポジウムでご一緒したのが縁でした。福島第１原発から北に45キロの相馬市が郷里の私にとって、未曾有の原発事故は「古里消失」さえも危惧される出来事になりました。南相馬市とともに、飯舘村も同じ相馬地方の同胞の地であり、ハツノさんの一家が無事かどうか、他の被災地取材に追われる間も気に懸かっていました。村を訪ねる機会が巡ってきたのが、大震災発生からちょうどひと月後の4月11日。相馬市経由で急いでいた車のラジオが、「政府が、飯舘村など放射線量の累積量が高い地域を『計画的避難区域』に指定する方針を発表した」とのニュースを報じました。ハツノさんの自宅に向かう予定だった私は、急きょ途中の村役場に足止めされ、対応を応援取材する事態に巻き込まれました。ハツノさん、幸正さんの顔を見ることができたのは翌日12日です。

「困ったことになったなあ」「ここを見捨てられない」「うちでは、避難していく気はないよ」。そのころ、佐野家の茶の間には近所のお母さんたちが毎日のように集い、情報交換をしながら、こぼし合っていました。「わたしもそうなの。いまの暮らしを捨てていけない。家の外が放射能で危ないなら、ビニールハウスで自分たちが食べるものを作って、自給自足をしながらとどまりたい」。再会できたハツノさんはそう語り、「このまま計画的避難で村から誰もいなくなったら、いずれ若い人が戻って、再生する基盤もなくなってしまう」と幸正さんが悲壮感を吐露しました。「若妻の翼」の旅（1989年10月）から22年目。人々が育てた「までいライフ」の村は存亡の危機にありました。

『「よかった。飯舘の牛の値はどうなるかと思っていた。ありがたい」
佐野幸正さん（64）が言った。福島県飯舘村で繁殖牛も手掛ける農家。13日、県畜産市場での競りで、跡継ぎの長男が育てた2頭の子牛に40万円の値が付いたという。
「うちでは半世紀前から牛を飼ってる。家族だよ」と幸正さん。村の農家は、肉牛の肥育や繁殖、酪農などで、計約3000頭もの牛を飼う。

阿武隈山地の高原の村は、1980年に作況指数12の大冷害に見舞われた。村と農家は環境と共生できる肉牛の飼育に取り組み、努力は「飯舘牛」のブランドに実った。

だが、「村の牛はもう値が付かず、競りも最後か」との話が農家にあった。3月11日の震災後、約40キロも山向こうの福島第1原発（同県大熊町、双葉町）で起きた事故のためだ。

「村の地震被害は小さいが、風の影響で高い放射線が出た。数値は下がったものの、全村民の避難を求められた」。今月11日、国から降ってきた「計画的避難」勧告。役場は騒然とし、菅野典雄村長も苦渋の表情で説明した。

地元から推され、村議を10年務める幸正さんにも連日、役場の緊急会議に招集が掛かった。「村に来た3人の学者が、健康に問題なしと講演したのに」「農家が土地も牛の命も捨て、なんで避難できる」――。飯樋小であった村の説明会でも住民の憤りを聞いた。

「村づくりの努力が無になることがやりきれない。国はそれを分からない」と幸正さん。既に子育て世代を中心に、村外に避難した住民も多い。

「までい・らいふ」。心とゆとりのある自然な暮らし――という飯舘発の手作りの言葉だ。村はバブル時代にゴルフ場の開発話を断り、平成の大合併にも参加せず、「農」で自立する道を選んだ。

「わが家も『までい・らいふ』を実践してきたんですよ」と、妻ハツノさん（62）が笑った。

親牛4頭と13ヘクタールの田、85ヘクタールの葉タバコ、2ヘクタールのソバ、畑にはトマト、白菜、レタス、ワサビをはじめ折々の野菜が実る。

豊かな田園風景がある自宅前に、「どうげ」という石の看板が立つ。ハツノさんが5年前に開いた民宿だ。地元の古名「同慶」と重ね、「手を取り合って暮らすことが誇りの村」の意を込めた。

農家民宿は夢だった。「農家の嫁は汗だくで働け」といわれたころの89年。村が企画した女性の海外研修「若妻の翼」でドイツの村を訪ね、「飯舘の新鮮な食を生かすもてなしが、私にできる村おこし」と思い立った。

民宿は今、客が途絶えたまま。原発事故の後、南相馬市の知人ら12人の避難所に提供したが、「飯舘も心配」と去った。

「計画的避難」がどのような形で進むか、見通しは不透明だ。子育て中の長男一家は先月から福島市に移り、村に通う。

「村から『農』の種も牛も死に絶えたら、若い人が再び戻って生活を立て直す基盤もなくなる」と佐野さん夫婦。それでは避難の意味もない。

「私たちは、食べる分だけの野菜をハウスで作り、とどまりたい。村が村のままであるよう」』

(11年4月16日の河北新報の記事。『東日本大震災　ふんばる　3・11大震災／「農」の村を守りたい 自立した生活、手放さず』)

牛たちの哀歌

牛とともに歩んだ歴史

2011年3月11日の大震災で、東京電力福島第1原発は電源喪失の大事故と水素爆発を起こし、大量の放射性物質を福島県飯舘村の方向に降らせました。私が八和木地区にある佐野ハツノさん(67)、夫幸正さん(69)を訪ねたのは4月12日。高い放射線量を理由とした「計画的避難区域」の指定と全住民避難の方針が前日に政府から発表され、村は混乱のさなかにありました。

その取材の折、2人の写真を撮らせてもらった場所が牛舎でした。佐野さんの家族は、稲作、タバコ栽培とともに和牛の繁殖を手掛け、当時は5頭の親牛と3頭の子牛がいました。村で生を営んでいたのは、人間だけではなく、原発事故前には約6200人の人口のおよそ半分近い数の和牛や酪農牛が飼われており、「飯舘牛」のブランドを冠した牛肉は有名でした。それ以上に、「牛は家族と同じだった」とハツノさんは言います。原発事故は牛たちの運命をも変えたのです。

飯舘村で牛が広く飼われるようになったのは、1960(昭和35)年ごろから。それまでは旧相馬中村藩の時代から、「相馬野馬追」に象徴される馬の産地として、現在の飯舘村は山中郷《さんちゅうごう》の名で知られていました。「どこの農家も、俺のうちでも馬を飼っていた。馬の繁殖をして、子馬を売ったんだ。近くに馬市もあった。春には田んぼの代《しろ》かきで働いたし、小学校4、5年生のころまで、裸馬に乗って遊んでいた記憶があるよ」。福島市松川町にある松川工業団地第1仮設住宅の居室で、幸正さんは思い出を語りました（飯舘村の隣、私の故郷の相馬市でも60年代まで、重い荷を引く馬車が現役で街を行き来していました）。

やがて高度経済成長の波が東北にも押し寄せ、力仕事を担った馬の需要は耕運機、トラックの普及とともになくなっていき、家畜として取って変わったのが牛です。農家の暮らし、農業への貢献は馬以上とも言えました。「生まれた子牛を育てて売るのが繁殖農家だが、その糞からは堆肥が作られ、田んぼや畑に入れれば地力がどんどん豊かになった」と幸正さん。「コメを収穫した後の稲わらも、牛に食べさせたんだ。田んぼと牛の循環農業ができていたの」とハツノさんも語りました。化学肥料に頼らず、自然な循環で土も牛も肥えさせる農業は、飯舘村の「までい」な生き方の一番の実践でした。

飯舘村と牛のつながりを深くさせたものは、標高400〜600メートルという村の風土そのものでした。「天明4年の春には、多くの餓死者に加え、疫病が流行し、病死、中毒死もあり、死者の数は増えるばかりであった」という天明の飢饉（1780年代）での村内の惨状を前述しました。高冷地ゆえの「冷害常襲」の歴史はその後も繰り返し、1980（昭和55）年夏、戦後最悪といわれる天災になって村民を打ちのめしました。

「あの年、県農業試験場と組んで稲作の試験をやり、自記温度計で気温を記録していたが、受粉期の7月14日の最高気温が8度。あまりの寒さで、稲の花粉が死んでいた」。74年に結成された農協の和牛部会や和牛改良組合のリーダーを務め、幸正さんの長年の仲間である同村比曽地区の農家菅野義人さん（62）＝1章参照＝は、避難先の二本松市内の借家で振り返りました。「見渡す限り、稲の穂が汚れた褐色になっていった。地元の比曽では、1俵もコメが取れなかった」。村中の田んぼの稲は壊滅しましたが、その傍らに、青々として豊かな田園風景も生き残っていました。もともと寒冷な欧州が原産地の牧草です。冷害の影響を何ら受けず、それを食べていた牛も平年と変わらずによく育ち、「その年に生まれた子牛が、いい値で売れた。苦境に立ったわれわれ農家を助けてくれた」。

『「稲作だけでは生きていけない」――。大冷害の後も作物は安定せず、村は危機感を強めた。畜産振興を掲げ、農協、商工会を巻き込み、村を挙げて、飯舘牛の売り出しに走り出した。この経験が、その後の村おこしを協力に進める土台をつくっていった。』『村は60（1985）年、牛を足腰の強い農業作りの中心に据え、全国の会員に牛肉を販売する「いいたてミートバンク」を設立した。知名度に乏しい「飯舘牛」販売の推進役を託した。』（2000年5月8日の河北新報連載『阿武隈とともに飯舘村の村おこし』2回より）

大冷害の経験は飯舘村の生き方を変えました。記事にある「いいたてミートバンク」設立とともに、同じ年、野外でのバーベキュー食べ放題を目玉にしたイベント「いいたて牛まつり　牛肉フェスティバル」が始まり、第3セクターのステーキハウスが生まれ、学校給食に牛丼が登場しました。

肉牛だけではありません。やはり1950年中ごろの冷害がきっかけで、村民が北海道へ酪農を学びに行って乳牛を譲り受け、そこから飯舘村の酪農も始まりました。菅野典雄村長も、96年の初当選まで同村佐須地区で60頭の牛を飼い、30年間、酪農家の道を歩んできました。仲間たちと「酪農同志会」を結成し、その活動で総理大臣賞を受賞していました。そんな牛と村の歴史も、福島第1原発事故によって断ち切られたのです。

泣く泣く家畜市場へ

信頼できる情報を失った飯舘村の人々の混乱を物語る出来事がありました。11年4月20日、地元にある飯樋小・中学校の入学式が午後にあり、村議でもあった幸正さんはネクタイ、スーツ姿で出掛けました(子どもたちは入学式だけを済ませ、翌日から隣接する川俣町の放射線量の低い地域の学校にバスで通い、空き教室で授業を受けることになっていました)。ハツノさんは「放射能についての話を聴きに行こうと、仲間のお母さんから誘われているの」と言い、私も一緒に村役場近くの公共施設に向かいました。チェルノブイリ原発事故被災地の支援にも関わってきたというNPOの講演会があり、女性ばかり10人ほどが集っていました。「健康にただちに影響のある数値ではない、と日本の政府は言っているけれど、国際基準の数値は『平時』と『災害時』で異なって用いられ、実際にはより厳しい状況に村の人々はさらされている」といった話をしながら、女性の講演者は突然、涙声になってしまいました。「あなた方がかわいそうだ」と言わんばかりに。聞いていた女性たちは驚いて顔を見合わせ、重苦しい雰囲気がその場を包みました。ハツノさんは、いたたまれないように中座し、家に戻りました。「わたしたちに同情し、大変だと思いやってくれるのだろうけれど、いまさらという気持ちがある。『西日本や外国へすぐ大避難して。受け入れ先はあるから』と、村に来て訴える人たちの話も聞かされた。つい先日まで、国も、福島県が村に派遣した学者たちも『直ちに健康に影響はない』と言っていた。もう、何を信じたら

牛たちがのびのびと遊んだ佐野さん宅の牧野も、寒々とした風景になった＝2011年4月12日

いいのか分からない。でも、何もかも捨ててゆけないから、ただバラバラになってしまうだけだから、わたしたちは悩んでいるの」

その苦悩の最も差し迫ったものが、家族同様の存在である牛たちをどうするか、でした。「いきなり全村避難と言われても、牛を置いて避難などできなかった。あのころはまだ放射能なんて言われても、何のことだか、ぴんとこなかった。このまま家に残ろうと思っていた」。幸正さんは仮設住宅の居室で振り返りました。結局、農家たちは手塩に掛けて育てた牛をトラックに積んで運ぶほかなかったのです。あの悲しい「ドナドナ」の歌のように。中通りの本宮市にある福島県家畜市場で、計画的避難区域に指定された市町村の牛の競売が行われることになり、飯舘村の牛は5月下旬から6月下旬にかけて3回、競りに掛けられました。「初めは同情や応援もあってか、いい値で引き取られたが、最後はたたき売りも同然だった」と悔しそうに幸正さん。

隣でハツノさんが続けました。「牛は賢くて、何でも敏感に感じ、分かるの。ずっと一緒に暮らしてきたんだもの」。3度目の競りに佐野家の最後の牛を運ぶ日、夫婦はたまたま用事があり、知り合いに積み出しを頼みました。その時の出来事を、ハツノさんは後で聞いて、ショックで胸をえぐられました。「牛が暴れて暴れて、トラックの荷台に上がろうとしなかったそうだよ。すごい悲鳴を上げて、牛ではなく、まるで人の声のようだったそうだ」「自分たちより先に（家畜市場に）連れていかれた仲間の牛たちが、いつまでたっても帰ってこないので、これはおかしい、異常なことだ、と分かったのだろうね」

佐野さん宅の牧舎は、裏山まで5ヘクタールも広がる放牧場に面しています。原発事故の直後、高い放射線量が測定された飯舘村では、汚染された牧草を牛に食べさせないよう、「各農家は牧舎から出さないで」と農協から通知されていました。しかし、外でのびのびと遊びたい牛たちがある時、狭い牧舎から脱走しました。放牧地に連れ戻しにいったハツノさんと牛を、たまたま来た地元紙の記者にカメラで撮られ、「出さないでよ」と念押ししたのに、翌日の朝刊に写真を載せられてしまいました。びっくりして抗議したのも手遅れで、他の農家からは「飯舘の牛が売れなくなる。何てことをしてくれた」と苦情の電話が相次ぎ、ハツノさんは「本当に苦い思いをした」と口惜しがります。

「牛を積んだトラックを何十台も連ね、家畜市場に向かった日の光景を決して忘れない。苦労をして築いた『産地』が音を立てて崩れた日だった」。牛36頭を飼い、幸正さんと同じく子牛の繁殖を手掛けていた菅野義人さんも当時を振り返りました。当時、幸正さんと同僚の村議でもあり、「計画的避難」の説明に来村した官房副長官に「牛をどうするつもりなのか」「放牧地の汚染度を正確に測定してから、俺たちは決めたい。それでいいのか」と迫ったといいます。理不尽な事態で手放すことのつらさから、「朝夕、牛にえさをやりに避難先から通いたい」と願う仲間の農家もいましたが、それでは「避難」になりませんでした。また、やむなく牛を数頭、牧舎に残して避難した農家がおり、戻ったら死んでいたという悲話もありました。菅野さん自身も最後の最後まで悩み、迷い、畜産市場に牛たちを出したのが競売最終日でした。

「牛舎では次々に牛がお産をする。よろよろとして満足に歩けない、生まれて1週間の子牛までも抱えて競りに出した。牛飼いとしてバチが当たると思った。市場からの帰り道、疲れ果てて何度も車を止めた。空っぽになった牛舎を見て、人生のことごとくを失ったと感じ、避難することも忘れて数日寝込んだ」。その後、避難先で畜産を再開した仲間もおり、「また牛を飼ったらいい」と勧められるといいますが、「あの時の気持ちを思うと、自分はもう飼ってはいけないのではないか」と自責の念がよみがえるといいます。「何としても牛たちを残すのが、自分の役目なのではなかったか」という終わりのない問いとともに。

このころ、飯舘村にはさまざまな別離の風景がありました。佐野さん夫婦が避難のため古里を後にしたのは6月17日。やはり葛藤の末、ぎりぎりの遅い離村でした。誇りにしてきた「までい」の村づくりが無に帰してしまうことの無念、そして、支え合ってきた集落の人々、多世代で暮らしてきた家族の離散。ハツノさんは、その日をどう迎えたのでしょうか――。

古里最後の集い、家族の別離

つながりを断ち切った原発事故

２０１１年４月30日の午後７時前。福島県飯舘村の役場周辺は、筆者が初めて目にするほどの数の人と車で騒然としていました。同年３月11日の大震災とともに飯舘村を巻き込んだ東京電力福島第１原発事故の発生後、ようやくして、責任者である鼓紀男東電副社長（当時）が謝罪に来村したのでした。会場となった飯舘中体育館に、千人以上の住民が厳しい表情で集まっていました。この日も訪ねた同村八和木の佐野ハツノさん（67）、夫の幸正さん（69）から「みんなの生の声を聴いたらいい」と教えられ、張り詰めた空気に包まれた体育館の後方に座りました。

その３日前、住民有志のグループが「美しい飯舘村を還せ！　村民決起集会」という催しを開いていました。約２００人が集い、「国は東電を生かすために村の６０００人を殺そうとしている」「美しかった村をそのままの形で返してほしい」と激しい憤りの声を挙げた、という河北新報の記事を読みました。

「３月11日以来、村の生活は大きく変わった。『原発は安全だ』と国も東電も言ってきたのに、全く安全ではなかった。二十数年、全国のどこにもない『までいライフ』の良い村づくりをやってきたのに、計画的避難（全住民避難）指示の話が持ち上がった。重いリスクを負い、生活のすべてを失うことに

2011年４月30日夜、福島第１原発事故後、初めて飯舘村を訪れた東京電力副社長の謝罪を聞く村民たち

なってしまうのか」。村の歴史始まって以来の困難な選択を迫られた菅野典雄村長は、正面にずらりと並んで頭を垂れた東電の幹部たちに向かって訴えました。１９８９年、ハツノさんら村の主婦たちをドイツの農村体験に送り出した「若妻の翼」事業に始まり、バブル時代のゴルフ場開発拒否、宿命だった冷害を克服する畜産立村、国が音頭を取った「平成の大合併」も拒んだ自立の道など、「までいな村づくり」を形にしてきた飯舘の人々にとってあまりに理不尽な運命でした。

20人近い村民がマイクを握って東電に抗議し、やり場のない怒りを訴えましたが、ある女子高校生は次のように問いました。

「わたしは15歳です。つい先日、中学校を卒業し、村外の高校に進学しました。みんな遠くに進学してしまって、ばらばらになった。高校生になっても、たまには会って遊ぼうね、と言ったのに。原発が爆発して、友だちは大阪に（避難して）行った。わたしの高校の友だちと『なんで爆発事故が？』という

話もした。わたしたち子どもの頭で思うのは、（原発を直撃した津波被災を防げなかった）防波堤の高さ

だった。防波堤を、なんで高くしなかったの？（放射能をめぐる）風評は、わたしだって不安。転校し

たら、いじめられることもあり得る。そうなったら耐えられない。わたしは女の子。結婚して子どもを

産む夢もある。もし子どもが産めなくなったら、わたしの夢がつぶれたら、それも補償してくれる

の？」

高原の村の空がまぶしかった5月15日の日曜正午。飯舘村役場前には大勢の報道陣が詰めかけていました。村外への「計画的避難」の第1陣となる住民たちを送り出すセレモニーがあったのです。幼い子どもを抱いた母親ら家族が何組も並んで、たくさんのテレビカメラに囲まれていました。たまたま車で通りかかった私も取材の輪に交じり、菅野村長のあいさつに耳を傾けました。それは、未知なる旅へ向かう同胞へのはなむけでした。

「飯舘の人はみんな、引っ越しなんかしたことがなかった。『計画的避難』という事態は思いもしなかった。先祖代々、この村に住み続けてきた皆さんに、こういう引っ越しをさせねばならず、申し訳ありません」「家族の絆、村の絆、毎日一緒にご飯を食べる日常を大切にして。村はこれからも（住民のつながるを守る）行事を企画してゆきます。ぜひ、参加してほしい。体に気をつけてください」

この日、筆者の目的地は役場でなく、ハツノさんの地元・八和木の集会所でした。山懐の小盆地を過ぎて、もはや誰の姿もない飯樋地区の古い商店街を抜け、くねくねとした田舎道を下っていくと、田んぼやたばこ畑、牧草地が連なる八和木に出ます。佐野家のこんもりした杉の居久根（屋敷林）が見えてきて、道端に咲く菜の花の黄色が目に染みました。しかし、計画的避難の指示に伴って全村、春の作付

2011年５月15日夕、別れの宴の名残を惜しみ、佐野さん宅で手打ちそばを食べる八和木集落の仲間たち（中央にハツノさん）

はすべて見合わされ、目に見えぬ放射能が降った田園の風景は残酷なまでに美しく、異様なほど静まり返っていました。

「八和木のお祭りがあり、みんなが集まるからおいでよ。たぶん、これが集落のお別れ会になると思う」。ハツノさんからこう聞いていました。目印の高い双子杉がそびえる集会所では、長い会議テーブルに酒肴が並び、住民たちのにぎやかな宴のさなかでした。

この日の午前10時、金華山という近くの小高い山の上にある神様、黄金山神社に登って、集落と家々の無事安全と繁栄、農業の繁盛を神主に祈禱してもらう恒例の儀式が執り行われました。菅野村長の言葉にもあった先祖代々、共同体の絆をつないできた祭りも、来年は催されるかどうか、もう分からない――。計画的避難の始まりと偶然にも同じ日、それぞれの避難を目前にして集まった人々は、万感の思いを抱えていました。わが家族の身の振り方、見えない前途への不安、子ども時代にさかのぼる楽しい思い出話を語り合い、それでも名残の尽きぬ親しい仲間たちを、幸正さんが誘って自宅に連れて帰りました。

故郷を諦めない

「村はもっと早く、住民を避難させるべきだったんじゃないか」「計画的避難の指示といっても、政府の強制じゃない。選択も負担も、村と住民の一家族一家族に負わされて、みんな苦しんでいる」「死んだ父親だったら、こんなとき、家族のためにどのように判断しただろうかな」「いったんは村が用意する仮設住宅に入るつもりだが、わが家には通ってきたい」「俺はすぐに帰ってきて、コメを作りたい。それが、みんなの同じ気持ちだぞ」

労苦も喜びも共にしてきた仲間たちの放談がふっと止まり、しんみりと沈みこんだ刹那、幸正さんが勢いよく立ち上がりました。「よし、手打ちのそばを食わしてやる」。ハツノさんは心配顔になり、「とうちゃん、あんなにお酒を飲んでいて、包丁を握って大丈夫なの?」。大きな冷凍庫の中には、狩猟免許を持つ幸正さんが捕ったイノシシやヤマドリ、キジなどの肉がぎっしり詰まっていました。「キジのタレは、そばには最高なんだよ」。山菜類やキノコと同様、それは山村ならでは豊かな自然の恵みでした。2ヘクタールの転作の畑でソバを栽培し、「手打ちは、ソバを作っている人間の一番の楽しみ」と幸正さん。1時間も手間暇を掛け、待ちかねた仲間に自慢のそばを振る舞いました。そして、宴もこれでお開きというころ、一座からこんな一言が漏れました。

「飯舘ではみんな、身の回りにあるもので食をつないで、ずっと生きてきた。昔は、どの家も貧しかったから。山菜を摘んで、山で捕ったものの肉を食べてな。いま、それも食べられなくなった。でも、これから原発事故の補償を求めなきゃならんという時、実は豊かだった山の村の幸や暮らし方が、〇〇万円なんて、お金に換算できないんだ。それを失うのが悔しい」

夕方、互いに違う明日へ向かって別れていく仲間を、ハツノさんは「避難するまでの間、いつでも遊びに来てね」と言って見送りました。前述した牛の競売という辛い仕事も残されており、実際に自宅を離れて避難したのは6月17日。その5日後には村役場が、村から近い福島市飯野町に「出張所」を設けて移転し、「全村避難は完了」とされました。佐野さん一家は、やはり隣接する二本松市の岳温泉にあるタバコ生産者の研修・保養施設を一時避難先とし、翌7月30日、福島市松川町の松川工業団地第1仮設住宅に移りました。

菅野村長の言葉にあったように、3世代、4世代で暮らしてきた人々とその共同体の離散は、飯舘村の歴史になかった出来事でした。とりわけ高齢者たちにとって家を追われる事態は、身を切られるも同然の痛みを伴いました。「絶対に行かない。死ぬ時は放射能のためじゃなく、寿命で死ぬんだ。だから、俺に構うな」。同村宮内地区にあるハツノさんの実家の父嘉兵衛さん（93）は、一緒に避難するよう説得した娘にこう訴え、母チヨさん（91）と一緒に、てこでも動こうとしませんでした。「あのころ双葉町（福島第1原発が立地）で、避難を嫌がっていたお年寄りを自衛隊員がやむなく助け出す、というニュースがあった。父はそれを見ていて、『自衛隊が来たら、俺は山に逃げる』とまで言った。頑強だった」とハツノさんは苦笑する。「最後は、『一緒に岳温泉に行こうよ』と言って連れ出したの」

佐野家では、幸正さんの母トミエさん（89）と、長男裕さん（44）の夫婦と2人の孫が同居していました。ハツノさんが開いた「までい民宿どうげ」の手作りチラシでも、一緒に笑顔を見せていた家族です。村の若い世代の多くは、原発事故の直後から「村内で放射線量が異常に高まった」との情報やニュースが流れたことから、いち早く自主避難を始めていました。裕さんの家族が八和木の実家を離れたのは同17日の夜。両親から経営の移譲を受けて和牛の繁殖を手掛けていた裕さんは、栃木県の那須高原の牧場に仕事を見つけて、先にしばらく福島市を避難先にしていた妻子を7月に呼び寄せました。ハツノさんは、愛する孫たちと別れた朝の悲しさ、苦しみを片時も忘れられないでいると語ります。

「出発する時、男の孫が『お父さん（裕さん）の下駄を持っていってあげたい』と、母屋の向かいの古い板蔵に探しに行ったの。わたしも一緒に入って、手をつないで、こう話した。『ここにあるものはみんな、お前のものだよ。家も田んぼも、お前のものになるんだ。だから、大人になったら戻ってきて、農業をやってな。それまで、じいちゃん、ばあちゃんが一生懸命に守っているからな』」

松川第1仮設住宅から車で40分ほどの八和木の家に用事で戻るたびに、帰り道、板蔵でのことを思い出し、涙があふれるといいます。「明るく元気にしているけど、わたしは泣いているの。いつも、心は泣いているの」

避難者たちの「箱船」

先の見えない避難生活

「100年も300年も、先祖代々、家から離れたこともない人たちが仮設住宅などに移るというのは、大変なこと。都会の人が考える転勤やアパートの転居とはわけが違う。飯舘村の世帯数は、これまでの1700戸から現在、2300戸に膨れ上がった。これは、家族が分かれ、ばらばらになったことを意味する」

「『(放射能汚染から逃れ)健康のために避難してくれ』と言われても、先行きが見えず、不明なまま避難生活を強いられる側はつらい。『いったい何年で村に帰れるの?』と問われて、『分かりません』と答えてきた。しかし、それでは村民は耐えられない」

東京電力福島第1原発事故からほぼ4カ月が経過した2011年7月10日。菅野典雄飯舘村村長の痛切な訴えが、東京大農学部の弥生講堂一条ホール(東京都本郷)に響きました。「中山間地域フォーラム」という催しに集った全国の農山村の研究者、行政の実務者らが、原発事故に巻き込まれた村の未曽有の体験と、政府による全村避難指示を受けた村民たちの状況に耳を傾けました。手塩に掛けた「までいライフ」の村に降った放射能への不安と混乱の中で、菅野村長は、村民の避難先、生活と収入をどう

2011年７月10日、中山間地域フォーラムで発言する佐野ハツノさん。隣は菅野村長＝東大弥生講堂一条ホール

確保するか、村のコミュニティをどう維持するか——といった課題に取り組まねばならず、「その間に、『なぜ、村民をすぐに避難させない』『人殺し』といったメールやファクスが山のように役場に届いた」と私は聞いていました。

弥生講堂一条ホールの演壇に、菅野村長と並んで佐野ハツノさん（67）がいました。１９８９年、ドイツの農村視察の旅「若妻の翼」（当時、公民館長だった菅野村長が企画）に参加して以来、農家の女性の足場から「までいライフ」を形にしてきた誇りと、それを原発事故の一瞬で失った無念の思いが、ハツノさんの胸にもありました。菅野村長に続いてマイクを握って、こう語ったのです。

「わたしは『までいライフ』が大好き。（飯舘は）貧しい村だったから、いい村にしていこう、とみんなで踏ん張りました。互いを助け合ったり、思いやったりする心がすごく強い。そんな強い絆で結ばれていた村だから、年寄りたちは『（この先の）人生が仮設住宅で終わってしまうのか？』と思うのです。（栃木県）那須あたりに家を借りて民宿（『までい民宿どうげ』）を再開したらどうか、と知人から言われましたが、飯舘村の人のつながりの中でこそやれたこと。そう思っています。手足を縛られ、冷たい水の中にいる気持ちです。早く村に帰りたい。1日も早い復興のため、みなさんも応援してほしいのです」

ハツノさんは、飯舘村から近い二本松市岳温泉にある葉タバコ生産者の保養研修施設を、家族との一時避難先にしていました。中山間地域フォーラムが終わり、取材した筆者も同乗して帰った新幹線の車中で、菅野村長がハツノさんに「お願いがあるんだが」と切り出しました。福島市松川町の松川工業団地に翌7月、飯舘村は仮設住宅が開所する予定でした。「ハツノさんに、お世話役の管理人になってほしいんだ」。「村の人たちはいま、気持ちが沈んでいる。大変だけれど、盛り上げてもらえたらありがたい」。仮設住宅の管理人は、村が公募する臨時職員の身分ですが、「手を挙げる人（なり手）がいなかったのよ」とハツノさんは後で振り返りました。

仮設の管理人として奔走

松川第1仮設住宅は、その名の通り、飯舘村が福島市郊外にある工業団地の敷地を借りて整備した仮設住宅で、プレハブの長屋21棟（1棟に5、6世帯）が並び、集会所と談話室、デイサービスを行うサポートセンター、雑貨・食料品の村直売所、村内から移転したラーメン店があります。飯舘村が同市飯野町庁舎の一角を間借りし、役場機能を移転した「飯野出張所」まで車で10分ほど、古里の村までは40～50分の距離にあり、国道4号や東北自動車道（松川スマートインター）、JR東北線の松川駅も近い環境でした。

ハツノさんが夫幸正さん(69)ら家族と入居したのは同年7月28日。居室は、6畳の居間と、寝室などの用途の4畳半が二間、狭い流し台、バス、トイレ。庭もベランダもなく、「洗濯はいつも部屋干し。つるした洗濯物の下で寝るしかないのよ」。原発事故前、「までい民宿どうげ」を開いていた八和木地区の自宅の母屋は、1階だけで茶の間、台所のほかに8畳間が六つ(うち客間は三つ)もあり、寝室にしていた2階にも12畳間、8畳間がありました。「なんだ、マッチ箱みたいだな」と、ハツノさんの実家の親たちは言いました。

2011年8月の炎天下、管理人として仮設住宅を巡るハツノさん

あちこちの避難先から集まった同胞たちの引っ越しの風景が続いて、翌8月21日、松川第1仮設住宅の自治会が発足しました。115世帯の入居者の平均年齢はおよそ70歳で、そのうち49世帯が独り暮らし。ハツノさん、幸正さん夫婦が若手の部類に入るような「超高齢化社会」になっていました。

「みんな、農業をやって長年生きてきた働き者。自治会ぐるみで仮設の近隣の畑を借りて、野菜を育て、生産組合をつくれたらいい。村を離れても『までい』な暮らし方をして、また頑張ろう、という目標ができる。そんな小さな夢を、初めは描いていた。でも現実は、それどころじゃなかった」。管理人専用の携帯電話を預けられて仕事が始まったが、初日の朝早くから携帯が鳴り続けました。

「エアコンの動かし方が分からない」という話がほとんどだった、ハツノさん。飯舘村は標高400～600メートルの山懐にあり、冬の寒さは厳しいのですが、夏は高原の涼しさで、家々はエアコンを必要としていませんでした。ところが、福島盆地の夏の酷暑は有名で、夏は35～36度になる日が珍しくなく、仮設住宅の手狭さ、壁や屋根の薄さも室温をぐんと上げて、入居者たちは各居室備え付けのエアコンを動かさざるを得なくなったのです。さらには新奇な家電のリモコンが、高齢者たちは苦手でした。熱中症になれば生死に関わる危険があり、ハツノさんは炎天下、汗をぬぐいながら居室を駆け回りました。管理人用の携帯電話は鳴り続け、「想像していた仕事とはまるで違った」という慌ただしい毎日の始まりでした。

初めて向き合う孤独

同居する義母トミエさん(89)は明るく社交的な性格で、避難先の生活を苦にせず、集会所前のベンチで昔なじみの隣人たちとおしゃべりをしたり、健康維持の散歩を楽しんだりし始めました。が、「生涯現役」が当たり前だった農村生活から切り離され、途方に暮れた高齢者たちにはさまざまな変化が生じました。まず、居室に引きこもる人が大勢出てきました。仮設住宅の棟々を巡って、そんな1人1人を訪ね、玄関から声を掛けるのも管理人の日課になりました。

居室をふっと出たまま徘徊して行方が分からなくなる高齢者も現れ、その都度、ハツノさんは仮設住宅の外に出て捜し歩きました。ある日の午後、同居する家族から「朝に出たまま、まだ戻らないんです」と電話があり、どこにも見つからず、役場職員や警察官も捜しに出る騒ぎになりました。幸運にも、その高齢者は夜になってから、7キロほど離れた山中の土湯温泉の近くで保護されました。けがも衰弱もなく、ハツノさんは胸をなで下ろしました。「飯舘の家に帰ろうとしたのではないのかな」と、仮設住宅の仲間たちは語り合ったそうです。

初めて独り暮らしになって、台所に立つ気力も体力も失い、首都圏から娘さんが訪ねてくる時におかずを作り置きしてもらい、電子レンジで温めてようやく食事を保つ人、認知症の症状がどんどん進み、ハツノさんの手助けで施設に入所した人もいました。

冒頭の中山間地域フォーラムで菅野村長が語ったように、3、4世代同居の生活が普通だった飯舘村の世帯数は、原発事故と全村避難を機に急増しました。避難生活が生んだ「家族分断」でした。多くの世帯で、放射能を心配する若い夫婦がいち早く、子ども連れで村を出て、福島市内などにアパートと仕事先、転校先を求めました。飼っていた牛の世話や競売などのため最後まで残った年配者たち、その親たちの世代が仮設住宅を選んだと言えます。また、「借り上げ仮設」の扱いになる民間アパートが多世代の同居には狭く、祖父母たちが別居せざるを得ずに仮設住宅を選んだ事情もありました。避難先で同居をしてみたものの、息子夫婦らが留守になる日中の孤独に耐えられず、仮設住宅に移った人もいました。初めて向き合う「孤独」の経験でした。

元村議で、伊丹沢地区老人会長の経験がある木幡一郎さん(79)が自治会長に選ばれ、副会長ら役員と7人の班長、管理人のハツノさんは毎朝、入居者たちのラジオ体操の後、8時半に集会所でミーティングを行うのが日課になりました。行事の打合せや外からの支援の受け入れ、入居者の生活上で起きるトラブル、仮設住宅のコミュニティづくりなど、日々、未経験の課題が山積していきます。「みんなの命と健康を守らなくてはならない。それが、俺たちの使命。病気の人、亡くなる人を出すことなく、希望をもって生き生きと過ごしてもらうには、どうしたらいいのか」という木幡さんの問い掛けに、「わたしたちもスタッフも気持ちを一つにした」とハツノさんは言います。仮設住宅の誰もが、いつ安住の地に戻れるのか分からず、未知の海を漂う「箱船」に同乗する仲間になったと言えます。

サポートが必要な人の情報を共有し、役場の保健師や社会福祉協議会の協力も得ながら知恵を絞りました。「役場の職員を呼んで連絡や情報をもらう会合で、『生き生きサロン』という補助事業があるのを知った。こもりがちだった居室を出て、集って笑える会を月1回でも開けたらと話が膨らんだ。もともと飯舘の人は、にぎやかなことが好きだから」。そして11年11月、第1回「お楽しみ会」が集会所で催されました。異郷での新たなコミュニティづくりの始まりでした。

「までい着」誕生

「お楽しみ会」で仲間を元気に

忘れがたく爽やかな光景が記憶に刻まれています。夏の抜けるような空が広がった2012年7月19日の昼。福島市松川町にある松川工業団地第1仮設住宅の中庭に青いシートが敷き詰められ、ハワイアンの調べが流れ出しました。まぶしい緑や赤のドレスをまとう女性ダンサーが10人、そよ風のように柔らかに優雅にフラを舞いました。踊りにも仕草の一つ一つにも自然や神のメッセージを伝える意味が込められ、それは人々の平安を祈るフラでした。東京電力福島第1原発事故のため飯舘村から避難中の住民たちが、中庭を取り巻く棟の日陰にいすをずらりと並べて、あるいは居室の窓々から身を乗り出し、うっとりと見入っていました。

踊り手を率いて訪れたのは松野幸枝さん（59）。飯舘村の隣の相馬市出身で、ハワイで伝統的なフラを受け継ぐ名人の教室に通って学び、東日本大震災の被災地となった相馬、南相馬両市や東松島市などでフラのサークルをつくり、女性たちの心を癒やす活動をしている人です。私の同級生でもあり、松川第1仮設住宅の自治会が毎月1回、入居者のための「お楽しみ会」を企画している、来てくれたら、という話を伝えたところ、自宅のある仙台市などで主宰するサークルの教え子と共に二つ返事で駆けつけ

2012年７月19日の「お楽しみ会」で松野幸枝さんらと一緒にフラを踊る入居者たち

てくれたのでした。

「仮設の皆さんのお部屋に彩りを添えてください」と、管理人（当時）の佐野ハツノさん（67）に松野さんが持参したのが４５０本のバラの花でした。赤、ピンク、黄、白の花束をプレゼントされ、華やかな原色のスカートを配られ、フラを一緒に踊った入居者たちの表情は輝いていました。「それが縁になり、松野さんは翌年のクリスマス、仙台であったフラの集いにも、外に出る楽しみが少ないわたしたちを招待してくれた。冬の風物詩の『光のページェント』も見て、レストランでおいしいものを食べて、うれしい小旅行になった」とハツノさんは出会いを喜びました。

広々とした古里の家と田畑、自然の恵みに満ちた里山、家族や隣人から引き離され、見知らぬ土地の仮設住宅に住まわされた人々は、独居の高齢者が多く、居室に引きこもる人、認知症の症状を進ませる人、心身を弱らせる人も出ました。世話役であるハツノさんは24時間、いつ鳴るか分からぬ携帯電話を手放せず、炎天下であろうと雨天であろうと、仮設住宅の仲間を「孤立させない」ために居室を巡回し声掛けをすることが日課になりました。

自治会の木幡一郎会長ら役員たちと相談して11年11月に始めたのが、同胞たちを外に連れ出し、気持ちを和ませる「お楽しみ会」でした。さまざまな人の縁と支援の志を生かしてゲストを招く演芸会、観光名所や温泉へのミニ旅行などを企画しました。筆者も楽しみにしていたのが、春の「お花見会」。地元の支援者が提供する大型トレーラーのウィングを開いて即席のステージとし、もともと芸達者な入居者たちが踊りや歌を披露し、陽気に笑い、手作り弁当やつきたての餅、お酒を味わいました。最後にはいつも「相馬盆歌」の踊りの輪が、中庭いっぱいに広がりました。12年4月のお花見会で、ひときわ大きな笑いと喝采を呼んだのは、ひょっとこ、おかめのこっけいな「どじょうすくい」。熱演の後、面を外した人は女性で、筆者も知っている菅野ウメさん（86）でした。

名人ウメさん登場

ウメさんが独りきりで松川第1仮設住宅に入居したのは11年9月。自宅は、ハツノさん宅のある八和木と隣接する前田地区にあります。夫は農作業中の事故で亡くなり、息子さんは農水省や農協が推奨したイチゴの先端的ハウス栽培に友人と共同で取り組み、味も日持ちも販売収入も良いと、市場で評判を取ったそうです。ところが、経営が軌道に乗ったころに原発事故が起き、全村避難を政府から指示され、ウメさんは家族の仕事も暮らしも奪われることに苦悩し、2週間寝込みました。同年7月半ばに自宅を離れ、息子さんの家族と一緒に福島市内のアパートに移り、それからひと月、また寝込む日が続きました。

「アパートの周りの農家は毎日、一生懸命に農作業をやっていた。『同じ農家が、お金（賠償金）だけをもらって楽をしている』とみられると思うと、つらい。外に出ることもできなくなった」。若い家族はそれぞれに新しい仕事や転校先の生活が始まりました。「何もできない自分は足手まといでしかない。寝ていると、窓のカーテンが目に入り、あれで首をつれたら楽になるな、と思った」。母親のそんな心の揺れに気付いた息子さんから「同じ地区の人たちも入っているから、一緒にいれば気持ちが休まる」と松川工業団地第1仮設住宅への入居を勧められました。

ウメさんはかつて村の生活改良普及員を20年間務め、農家の主婦たちが結成した農産加工グループの代表にもなりました。女性の立場から農村の暮らしの向上に取り組んできた人です。朝早くから暗くなる夜まで田畑で働いた篤農家であり、針仕事も上手で、「村の着物作り名人の1人」という定評もありました。それだけに、「自分はいま、何のために生きているのか。家族に何もしてやれず、毎日をこんな生き地獄に変えた原発事故が憎い」という絶望と憤りにさいなまれ、希望も居所も見つけられなくなっていたといいます。親しい間柄のはずの訪問客に疲れ、誰の呼び声にも応えるのが嫌になり、居室に閉じこもりました。2週間が過ぎたころ、ガラス戸をたたく音がしたそうです。管理人のハツノさんが「ウメさんに相談がある。ウメさんでなくては、できないことなの」と、外から懸命に訴えました。

「それが『までい着』作りの活動の始まりだった」とハツノさんは振り返ります。どの家も貧しく、物も不足した戦中から敗戦後の時代、家庭の母親たちは古くなった着物を捨てず、子どもの服や綿入れに仕立て直して着せました。それが、までい着。ウメさんがこんな話を聞かせてくれました。「昭和18年、東京に嫁いだ伯母が疎開で実家に戻ってきて、着物から防空ずきんとズボンを作って持ってきた。あのころの女の作業着は『もんぺ』だったが、はきにくかった。伯母が持参したズボンは、ゴムが入っていて、動きやすく工夫されていた。あれが最初のまでい着だった。それにならって自分も作るようになった」

飯舘村の生き方として語られるようになった「までい（手間暇を掛け、大事に）」精神の原点と言える手業で、「仮設住宅の女性たちの仕事として復活させよう」というのがハツノさんのアイデアでした。「仮設の入居者は、目標をなくして気持ちが落ち込みがち。飯舘らしい活動をしましょう。その師匠役になってほしい」。それが、ウメさんにお願いした、ウメさんしかできないことでした。自治会もまでい着作りの活動を応援することになり、参加者募集のお知らせを仮設住宅の全世帯に配ると、40～80代の約20人が集まりました。

カーネーションの会

身の回りの品しかない狭い仮設住宅の暮らし。活動の元手になる材料の古い着物は、善意の寄付に頼るほかありませんでした。ハツノさんたちの呼び掛けを伝えた日本農業新聞や河北新報の記事は驚くほどの反響を生み、共感した全国の女性たちから着物入りの段ボール箱が続々と、仮設住宅の集会所に届きました。「亡き母の形見の品です」「娘が受け継いでくれそうにないので、役立ててください」といった手紙が1箱1箱に添えられ、「みんな、飯舘村を支援しようと送ってくれた。感謝して、お返しの気持ちを込めて作らなくてね」と当時、ハツノさんは仲間と語り合いました。

活動は11年10月から毎週水曜の午前中、仮設住宅の外れにある談話室を会場に始まりました。「寄付された着物の糸を解き、型紙に合わせて裁断し、縫う工程を分担し、それぞれが居室に持ち帰って夜なべで仕上げる」（ハツノさん）という、まさしく手間暇の掛かる作業です。でも、どの着物を取っても、古風ながら華やかな色、意匠豊かで多彩な模様が、モダンな洋服のデザインに絶妙に生きる「までい着」に仕立て直されていきました。

「活動には名前が必要だわね」と一同で話し合い、「カーネーションの会」と決まりました。子どもの時から憧れた洋服を縫い続けたNHKの朝ドラマのヒロインと、お母さんの花であるカーネーションのイメージを重ねた命名です。1989年、村の主婦たちがドイツの農村生活を体験した研修の旅「若妻の翼」（村公民館が企画）で、ハツノさんと生涯の友となった女性たちも活動に参加しました。村の自宅にあった縫製工場を切り盛りしておいた佐藤英子さん（69）＝伊達市に避難中＝と、仮設住宅の仲間で、やはり縫製の仕事をした経験がある松下清子さん（65）。それぞれ会の副代表と会計担当を引き受けました。

2013年３月９日、西武所沢店での２年目の販売会で、までい着を客に紹介するハツノさん

東京にも「までい着を売り出しましょう」と企業に働き掛けてくれる支援者が現れました。その橋渡しで12年1月には、そごう柏店（柏市）が大震災から1年後の3月10、11日、までい着の販売をメーンにした「飯舘村支援バザー」を催しました。結果は大盛況。デパート側の要望

で半年後の9月にも同じ催しが開かれました。筆者が取材に行ったのは翌13年3月9、10日、西武所沢店（所沢市）が企画した販売会です。伊達、相馬両市内の仮設住宅にも会のメンバーが広がり、までい着やベスト、バッグ、小物、Tシャツなど、こつこつと作りためた約2000点がほぼ完売しました。多くの女性客が詰めかけ、「飯舘の女性たちに声を掛けたかった」「わたしも福島生まれ。実家が中越地震被災地の新潟県長岡市。その経験が重なって、ぜひ応援したかった」遠く離れた古里の人たちの苦悩が、いつも重く心に掛かっている」と口々に語ってくれました。ウメさんらも、までい着作りを大勢の客の前で実演しながら、仮設住宅暮らしの実情や帰村への思いを伝えました。

「被災者となっても、飯舘の『までい』の心で仲間たちが一つになり、支援への感謝を込めて縫っています。仮設に届く着物には『ごめんなさい』と言って、はさみを入れます。までい着をたくさんの人に着ていただき、どこかでつながってくださることが、一日も早い帰村を念じて待つわたしたちを支える希望なのです」。いまも代表を担うハツノさんの言葉です。

がんとの闘いに耐え

突然の転移の告知

「いよいよ入院するの。かなり難しい手術になると先生から言われて、もしかすると、覚悟をしないといけないかもしれない」。福島市松川町にある松川工業団地第1仮設住宅の佐野ハツノさん（67）からこんな電話をもらったのは、2015年7月上旬。取材があって仮設住宅を同月15日に訪ねる予定をしていたのですが、「しばらく予定が分からなくなったので、その前に来てもらい、まとめて話を聴いてほしい」というお願いでした。

「直腸がん転移性肝臓手術」。それは2年前に発症し、手術をして摘出した直腸がんから、さらに肝臓に転移した新たながんでした。血管が集まる部位のため、そこを避けて、がんだけを取り除くという難手術です。避難生活の中で、ハツノさんは闘病を続けてきたのです。

『最初の異変は、仮設の開所から約3カ月後の11年11月。風邪から肺炎になった。土日も夜もない（管理人の）仕事の疲れがたまっていた。休みをまとめて初めて取り、さいたま市のホテルに1週間泊まって、ひたすら体を休めた。

「狭い仮設の部屋で寝ておられず、電話があれば動かなきゃならない」

佐野さんは夫、義母と同居する。宮内地区にある実家の91歳と89歳の両親も同じ仮設に住まわせて、世話をしている。

予定や来客がない週末に車で飯樋地区の自宅に行き、「山ほどある片付け事をする」。疲労は翌週に残り、朝の散歩もできなくなった。

13年7月、家の番をする老犬が病気の上、通行車にはねられてけがをした。帰って介抱したその夜、便器を真っ赤にするほどの下血があった。

病院で直腸がんと診断された。「すぐに手術します」「ストレスが原因ですよ」。医師からそう告げられた。』(14年2月23日、河北新報連載『東日本大震災3年　飯舘の春いまだ遠く』4回より)

最初の手術は13年7月30日、郡山市内の大きな病院で行われました。出血がひどかった直腸の中だけでなく、リンパ腺にも5個のがんが転移していたことが分かり、この時点で進行のステージは「1」から「2」になったといいます。がんをひとまず摘出した後、主治医は転移の可能性を告げ、引き続きの抗がん剤治療を勧めました。「抗がん剤も100%は効きません。40~60%かもしれない。しかし、用心のためです」。こう聞かされて、ハツノさんは「手術がうまくいったので安堵したのに、ほんとうにがっかりした。でも、もう再発なんてしないだろうと思って、それからを暮らすことにした」。

『震災の疲れは家族にも表れた。村議だった夫幸正さん(67)は地元と役場の往復に追われ、仮設に入ってすぐ心臓を悪くし、昨年(13年)9月に辞めた。

実父は全村避難を嫌がった。「裏山に隠れてでも避難しない。放射能でなく寿命で死ぬ」。両親を仮設から実家に連れだし、安心させることも佐野さんの役目だった。その父も体を弱らせ、14年の正月を病院で過ごした。

佐野さんは手術の後、管理人を外れた。後任になった花井カツ子さん（66）は「こんなに仕事が多いのか」と驚いた。』（前掲記事より）

入居者の世話や仮設住宅内の未経験の問題解決、外部の支援の受け入れ、マスコミの取材への応対まで、24時間勤務が実情だった初代の管理人の仕事は、気持ちも体も休まらぬ激務。「過労ですよ」と主治医も言いました。それを辞めて、ハツノさんは肩の荷を下ろし、女性の仲間たちと「までい着」作りに取り組む「カーネーションの会」の代表として、楽しみながら活動しようと決めました。その矢先の14年2月、恐れていた兆候が見えました。郡山市の病院の定期検査で腫瘍マーカーがにわかに上がり、そして4月、肝臓への転移を診断されました。

「3年、5年という単位の月日を無事に過ごすことを目標に、頑張って生きようと思っていた。それなのに、1年もしないうちに……。とてもショックだった」。いつも笑顔で前向きで、周りの人たちをも明るくするハツノさんは、落ち込んだ表情で語りました。さらに心を重くさせたのは、「再発の箇所が、血管や胆管が集まっているところで、切るのが難しい」という主治医の言葉です。が、希望はありました。その病院は、東北で数少ない先端医療の「陽子線治療」を行っており、直接メスを入れることに伴う危険を避けながら、がんだけを焼く――という方法に、ハツノさん、幸正さん夫婦は懸けることにしました。ただし、その前にできる限り、がんを小さくするための抗がん剤治療を受ける、つらい5

月が始まりました。

念願のドイツ再訪

「ドイツにまた行こうよ」。1989年9月、ハツノさんら飯舘村の主婦たちがバイエルン地方の農村研修の旅をした第1回「若妻の翼」（飯舘村公民館が企画）のOGたちの間で、こんな話が持ち上がったのは同じ14年の初めでした。東西冷戦下、ドイツ分断の象徴だったベルリンの壁が崩壊したのが、ハツノさんらが帰国して間もない89年11月10日。翌90年、「ベルリンに桜の苗木を贈って、平和を願い、撤去された壁の跡に植えてもらおう」という東京のテレビ局のキャンペーンがあり、OGたちが「縁が生まれたドイツを応援しよう」とお金を出し合って苗木20本分の寄付をしました。

それから25年後。桜の木々がベルリンで根付いて「季節はずれの花が咲いた」というニュースが14年正月、テレビで流れたのです。それを見ていたハツノさんが仲間たちに伝えると、たちまちのうちに「見に行こうよ」という話が盛り上がりました。「『6月が都合がいい』という相談がまとまっていた。もちろん、わたしもそのつもりでいたの。でも、思わぬ再発があり、5月に抗がん剤の治療が始まって、投与が8回も予定されていた。ドイツなんて、もう無理だろうと思った」。しかし、ハツノさんは諦めきれず、「だめで元々の気持ち」で主治医に葛藤を打ち明け、判断を仰ぎました。すると、答えは意外にも「行ってらっしゃい。体調に気を付けて、楽しんできたらいいです」との快い許可でした。

ドイツ再訪は6月8～15日に実現し、当時の「若妻の翼」の仲間19人のうち10人が参加しました。ベルリンで念願の桜を見てから、最後はウィーンの休日——という夢のような旅でした。ブランデンブルグ門の前で記念写真を撮り、シェーンブルン宮殿の豪華さに酔い、ホイリゲ（自家醸造のワイン酒場）

2014年６月、ドイツ再訪の旅の最後、ウィーンのホイリゲで「若妻の翼」の仲間と（後列右から４人目がハツノさん）

で彩り豊かな食事を楽しみ、現地の福祉施設も訪問し交流しました。「若妻」たちに戻っての輝く笑顔、笑顔。その旅の後に作られた記念誌を開くと、東京電力福島第１原発事故と避難生活を忘れさせるような楽しい写真があふれています。でも、そこにハツノさんの姿は少なく、写っている写真の顔は痩せていました。

「抗がん剤治療の１回目を終えた後で、体はきつく、夕方になると疲れて、げっそりした。夕食の時もホテルに１人残って寝たり、朝に仲間を送り出して丸１日休んだり。みんなはそんなわたしを気遣って、『ハツノさん、大丈夫？』『無理しないでね』と始終声を掛けてくれた。そして、『70歳になったら、また来ようね。約束だよ』と励ましてくれた。うれしくて、泣いちゃった。その時は『また来るなんて、きっと無理だろうな』と思いながら」

旅から帰国すると、抗がん剤治療の続きが待っていました。仮設住宅の地元にあるＪＲ松川駅から各駅の電車で郡山市内の病院に通いましたが、「吐き気、手のしびれ、脱力感。そんな副作用がひどくて、治療のたびに1週間ずつ入院させてもらうようにしたの。その間に体重も5キロ減って、やつれて目が落ちくぼんで、仮設の人たちはびっくりしていた」

その苦行の日々が山を越えると、8月から24回もの陽子線治療が待っていました。病院の大きな部屋にたった1人、身動きの取れない状態で寝かされ、音も痛みもない陽子線が右の背中と脇腹から、肝臓のがんを狙って15分ほど照射されました。「照射された部分は、ちょうど鉄板で焼いた肉のように硬くなって、もう元のようには機能しなくなります。しかし、がんもちゃんと焼かれました」。9月にも追加された治療の後で主治医は語りました。15年2月初めの検査の後にも「不安は残りますが、大丈夫でしょう」。ところが……。

愛犬・太郎の死

希なことだといいますが、肝臓のがんがぶり返したのです。それが確かめられたのが同年4月。新たに3個が見つかりました。ハツノさん自身はもちろん、「一緒に乗りこえましょう」と力付けてくれた主治医も落胆したそうです。発病して以来3度目になる抗がん剤治療を提案されましたが、「それに耐える気力、体力は、もうなかった」とハツノさんは振り返ります。そこからの可能性を模索する治療法の検討の末、残ったのが手術でした。主治医から「静脈のそばにがんがあり、難度の高い手術ですが、大丈夫です。わたしも頑張ります」と佐野さん夫婦は伝えられ、覚悟は決まりました。それが「最後のチャンス」であることを、ハツノさんは自覚していました。

手術は7月28日に行われました。午前9時の開始から終了まで9時間半という大手術になりました。

部屋の外で待っていたハツノさんの身内の人たちは、気をもんで何度もナース室に状況を問いに行ったそうです、幸正さんは手術後、執刀した主治医から「大変難しく、時間を要しました」と告げられました。ハツノさんはすぐ集中治療室に移されましたが、結果は成功。「転移したがんはすべて取り除かれました」と告げられました。

「1週間単位で、だんだんと足も体も動くようになり、3週間ほどで退院できた。それから、原発事故の後に一時避難した岳温泉（二本松市）で8月中いっぱい、ゆっくり湯治をさせてもらった。まっすぐ仮設に帰れば、お見舞いの人がきっと毎日来てくれて、体が休まらなかったろうしね。毎日、散歩をしたり階段を上り下りしたり、自分なりのリハビリをするうちに、日一日と回復を感じていった」

その後の検査で順調な経過が確かめられ、ハツノさんは安堵しながらも、「万が一、次に再発したら、もう手術はできません」と主治医から言われたそうです。「これからは絶対に気持ち次第だから。もう死んでしまうのではないかと思った時もあったけれど、負けてはいられない。楽しいことだけを考えたい。カーネーションの会の『までい着』作りが待っているし、『若妻の翼』の仲間とまたドイツにも行かなくちゃ。そして、一番心配を掛けた父ちゃん（幸正さん）と一緒に飯舘に帰って、新しい暮らしを始められるようにね」

救われた命の陰で、旅立った命もありました。2011年以来の長い避難生活の間、八和木の留守宅を番してきた愛犬、太郎（17歳）のことです。セッターという種の猟犬で、狩猟を愛する幸正さんに付いて地元の山野を駆けめぐり、佐野家の家族として育てられました。柔和な目をして日ごろはおとなしいけれど、勇敢で、キジやカモが池に落ちれば、臆せず飛び込んで捕りにいったそうです。「『待て』と言えば、ずっと待っていたよ。こちらの気持ちをよく分かっていて、あんなに賢くていい犬はいなかっ

2014年２月の雪の中で留守宅を守り、佐野さん夫婦の帰りを待つ太郎＝撮影・門田勲（河北新報写真部）

た」と幸正さん。

原発事故の後は、「血をはいたりして体調が悪くなった。わたしたちは避難しなければならず、心配しながら首輪を外して家を離れた」とハツノさんは言います。それからは1日おきに、幸正さんが仮設住宅から世話をしに戻りました。仮設住宅など避難先で飼えないペットのため、遠く関東から村に通う「餌やりボランティア」の人たちが佐野家を回り、太郎をかわいがってくれました。親しくなった千葉県の女性ボランティアから、「太郎は末期のがんではないかしら。もう長くはないようです」とハツノさんは教えられていました。

福島第1原発事故で飯舘村の人々の暮らしと運命が大きく変えられたように、突然、孤独な環境に取り残されたペットたちもまた、強い不安とストレスにさらされた被災者だったと思います。同村比曽でのことですが、取材の間に夜になり、どこかの家から犬の遠吠えが聞こえたと思うと、明かりがなく暗闇に沈んだ集落のあちこちから、同じ境遇にある仲間たちの鳴き声が加わり、取り残された流刑者の合唱のようにも、主人の助けを求める叫びのようにも響きました。

ハツノさんもこう語りました。「用事があって八和木の家に戻って、夕方、仮設住宅に帰る時、太郎は人間のような悲しい目をした。子どもが置いていかれると、泣いてお母さんを後追いするでしょ。あれと同じ。わたしも後ろ髪を引かれて、悲しくなって泣けた」

13年7月に自宅前で車にはねられる事故に遭い、それ以後は、いつも寝ているようになった太郎。体が冷たくなっていたのは7月19日朝でした。ちょうどハツノさんが手術準備で通院をしていた時です。いつもの餌やりボランティアが、眠ったように息を引き取った姿を見つけました。連絡を受けて、その日の夕方、ハツノさんと幸正さんが家に戻り、「良かったなあ。苦しまないでなあ」と手を合わせました。それから、お葬式をしてやり、佐野家の先祖が眠る里山の墓の一角に埋めたそうです。ボランティアが6人も集まってくれました。「お母さんの身代わりになってくれたんじゃないかな、きっと」と言われ、ハツノさんもそれを信じています。

生き直しの選択

迫る避難指示解除

『政府は12日、東京電力福島第1原発事故で多大な被害を受けた福島の復興指針を改定し、閣議決定した。「居住制限区域」と「避難指示解除準備区域」の避難指示を、事故から6年後の２０１６年度末までに解除するほか、事業再建に向けて16年度までの2年間に集中支援する方針を盛り込み、被災者の自立を強く促す姿勢を打ち出した。』『居住制限区域など両区域の人口は約５万４８００人で避難指示区域全体の約7割を占めるが、生活基盤や健康被害への不安は根強く、避難指示が解除されても帰還が進むかは不透明だ。』

２０１６年6月13日の河北新報からの引用です。11年3月11日の東日本大震災とともに起きた東京電力福島第1原発事故。振り返れば同夜、当時の菅直人首相が史上初の「原子力緊急事態宣言」を発し、午後9時23分、第1原発の半径3キロ以内の住民に避難を、10キロ以内に屋内退避を指示（翌12日夜、避難指示を半径20キロに拡大）したのを皮切りに、4月21日に20キロ圏を「警戒区域」に、同23日には20キロ圏外でも放射線量が高かった飯舘村全域と4市町の一部に「計画的避難」を指示しました。さらに

12年4月〜13年8月、計11市町村の避難区域を再編し、年間被ばく線量に応じて「避難指示解除準備区域」、「居住制限区域」、「帰還困難区域」の三つに再編し、現在に至っています。

そのうち、立ち入りが制限され除染も行われていない帰還困難区域を除いて、残る区域の除染作業を急ぎ、17年3月末までに避難指示を解除する——というのが、この政府決定でした。政治がついに、大震災、原発事故の幕引きにかじを切った動きであり、被災した古里を離れて避難生活を送ってきた住民がそれぞれに、「帰還するのか否か」という生き直しの選択を迫られることを意味しました。飯舘村の松川工業団地第1仮設住宅（福島市松川町）で暮らす佐野ハツノさん（67）と家族もいま、同じ状況にあります。

「俺は福島市内に中古住宅を買った。いずれ（飯舘村から）住民票を移すつもりだ。地元の知人にも、（村外に）家を買った人が大勢いる。村の人口や復興はどうなるのか」「介護保険料は（飯舘村が）全国2番目に高くなると聞いた。年金暮らしの高齢者の夫婦が帰村したら、負担があまりに大きくて暮らせない」。15年5月7日、福島市飯野町にある飯舘村飯野出張所（仮役場庁舎）で開かれた、ハツノさんの地元の前田・八和木地区の住民と村幹部との「行政区懇談会」で挙がった質問でした。この時点で政府の避難指示解除への動きは既に報道されており、住民の不安は募っていました。

紹介した前者の質問に、菅野典雄村長は「（復興庁や村が実施した）村民のアンケート調査によれば、約3割が戻りたい、約3割が戻らない、残る3割前後が決めかねている。予測はつかないが、震災前の人口約6000人が、2000人前後になる可能性もある」と厳しい見方を語りました。後者が触れた介護保険料の話は、同年4月28日に厚生労働省が発表した15〜17年度の65歳以上の月額負担のことです。

全村避難の間にも高齢化が進んだ飯舘村は月額８００３円に上がり、全国2番目の水準になりました。避難指示が解除となれば、それまでの公的な支援も切られていく見込みで、それまで減免されていた各種税金や医療費などが降りかかります。新たな厳しい境遇での自立を、住民は迫られたのです。

変わらぬ２人の思い

行政区懇談会の質疑を、ハツノさんも会場で聞いていました。自宅がある八和木は居住制限区域。集落の状況は「28世帯あるうち、『避難先から戻らない』と言っているのが5、6軒。でも、帰るかどうか迷っている人もいる。この家族は帰る、とはっきり分かるのは15軒くらいかな」。それは、家屋のリフォーム工事が、あちこちで目につくようになったからです。全村挙げての避難が始まった11年5月以来、留守宅になっている家々には大小の傷みが出ており、家屋や周囲の除染は行われても、放射性物質を一度かぶった家への抵抗感も住民にはあります。国、飯舘村は、帰還を後押しするため古い家屋の解体やリフォームを支援する事業を設け、村が受け付けた家屋解体の申請は３０００件（物置なども含め）を超えています。しかし、住民側の事情は複雑です。

前田・八和木行政区では家屋の除染後、村の定点観測地点の放射線量測定値（地上1メートル）が同年10月1日現在で、0・54と1・23でした。山林や居久根（屋敷林）の近くなど場所によって線量の高低はあるものの、村内の他の居住制限区域と比べて低めに推移しています。しかし、既に村外に家を建てて、帰村のためでなく不動産の二重課税を避けるための解体もあります。八和木地区の隣の前田地区では、大半の世帯が戻らない見込みだと聞きました。やはり息子夫婦が避難先の福島市内に家を建て、そこに同居することになった高齢者が語った話です。望郷の念は募っても、現実は残酷です。「たまに一時帰宅して泊まっても、夜は集落のどこにも明かりがない。隣に誰もいない所ではもう暮らせない」

ハツノさんと夫幸正さん（68）の家には、同年10月半ばからリフォームの業者が入りました。2人は帰村すると決めています。「うちは、もともと（村外に）避難したくなかった。父ちゃんも『俺は残る。避難しないで済む方法はないのか』と、ぎりぎりまで言っていた」。ハツノさんの言葉を聞いて、原発事故の後、初めて八和木の自宅を訪ねた11年4月12日の取材を思い出しました。その前日、政府が飯舘村への「計画的避難」の指示を発表し、村役場は説明を求める商工業者や行政区長らの出入りで混乱していました。

『「村から『農』の種も牛も死に絶えたら、若い人が再び戻って生活を立て直す基盤もなくなる」と佐野さん夫婦。それでは避難の意味もない。「私たちは、食べる分だけの野菜をハウスで作り、とどまりたい。村が村のままであるよう」』（11年4月16日の河北新報『東日本大震災／ふんばる　3・11大震災』より）

自宅の牛舎にたたずみ、血を吐くように訴えた2人の思いは、4年、5年の歳月が流れたいまも変わりません。リフォーム工事が始まる前、ハツノさんが家の片付けの手を休めて語った言葉と、それは時を超えて響き合いました。「だって、先祖たちが苦労してつくってきたものを簡単に手放せないもの」

「子どものころ、幕末に生まれたひいばあちゃんがまだ健在で、天明の飢饉《ききん》の言い伝えを話していたの。『集落のここにも、あそこにも昔、家があったんだ。食べるものがなくなって、皆、病気になったり、死んだり、夜に逃げていったりした』と。そんな時代を生き延びた先祖たちが頑張って、それが受け継がれて、この村が築かれた。原発事故があって放射能が降ったからといって、苦しい経験をしたからって、わたしたちは逃げるわけにいかないの」

悲しい決心と希望と

ハツノさんに問うてみたいのは、「帰村がかなったら、何から再び始めたいか?」。何よりも再開したいものはきっと、1989年のドイツ農村研修の旅「若妻の翼」から夢の種を持ち帰り、06年11月に自宅で開業した「までい民宿どうげ」ではなかったか、と筆者は思っていました。原発事故で客は絶え、避難とともに閉じざるをえなかったのです。

「民宿は楽しい思い出ばかり」だといいます。が、ハツノさんの選択は予想と違いました。「あのころのように体が健康ならば、民宿を再開して頑張りたかったな。泊まってくれたお客さんで、『また行きたい』と便りをよこす人もいる。でも……」。ハツノさんは仮設住宅暮らしの中でがんを患い、2度の大きな手術と厳しい治療の日々を重ねてきました。予後は順調ながら、再発を防ぐための免疫療法も同年10月から続けています。帰村できるのは17年春以降になりますが、毎日の「業」としての民宿の切り盛りはもう無理、と諦めています。「もう決心したの。『どうげ』の開業前に苦労して取った旅館業、飲食業の許可証も、すっぱりと保健所に返してしまったから」

「でもね、親しい友だち、避難生活の間も応援してくれた人、これからの飯舘村を訪ねてみたいという人に泊まってもらい、わたしたちも一緒に楽しめるような家にしたい。(避難指示が解除され)帰村宣言が出されても、ただ寂しいだけの村になってしまわないように、いつも人が集まれる場所をつくれた

八和木地区の田んぼに積み上げられた除染後の黒いフレコンバッグの山＝2016年４月９日

ら。わたしは昔から、にぎやかなことが大好き。苦しい思いはもうたくさん。体をいたわりながら、これからの時間を楽しく生きていきたい」。母屋のリフォーム工事で、そのために、1、2階に計3部屋の新しい客間を設ける計画です。

幸正さんは「また、田んぼでコメ作りをやりたい」と言います。原発事故前は、後継者だった長男と3人で、親牛4頭を飼って和牛の繁殖を営み、計13ヘクタールの稲作、85アールの葉タバコ栽培、2ヘクタールのソバ作りのほか、家庭菜園でトマト、白菜、レタス、ワサビをはじめ季節の野菜を育てていました。松川工業団地第1仮設住宅に移り住んだ後も、「体を動かさないではいられない」と、地元で田んぼ60アールと畑10アールを借りて、12年以来ずっとコメの収穫をしてきました。ハツノさんは言います。「朝5時ごろ、父ちゃんと仮設住宅のまわりを散歩していると、80歳近いおばあちゃんが鍬を担いで出掛けていくの。やっぱり近くの畑で野菜を作っているんだね。飯舘の人は働き者だなあと思う。何もできず、ぽつんと捨て置かれていることが、どんなにつらいことか」

八和木地区では、環境省の農地除染（表土から5センチまでの汚染土のはぎ取り）が進んでいます。ただし除染作業が終わっても農家にすぐに引き渡されず、基本肥料と放射性物質の吸収抑制効果がある土壌改良材をすきこむ地力回復工事にまた1年を要します。そして、そこにも問題は山積しています。はぎ取られた汚染土は黒いフレコンバッグに詰められ、同省が広大な田んぼを借り上げた仮々置き場に保管されていますが、除染廃棄物を一括して集約、貯蔵する「中間貯蔵施設」（双葉町、大熊町に建設予定）がいまだ建設の見通しが立たっていません。仮に17年春、ハツノさんたちが帰還したとしても、目の前の黒い山と毎日向き合わねばなりません。現時点では、大半の農作物が原発事故被災地で摂取、販売の規制の網をかぶっており、農家の側も根強い「風評」を恐れ、「作っても、どうせ売れない」と除染後のコメ作りをほぼ諦めています。土を離れて5年の空白も農家には重すぎると言えますが、それでも、幸正さんはコメを作るつもりです。「売らなくてもいい。自分たちが食べる分だけで十分。ハウスで野菜も育てたいの。それが楽しみ」とハツノさんは語ります。

それでは、苦楽を共にしてきた松川第1仮設住宅の入居者たちはどんな選択をするのでしょう。

帰村後へ募る不安

『東京電力福島第1原発事故で全村避難する福島県飯舘村の住民が暮らす福島市の仮設住宅の自治会が、2017年3月までの避難指示解除を前に、帰村の形を独自に模索している。明治大の研究者らの支援を受け、「仮設で培った縁を生かす公営の集合住宅を設けて」と村に要望した。願うのは、帰村の思いが強い高齢者らが集い、家族と離れても孤独死の不安がなく、支え合って暮らせる場だ。

福島市松川町の松川工業団地第1仮設住宅（117世帯）の自治会長、木幡一郎さん（79）らが住民の声を要望書にまとめた。（15年）3月に村役場に提出したが、回答はまだない。避難指示解除後の生き直しの選択を迫られるいま、「真剣に検討してほしい」と言う。

求めているのは、プライバシーを保てる平屋の一戸建てが集まった公営住宅の村への整備。住民の会合やイベントを催せる集会所や広場を備え、介護が必要になった人の世話に対応できる施設に――と提案する。「買い物や通院に使えるバスの運行や移動販売などの生活支援があり、見守る管理人もいる。お楽しみ会を催し、家族や村の友人たちも来る。独居や夫婦の高齢者が共に支え、笑い、自給自足の農業を楽しむ」。木幡さんが描く帰村だ。

自治会は平均年齢が70歳を超え、半数が独居。お楽しみ会は11年8月の開所後、古里を離れて意気消沈し、居室にこもる住民を元気にしようと毎月、元管理人の佐野ハツノさん（67）らと始めた演芸の集いだ。

「苦楽を分かち合った縁を帰村後に生かしたい。他の仮設住宅にも同様の希望者がいるはずで、村の小学校学区ごとに集合住宅を設けては」と提案する。

支援するのは服部俊宏明大農学部准教授（農村計画学）と学生たち。11年秋に仮設を訪ね、わらじ作りを学んで以来、草刈り応援などの交流を重ねる。住民の望郷の念と悩みを知り、昨年（14年）春から意向調査や要望の取りまとめを手伝った。

「家族も隣人も生き場所はばらばらで、元の生活に戻れず、村の相互扶助は失われた。帰りたいが年を取れば1人で暮らせない。仮設のコミュニティを持ち帰れたら、と住民は思っている」と服部さんは話す。

避難指示が解除されれば、税や医療費、介護保険料の減免措置も打ち切られる可能性があり、年金生活者の不安は大きい。「自分は農家。野菜のハウス栽培くらいできる。それを仲間に広げれば、一緒に食べていける。花の栽培も大丈夫。長年の経験、知恵はある」

集合住宅入居に手を挙げる住民はまだ十数人だが、「新しい帰村の場が生まれれば、帰りたい人は増えるはず。その選択肢を村は認めてほしい」と訴える。』（15年10月18日の河北新報社会面『〈その先へ　3・11大震災〉帰村の形 独自に模索／縁生かし 共に生きる』より）

2015年９月19日、仮設住宅の入居者と語り合う自治会長の木幡さん（右端）

「村からはその後も反応はない。避難指示解除まであと1年ほどだというのに」。自治会長の木幡さんは少し憮然として話しました。16年3月1日、松川工業団地第1仮設住宅の集会所。筆者の友人で当時北海道大の研究者だった難波美帆さんが、「いま、どんな情報が必要か」というテーマの聴き取り調査を自治会に協力をお願いし、ハツノさんら5、6人の入居者が集まりました。口々に語られたのは不安と憤りでした。

木幡さんは続けました。「役場側からは『どこから予算を出すんですか?』と言われただけだ。住民が知恵を出し合った提案を基に、いい施策づくりを話し合いましょう、と言ってほしかった」「ならば、どうする。ここで手探りするだけでは限界だ」。がんを発症するまでハツノさんが激務を重ねたように、平均年齢が70歳を超える入居者たちの命をまず守ることが、自治会の一番大きな役目だったといいます。その入居者たちが避難指示解除とともに、運命共同体の「箱船」のような仮設住宅で培ったコミュニティを奪われ、「あの原発事故後の避難のように、またばらばらに引き離されて、生き地獄に追われるのではないか」と木幡さんは強い言葉で思いを語りました。

までい着作りを続けよう

「村に帰るとしても、スーパーや食料品店、病院はあるのか。診療所は開かれるというが」「取りあえず、真っ先に帰るのは高齢者たち。だが、車を運転できるかどうかが問題だ」「若いなら収入も稼げるが、それができない。畑で何かを作っても、風評を払拭させるのは厳しい」「山菜からキノコまで、自然の恵みがあったが、いまは（除染が行われない）山にも入れない」「まず、戻ってみないと分からない。初めから、戻ってよかったという悠々自適の生活は望めない。村に戻らない人も、それは同じだろう」

「避難指示を解除するから戻ってください、と国は言うけれど、原発事故の当時は『村を出ろ、出ろ』と言われた。息子の嫁は『だから、いまでも（放射能が）怖い』と話している」「当時は、どの学者の話を聴いたらいいのか、分からなかった」「怖い人はいまだに怖い」「帰って大丈夫というのなら、環境大臣がきちんと説明してほしい」

2016年３月１日、仮設住宅の談話室で「までい着」作りをするハツノさん

入居者たちの訴えは尽きませんでした。60代の男性は「家の除染が終わったのに、去年の長雨で裏山が土砂崩れを起こし、家が埋まってしまった。もう住むのは無理。息子がいる浜通りの街に移住しないとならない。従うほかなくなった」と残念そうに話しました。70代の女性は、特別なことを何も望んでいません。「もう一度、ごく普通の生活をしたいだけ。このあたり（仮設住宅のある福島市松川町）の人たちがやっているような」

ハツノさんにはもう一つ、人生の仕事として続けたいものがあります。仮設住宅の管理人をしていた11年10月、自ら呼び掛けた「までい着」作りです。

『避難指示解除とともに、仮設住宅もいずれ閉鎖の日が来る。佐野さんは3年前からがんの治療中だが、農業の夫幸正さん（69）と帰村することを決め、避難中に傷んだ自宅をリフォームしている。会の仲間で、帰村したいと話すのは60代の6人ほどにすぎない。

「70～80代の仲間も帰りたい気持ちが強い。でも、福島市など村外に新居を建てる家族と同居する

2015年５月７日、ハツノさん宅で着物の水洗い作業の後、
おしゃべりする「カーネーションの会」の女性たち

ほかない、独りでは暮らせないと悩んでいる」と佐野さん。

「それでは、仮設住宅で培った縁も途切れてしまう。までい着作りを続けよう」というのがメンバーの思いだ。「大勢の人の善意に支えられた活動をやめられない」「離れても、週1回集えれば生きる励みになる」と話し合ってきた。

会の新たな拠点は、村に置く予定。「避難指示が解除され、すぐ帰村する人はわずかだと思う。でも、にぎわいをつくれば新たに参加する人、お茶を飲みに来る人、村に帰ろうという人が出てくるかもしれない」

帰村がかなえば佐野さん夫婦は除染を終えた田畑でコメ、野菜作りを再開するつもりだ。ただ、根強い風評があり、「自分たちが食べる分だけでも仕方がない」と厳しくみている。

「村の原点は、あるものを生かして手作りする『までい』の心。までい着作りが帰る人の生きられる収入に、いつかつながれば」と願う。』（4月26日

の河北新報社会面『その先へ』より)

その言葉を本当にしたような光景を、私は目にしています。カーネーションの会のメンバーたちは、八和木のハツノさん宅に集まり、寄付された着物の糸抜き前に水洗いをして、天日で干す作業を行っているのです。40~80代の女性が15人ほど、和気あいあいと手を動かし、持ち寄ったおにぎりや手作り総菜、お菓子を広げ、陽気なおしゃべりを響かせます。無人の村である現実も、「つらいことも忘れられる。村が村であることを、わたしたち自身をも取り戻せる、こんな時間が必要なの」と女性たちは目を輝かせました。幸正さんも黒一点、うれしそうに得意のそば打ちをして振る舞います。ハツノさんは闘病中の身を忘れて、仲間たちにこう宣言しました。「わたしは死ねない。生きるよ、飯舘に戻る日まで」

◇

ハツノさんはその後、新たながんが肝臓に見つかり、16年7月、3度目の手術を受けました。5年余り待ち続け、古里に帰って生きるための懸命な闘いが続いています。

第3章

オオカミ絵、よみがえる

全村避難中、突然の焼失

突然の火災が起きたのは２０１３年4月1日の早朝でした。福島第1原発事故のため全村避難指示が出されていた福島県飯舘村佐須の山津見神社。変事の報を、地元佐須地区の人々は福島市飯坂温泉で聞きました。それぞれに避難生活中の住民が集っての総会が前夜に催され、会場の宿に泊まり合わせたのでした。

「車を飛ばして神社に着いたのは、それから1時間後。すでに鎮火はしたが、拝殿も宮司の住まいも焼けていた。目の前のことが信じられず、真っ白になった頭に『奥さんの遺体が見つかった』という消防団員の声が聞こえた」。氏子総代の農業菅野永徳さん（75）＝伊達市内の仮設住宅に避難中＝はこう振り返りました。亡くなったのは久米隆時宮司（84）の妻園枝さん＝享年（80）＝でした。山津見神社の宮司一家は、64世帯の全戸が氏子である佐須の住民、神社を心のよりどころとする人々のために――と東京電力福島第1原発事故の後も社務所、拝殿を開けて日参していました。

「原発事故、避難生活がなければ、皆がすぐ駆け付けることができたのに」。住民たちはそんな痛恨の思いを抱えながら1週間通って、焼け跡の片付け作業を続けました。「火災とともに歴史がぷっつりと

2013年４月６日、山津見神社拝殿の焼け跡を見る菅野永徳さん。左右にオオカミの狛犬がある

断ち切られた気がした。山津見神社があって、自分たちの暮らしも文化もあったんだ」と、永徳さんは語りました。

山津見神社の拝殿裏にそびえる標高７０５メートルの虎捕《とらとり》山は、火災で杉木立の一部が黒焦げになりましたが、大規模な延焼を免れ、山の神をまつる山頂の本殿は無事でした。そして、焼け残ったもうひとつのものが、拝殿前の阿吽《あうん》一対の狛犬《こまいぬ》。もともと獅子が起源ともいわれる守護獣ですが、山津見神社の狛犬像はがっちりとたくましく、たてがみと牙があり、大きな耳をピンと立てて、目をらんらんとさせた姿で、明らかにオオカミです。私が火災後の神社を訪ねたのは4月6日。境内では重機が忙しく動き、焼け残った柱や瓦、コンクリートの塊などが残るだけでした。が、狛犬たちは炎と熱で焼け焦げ、表面の一部がはげ落ちながらも、変わらぬ精悍な表情で立っていました。

１０５１（永承5）年創建という神社の由緒書きにはこうあります（以下は大意）。「およそ９００年前、この地方に橘墨虎《たちばなのすみとら》という屈強な兇賊《きょうぞく》がおり、住民を襲い、地元の豪族を従えた。都から奥州に赴任した源頼義が住民の訴えを聞いて墨虎征伐に立ったが、苦戦した。その折、山の神が夢でこう告げた。『墨虎を討ちたければ、白狼の足跡を追え』。家来の藤原景道が命を受けて山中に入ると、獣の足跡が点々とあり、ひときわ突き立った岩の窟《あな》に墨虎を見つけた。逃げようした背中に、景道の投げた短刀が刺さった。頼義は山の神に感謝し、祠を建てて虎捕山神とたたえ、土地の名も『佐須』(刺す)となった」

そのような伝承とともに、山の神の使いの白狼は山津見神社を守る狛犬となり、氏子からは「ご眷属《けんぞく》様」(従者)と敬われてきました。源頼義は息子・八幡太郎義家と共に奥州で奥六郡の主・安倍氏との前九年の役を戦いましたが、橘墨虎の伝説には東北の先人である蝦夷との抗争が生々しくなぞらえられているように思えます。日本の神仏の歴史以前、縄文時代から現代まで脈々と流れてきた東北の自然信仰にも、あまりにリアルなオオカミの狛犬は重なります。

11年6月以来、佐須の自宅を拠点に生業再開の実験に取り組み、私も取材の縁を重ねる農業菅野宗夫さん(64)＝飯舘村農業委員会委員長＝に、住民と山津見神社とつながりについて聴きました。「佐須の里の一年は正月、住民が神社に集まっての村祈禱で始まり、家内安全のおはらいを受ける。盆は先祖供養のお札を受け、旧暦9月は水神の幣束《へいそく》、年末は『かまど』神の幣束をもらう」。地区のお葬式も神式で、原発事故の全住民避難後は、神社の禰宜《ねぎ》がそれぞれの避難先の葬祭場に出向いて拝んでいるといいます。その絆を一目で伝えるのは、菅野さんの自宅はもとより、家々の玄関に貼られた火難盗難除《よ》けの護符。山津見神社は狩猟、林業や鉱業の神、田の神、酒造りの神、安産や良縁の神でもあり、山村に生きる住民の暮らしを守り、豊かな恵みを授けます。護符に描かれているのが、やはりオオカミなのです。それゆえに、永徳さんは「佐須の歴史、住民をつなぐ絆をぷっつりと断ち切られた思いだ」と嘆きました。

火災が起きる2カ月前、その古い信仰の里を訪ねてきた研究者がいました。和歌山大観光学部教授の加藤久美さん（55）とオーストラリア人の特任助教で写真家のサイモン・ワーンさん（59）。加藤さんは、土地の食文化、環境を観光に生かす「地域再生」を研究のテーマとし、地元和歌山の熊野古道、鯨文化の太地町などをフィールドにしてきました。ニホンオオカミの研究も活動の一つです。１９０５（明治38）年に奈良県吉野村で捕獲されたのを最後に目撃例が途絶えたとされています。「ニホンオオカミは野生の生態系の頂点にあり、自然と人との関わりの象徴だった。その絶滅によって失われた自然とのつながりを、いまに取り戻せないか」と、オオカミをめぐる信仰の記録と記憶を全国各地に調査する中で山津見神社を知りました。

託された「復元」の使命

オオカミの狛犬は、埼玉県秩父の武甲山《ぶこうざん》三峯《みつみね》神社、釜伏神社などにもあります。山津見神社と同じく「ご眷属《けんぞく》様」の名でまつられ、春に山から下りてシカ、サル、イノシシなどから田畑を守る農耕の神になり、秋の収穫後、山に帰るそうです。しかし、山津見神社には全国にも類例の少ない文化遺産がありました。それは拝殿の天井を埋めた２３７枚のオオカミの絵。民俗資料、文化財として知られておらず、「オオカミ絵について書かれた希少な文献（執筆者は、やはりオオカミ信仰を研究する宮城県村田町歴史みらい館の石黒伸一朗さん）の記述を読んだのが、縁の始まりになった」と加藤さんは振り返りました。神社に電話をしたところ、園枝さんが快く調査を受け入れてくれ、12年12月26日に初めて訪れた拝殿で天井絵を仰ぎ、その壮観に驚いたといいます。その時、「絵が傷んできて、保存状態がよくないの。何の記録もないし」と心配する園枝さんの言葉を聞いて、翌13年2月4～5日に山津見神社を再訪。「せめてデジタル画像に保存しよう」と、ワーンさんが約5メートルの高さの天井絵を1枚1枚、カメラに収めました。「それをまとめた写真集が3月末にできあがったので、園枝さんに届けようとしていた矢先、神社の焼失と園江さんの悲報を知った」と加藤さん。想像もしない巡り合わせになりました。

「何もかもなくなってしまった」。衝撃を受けて山津見神社に飛んできた加藤さん、ワーンさんに、焼け跡にいた禰宜＝当時＝の久米順之《じゅんじ》さん（47）が口を開いたそうです。焼失前に撮影したオオカミの天井絵の写真集を手渡すと、久米さんは「ああ、残ったのはもうこれだけだ」と声を絞り出しました。237枚の絵のオオカミは、目をむき、ほえ、跳ね、戯れ、草花の下で眠っています。まるで、もう一つの「鳥獣戯画」（京都・高山寺の国宝）のよう。彼らがこの地で確かに生きていたことの証しであり、ニホンオオカミ絶滅の運命を唯一免れ、生き延びた群れのようでした。

久米さんが漏らした言葉に、加藤さんは新たな衝撃を感じたといいます。見ず知らずの研究者の調査を歓迎し、天井絵の行く末を案じていた園枝さんから、「復元を託す遺言を、自分は受け取っていたのではないか」。会津女子高（現葵高）を卒業した加藤さんは、福島との再びの縁を思いました。「自然信仰の象徴であるオオカミの天井絵を復活させることは、福島第1原発事故の放射能が隔てた地元の人々と村の自然のつながりを取り戻す力になるのではないか」

『福島県飯舘村の山津見神社の秋の例大祭が19日にあった。村は福島第1原発事故の避難区域に指定され、拝殿も4月の火災で全焼し、参拝者は焼け残った建物を使った仮の拝殿に向かってかしわ手を打った。

氏子ら100人が参拝し、祈禱を受け、プレハブの休憩所でみこからお札やお守りを受け取った。

神職の久米順之さん（45）＝当時＝は「拝殿を再建し、氏子の皆さんが集まるようにしたい」と語った。

神社は1051年に建てられた。原発事故前、3日間の例大祭には出店が並び、2万人の参拝客でにぎわったという。火災で拝殿のほか、社務所が焼け、祭りは規模を縮小し、日程も1日限りで行った。神社は避難指示解除準備区域にあり、日中の立ち入りが認められている。』（13年11月20日の河北新報より）

2013年11月23日、オオカミの狛犬の前で語り合う（左から）ワーンさん、加藤さん、久米さん

福島第1原発事故、火災の悲劇という二重の苦難を乗り越えて、山津見神社は地域の心のより所であり続けていました。焼け跡に設けられた仮社務所に順之さんが毎日通い、全村避難の中でも訪れる参拝者を迎えていました。そこで、加藤さん、ワーンさんに私が初めて会ったのは同年11月23日。偶然のきっかけです。生業や環境の再生実験、放射能測定などの

活動で宗夫さんら地元の人々と協働するNPO法人「ふくしま再生の会」＝理事長で物理学者の田尾陽一さん（74）ら首都圏など各地の市民、専門家ら約220人が参加＝のメンバーがその日、宗夫さん宅で野菜の試験栽培用のビニールハウスを建てていました。手伝いを兼ねて取材をしていた折、「和歌山大の研究者がオオカミの天井絵の調査で山津見神社に来ているよ」と宗夫さんが教えてくれました。車で5分ほどの神社に設けられた仮社務所を訪ねたのは、日暮れが迫る時刻でした。

加藤さんらは写真集を持参して久米順之さんを仮社務所に訪ね、「オオカミの天井絵の復元に役立てたら」と支援を申し出ました。加藤さんは元手の資金づくりにも奔走し、既に三井物産環境基金の助成金を申請して650万円認められており、「地元の人々がこれから、復元方法などを検討していくのをお手伝いしたいのです」という希望を伝えました。オオカミの天井絵について、山津見神社には「明治37（1904）年、元相馬中村藩士の宮司久米中時が私財を投じて拝殿を建て、同藩の元お抱え絵師に237枚のオオカミ絵を描かせた」という伝承がありました。氏子総代の永徳さんによると、「拝殿の天井は高くて薄暗くて、オオカミの絵はよく見えなかった。どういう価値があるものかも分からなかった。写真集を見せてもらって初めて、オオカミたちが生き生きとした姿で素晴らしいものだったと分かった」と語りました。神社関係者、氏子会は加藤さんの支援の申し出を喜び、ふくしま再生の会も協力に名乗りを上げて、天井絵復元へのプロジェクトが芽吹きました。

オオカミ信仰の広がり

『「（オオカミの天井絵を描いた）絵師の名前までは伝わっていない」と禰宜の久米順之さん（46）。そこから先を加藤久美さんは調べ、中時と同時代を生きた旧藩御用絵師、伏見東洲（1841－192

1）が作者ではないか、と推定しています。狩野派の絵師で、「相馬市内に襖絵などを残しており、その一つで、私が見ることができた襖絵の虎の絵は、表情が天井絵のオオカミとよく似ていた」と加藤久美さん。「でも、約240枚の天井絵には微妙な作風の相違も見られ、数人の絵師が関わった可能性もありそう」。東洲の当時の弟子に、相馬市出身で後に高名を成す彫刻家佐藤玄々（本名・清蔵、1888年－1963年）がいたことを、加藤久美さんは突き止めました。日本橋三越本店にある「天女（まごころ）像」が知られていますが、「上京した1905年まで数年間、東洲に絵を習っており、修行時代が、天井絵の制作時期にも重なる」。彫刻の大家となってから45年には、東京空襲で家を焼かれ、なんと山津見神社に疎開したといいます。神社滞在中も作っていたと思われる当時の作品が相馬市歴史民俗資料館にあり、それが「神狗（白狼）」でした。符合は重なります。「東洲が天井絵に関わっていたとしたら、あるいは玄々も……」』（ブログ119回『飯舘の春いまだ遠く・その3／山津見神社復活（下）』より）

天井絵復元のヒントを求め、制作過程の謎を精力的に調査していた加藤さんから「山津見神社の天井絵と同じ画風の絵が（宮城県）柴田町にある、と順之さんから教えられ、現地に行って見てきた」と聞いたのが14年5月でした。絵馬は、柴田町の「しばたの郷土館」が保存、展示しており、私も取材で見せてもらいました。四角い絵馬には明治45（1912）年の年号があり、3匹のオオカミが戯れる姿が描かれています。ワーンさん撮影の写真集の1枚とほぼ同じ図柄で、オオカミたちの人なつこい表情も重なりました。同町槻木《つきのき》の国井久仙という人が建てた信仰の場「山津見神社遙拝所」（祈禱所）に掲げられ、建物が老朽化して90年に解体された際、郷土館に寄贈されたそうです。しばたの郷土館が所蔵する遙拝所の遺物には、飯舘村佐須の菅野宗夫さん宅で私が見たのと同様の図柄のオオカミの護符もありました。久仙が山津見神社から取り寄せ、地元の人々に配ったといい、講をつくっての参拝も引率したようです。久仙にあてた中時の礼状もあり、信仰と交流の地域を越えた広がりが見えてきました。

加藤さんとは別の機縁で、福島第1原発事故から間もない11年4月に山津見神社を訪ね、237枚の天井絵を撮影して画像データに記録していた人もいました。前述の村田町歴史みらい館副参事の石黒伸一朗さん（56）。「以前にも天井絵を見ていた。しばたの郷土館にあるオオカミの絵馬を含め、飯舘村と接する宮城県南部に山津見神社とつながるオオカミの信仰があることに注目し、原発事故の影響で村に入れなくなってしまう前に記録しなくてはと思った」と語り、焼失前の全貌をパソコン上で再現していました。石黒さんの分析で、天井絵のうち8枚の絵に現在の仙台市太白区、名取市の地名や人名、「一金五拾銭」などの金額が墨で書かれていたことが分かり、「制作時に、神社を信仰する人々が奉納したのではないか」。同年8月4日の河北新報には、飯舘村と隣接する宮城県丸森町で石黒さんが行った新たな調査の成果も紹介されました。

『（前略）オオカミの木像やオオカミが描かれた石碑を発見した。ともに東北で見つかるのは初めてで、比較的距離が近い福島県飯舘村の山津見神社を信仰し、獣害対策や山仕事の安全祈願として祭られたと考えている。

木像や石碑はいずれも丸森町南東部の大内地区で見つかった。木像は佐野山神社に1体、青葉山神神社に3体あり、高さは全て50センチ程度。口を開け、歯をむき出しにしている像もある。オオカミの木像は全国的にも珍しく、制作は明治期とみられる。（中略）石黒さんによると、宮城県北では、関東地方の神社の名前とオオカミが彫られた石碑があるが、オオカミだけを彫った石碑は大内地区以外にないという。

山津見神社はオオカミの天井絵で知られ、オオカミは山の神の使いとされている。大内地区と山津見神社は直線で約15キロの距離で、かつては山越えの峠道もあった。石黒さんは「犬やキツネと誤って認識されているが、表情からもオオカミで間違いない。シカやイノシシから農作物を守り、山仕事での無事故、火難よけなどを祈るため、山津見神社の使いであるオオカミの木像や石碑を制作したのだろう」と推測している。』

無人の村に絵の存在理由

石黒さんが理由を推し量っていますが、そもそもなぜ、山の神の使いであるオオカミそのものが信仰されたのでしょう？　ニホンオオカミが絶滅したのは、明治になって薬剤が普及し、（家畜などに対する）「害獣」とみなされたオオカミが瞬く間に駆除されたため、といわれています。自然との共生から自然の開拓、支配へと人間の生き方が変わるとともに、生態系の頂点にいた肉食獣も畏怖の対象から邪魔者へと変わったといえましょう。その運命は、東北の山村が高度経済成長の時代に巻き込まれ、山々を杉だらけにした住宅建材木の植林ブームの陰で、豊かな自然の象徴だったブナが「ブナ退治」なる掛け声で皆伐されていった出来事に重なります。私がその理由を実感したのは、全村避難中の飯舘村で見た光景からでした。飯舘村小宮字萱刈庭《かやかりにわ》の農業大久保金一さん（75）は13年から、ふくしま再生の会と協働して農地の除染実験、稲や大豆など野菜の栽試験培に取り組んでいます。希望の実りを見るはずの

2014年９月18日、サルの群れに食い荒らされた大久保金一さんの試験田の稲穂＝飯舘村小宮

14年秋の惨状が前掲のブログ119回『飯舘の春いまだ遠く・その３／山津見神社復活（下）』にこう記されています。

『里山に囲まれた小盆地のような田畑の端に、避難生活中に骨組みだけになった花栽培用ハウスがあります。大久保さんは消沈した顔で中を指差し、「こんなにひどい被害は初めてだ」と言いました。収穫期を迎えようとしていた約20種類の大豆が見渡す限り、めちゃめちゃに倒され、実が詰まったさやだけがなくなっています。「サルの群れに襲われたんだ」 被害は大豆だけではありませんでした。夏の好天で順調に育ち、黄色に輝く田んぼの稲をよく見ると、多くの穂が欠けています。「これもサルに食われた。大豆のハウスも田んぼの周りも、食害避けの電気柵を何段にも回しているのだが、群れになると怖がらず、どんどん浸入するらしい。今月（９月）初めの朝、ほんの３時間ほど留守にした間の出来事だ」。約30アールの試験田のほぼ3分の2に被害は及んでおり、稲穂のもみの部分だけがきれいになくなり、地面にもみ殻だけが落ちています。歯でしごくように食べたのでしょう。

「二つの群れが周りの山にすんでいるんだ。食べ物がないらしく、今年は山のクリも、うちの庭のアケビも、熟さないうちになくなった。大豆や稲が食べごろになるのを、じっと見計らっていたんだろう。全村避難になって以来、どこの田んぼにも畑にも何もないからな。イノシシの被害もあり、やつらは土を掘り返したり、作物をなぎ倒したりしていくが、サルはもっとひどい。跡形なく食っていくからな」』

飯舘村をほぼ無人状態にした全村避難によって、長い歴史を通じて拓《ひら》かれた集落が再び自然の領域に取り込まれ、人間の不在を埋めるように野生動物が増えて活動域を広げました。避難指示区域となった他の原発事故被災地も同様の状況です。その結果が、試験栽培のわずかな農作物をもたちまち餌食にするサル、イノシシなどの害。私が取材に通っている同村比曽の農家では、ミミズなどをあさるイノシシが田んぼを深さ30センチ前後も掘り返し、表土を5センチ削る除染作業の支障となりました。山津見神社のお膝元の佐須でも、菅野宗夫さんとふくしま再生の会が協働する稲作再生の試験田の稲をサルの群れが、野菜栽培実験のハウスをイノシシが荒らしました。害獣駆除の狩猟者たちは避難生活で村から姿を消し、限られた農地を電気柵で囲うしか対策はありません。17年3月末に飯舘村の避難指示が解除になっても当面、帰村する住民は少ないとみられ、人間は再び野生生物と共生するしかありません。かつて自然の生態系に君臨し、「農家がオオカミを害獣除《よ》けに信仰した」（石黒さん）ことの理由はいまなお消えず、原発事故をきっかけに、山津見神社拝殿の天井を埋めたオオカミの絵の存在意味もリアルによみがえりました。

復元プロジェクトに支援者集う

2014年5月末、山津見神社境内の除染工事が始まり、ひと夏、作業が続きました。そのさなかの7月13日、仮社務所で天井絵復元に向けた意見公開が行われました。順之さん、氏子会の永徳さんと佐藤公一・佐須行政区長、加藤久美さん、ふくしま再生の会理事長の田尾陽一さん、飯舘村の文化財保護委員、拝殿再建を請け負う地元工務店の社長、プロジェクト立ち上げに共鳴した日本画の専門家ら12人が集いました。

順之さんから現状報告があり、この時点では7月いっぱいで境内の除染が完了するという環境省、工事関係者の側の見通しで、8月初めに地鎮祭、着工の運びになると説明されました。工務店の社長は「年内には上棟式を終えて、冬の間は内装工事になる。天井絵の部分は、2尺（約60センチ）四方なら割り振りしやすいが、絵の大きさの条件に合わせられる。先にますを入れて、ゆくゆく絵をはめることもできる」と話しました。永徳さんは「来年春に拝殿も天井画も落成だよ、というのでなく、何年掛かってもいいから、絵を描き続けて、できたものから天井に掲げていけばいい。描くというのは、時間の早さより、心の持ち方。絵の1枚1枚に『奉納者』を募り、名前を入れ、いつでも来てみられるようになるのもいい。そうして、人の心をつなぎ直していくことが大切だ」と願いを語りました。加藤さんも「天井絵の歴史や意味を皆で知り、作業のプロセスを共有し記録しながら進めていけたら」と声を合わせました。

議論の焦点になったのは、「オリジナルを忠実に再現するか？」「別の形で再創造するか？」「誰が手

2014年７月13日、ワーンさんの記録画像を基に復元方法を議論する支援者たち＝山津見神社の仮社務所

掛けるか？」」。武蔵野美術大の日本画の教授は「世代をつなぐという意味で、いまの避難中の飯舘村の子どもたちが描いた絵もいいのではないか。ワークショップを開きたい」と提案しましたが、失われた絵の再現に重きを置くならば「プロに任せたいのが理想」との意見も出ました。田尾さんは「飯舘村の復興に多くの人に関わってもらうためにも、天井絵再生の作業への参加者を募集したい。共感の輪をつなげることが大事だから」というアイデアを披露しました。未完の空白を志ある人の思いを集めて埋め、大勢の参加者が再生の物語をつくっていく、というあり方でした。そして、参加者には「現代の奉納者になってもらう」」。議論はさらに続き、この日川崎市の自宅からオートバイで駆けつけた若い日本画家が、まず最初の１枚の試作を引き受けることになりました。

『福島第１原発事故で全村避難が続く福島県飯舘村。昨年４月に拝殿が全焼し、先月再建工事が始まった同村佐須の山津見神社で、失われたオオカミの天井絵復元に向けた第1作がこのほど披露された。賛同する日本画家が描いた迫力ある絵。氏子会や支援者らは、来年5月の拝殿完成に向けて復元プロジェクトを発足させることを決め、資金を募る活動などを検討する。（中略）新たな絵は、復元に協力する東京芸大出身の志田展哉さん（41）＝川崎市＝が描き、先月30日、仮社務所での氏子と支援者の検討会に持参した。目と牙をむいて、敵に向かって威嚇するようにほえるオオカミの姿で、日本画伝統の染料と金箔《きんぱく》を用い、45センチ四方の杉板いっぱいに描いた。元絵は、昨年4月の神社焼失の2カ月前、天井絵を調べた和歌山大の研究者の一人、サイモン・ワーンさん（57）が撮影した記録画像の1枚。（志田さんが）コンピューターで作風を調べ、忠実に再現した。

「画材の板の準備や、『にじみ止め』のミョウバンを両面に塗って乾かす時間も入れて、1枚の制作に2週間かかった」と志田さんは言う。制作費は「手間暇を今の常識で評価すれば、1枚が10万〜15万円」になる。再建される拝殿の設計では、天井には計１９０枚の絵が飾られる。「お金でなく、復元に共鳴する画家仲間を集めたい」と志田さんは話した。

全戸が神社の氏子である佐須地区は、原発事故後、住民の避難生活が続く。総代の農業菅野永徳さん（75）は「天井絵の復元は、復興の歩みと同じ。何年かかっても、少しずつでも進め、後世につながる活動にしよう」と語った。今後、氏子会が主体になり、佐須を拠点に住民を支援するＮＰＯ法人ふくしま再生の会（田尾陽一理事長）などとプロジェクト組織をつくる。震災前に2、3万人が参拝した全国の信者や、オオカミに愛着を持つ人々の双方が共感し、参加できる「現代版の奉納」などを検討するという。』（14年10月6日の河北新報より）

境内の汚染土をはぎ取る除染作業が終わり、真新しい砂利が敷き詰められた境内では9月9日、再建工事の地鎮祭が行われました。「原発事故の災いを乗り越えよう」という順之さんの祝詞の後、玉串を捧げた永徳さんは「神社が焼けた時は、地区の歴史が途切れた思いがした。ばらばらになった村の心の結び直しになる。待ちに待っていた」と語りました。順之さんも「神社は閉まったままだと、まだ思われているようだ。今年の例大祭は12月上旬。再建のつち音が多くの人を呼び戻してほしい」と笑顔を見せました。ところが、思わぬ事態が起こりました。復元プロジェクトで神社側の窓口になっていた順之さんが10月末、事情あって神社を退職したのです（現在は神奈川県寒川町観光協会に勤務）。さまざまな支援者たちが集ったプロジェクトはにわかに中断しました。

オオカミ絵、ついに完成

「怖い獣ではなく、人に身近な場所で一緒に暮らしている。むしろオオカミたちの姿をかわいらしく表現しているようだ。村の春夏秋冬、美しい自然が見えてきた」。15年4月7日、東京・上野公園にある東京芸術大大学院の保存修復日本画研究室で、准教授の荒井経さん（48）は語りました。見せてくれたのは、山津見神社拝殿にあった天井の絵を、荒井さん自身の筆で杉板に再生した最初の1枚。和歌山大のサイモン・ワーンさん（59）が撮った記録画像から絵の特徴、画風を分析し、日本画の伝統技法でよみがえらせました。依頼したのは加藤久美さん。いったんは動き出した天井絵の復元プロジェクトが止まった後、加藤さんが最後の頼みとした人が、専門家の荒井さんでした。仏画、天井絵、ふすま絵、杉戸絵など国宝級に至る文化財の修復保存の第一人者です。

「技法は簡潔だが、オオカミが自然の中で生き生きと暮らす情景を描き、当時の人々に身近で特別な存在だったと分かる」と分析し、構想を練ったといいます。「失われたものを取り戻すのでなく、いまを生きる画家が当時の作者に成り代わり、心を込めて描く。飾られるのは博物館でなく、百年後の住民も信仰を寄せる場所。写真を元に忠実に『現状模写』するやり方でなく、原作の絵の図象とぬくもりを継承したい。飯舘の自然を私たち自身が感じながら、心を込めて描かせようと考えている」。担い手と期待していたのは研究室の約20人の大学院生。「原発事故の被災地になった現地に関わり、自分たちに何ができるのかを考えてもらいたい」と、まず山津見神社を訪ね、杉板の下地作りや筆遣いの練習を経て、夏に大学で制作を進める計画でした。

2015年６月21日、再建された山津見神社の拝殿を訪れた荒井さん（中央）と研究室の大学院生たち

荒井さんと院生の有志9人が山津見神社拝殿に立ったのは6月21日。拝殿の再建工事はほぼ終わり、焦げ茶色の大きな鳥居と白壁、銅板葺きの新しい拝殿が初夏の日差しに輝いていました。約280平方メートルの拝殿にある二つの祈禱の間の天井には、天井絵の杉板をはめる格子も作られています。天井は焼失前よりも低く、照明もよく当たり、絵が見やすい環境に造られまし

た。「これから帰村してくる人々を迎える立派な拝殿だ」と、荒井さんらは天井を仰ぎました。学生たちはそれから、拝殿裏の虎捕山山頂にある山の神の本殿を目指し、荒れ模様の空から降り出した雨の中、露出した巨石に打ち込まれた鎖を握って険しい参道を登りました。「オオカミ絵が生まれてきた風土に触れ、描く準備をさせた上で、7月中旬から9月末にかけてまず100枚を一気に仕上げたい」(荒井さん)という未経験の挑戦を前にした修行のように。一行は無人状態になった佐須の集落を眺め、待っていた永徳さんから「ありがたい。若い人の応援は頼もしい限りだ」と願いを託されました。

作業に参加した修士課程1年の林宏樹さん(23)の口からこぼれたのは自らの震災体験です。それは、苦い敗北感に満ちた話でした。「大学に入る直前に震災と原発事故が起き、入学式は中止だった。埼玉県生まれの自分も、震災の当事者の一人なのだという思いを抱えた。4年生の秋、友人たちと車で、できるだけ福島第1原発に近い所に行ってみようと(福島県浜通りの)楢葉町に入った。でも、(住民が避難中の)誰もいない被災地で、放射能という見えないものの恐ろしさに震えて、何も描くことができなかった。帰り道のコンビニで観た『がんばろう東北』の文字が、反語的で現実離れしたものに思えた。2020年の東京オリンピック招致の時、(安倍晋三首相が演説で福島第1原発の汚染水は)『アンダーコントロール』と言っていたが、東京の人間はそう見がちだが、わずか200キロほどの場所にあんな異様な世界があるとは衝撃だった。原発事故は何も終わっていないと知った。卒業制作で震災を扱った同期生も少なく、自分たちは『震災、原発事故の前に美術は無力』という苦しさ、焦りを共有体験にした世代だった」

「第1期として、まず100枚を一気に仕上げよう」との目標で、保存修復日本画研究室で院生ら約20人が絵筆を執ったのは夏休みの7月31日から20日間。「オオカミの天井絵が伝えた人と土地のぬくも

2015年８月１日、東京芸術大の保存修復日本画研究室で始まったオオカミの絵の復元作業

りを、われわれ一人一人が現代の画家として受け継ごう」という指導を胸に杉板と向き合いました。荒井さんが詳しく考証したのは原作の色。「オオカミの毛は、いまの焦げ茶の絵の具で描いたのと違い、丹（黄色を帯びた赤）と墨、白を混ぜた色ではないか、と修復の経験から考えた」と話し、「数百年前の古典音楽の楽譜のように、原作が描かれたプロセスを大事にしながら、現代の描き手が継承すればいい」と院生たちの前で語りました。

博士課程２年の鷹浜春奈さん（27）は「原作の絵は単純に見えるが、毛並みの線に硬い部分と柔らかい部分の描き分けがあり、ぼかしもある。試行錯誤しながら描いたようだ」と当時の絵師の苦労を追体験したといいます。同大ＯＧで制作に加わった杉並区の中学校教諭中谷桜子さん（29）は、飯舘村と接する伊達市の出身でした。「原発事故のころは、遠くから古里を心配した。昔、お参りしたことのある山津見神社の焼失が悲しかった。卒業後は日本画から離れていたが、久しぶりに握った絵筆で古里とつながり、役立てるのがうれしい」と目を潤ませました。

新しい当事者となって

完成したオオカミの天井絵が、飯舘村・佐須地区公民館で披露されたのは11月28日。冬枯れの風景の中で、山津見神社は拝殿の再建後、初めての例大祭の朝でした。オオカミの狛犬たちと共に一対の白いのぼりが立てられ、年配の夫婦らが三々五々訪れていました。

2015年11月28日、佐須地区公民館でも催された天井絵のお披露目（右端がワーンさん）

天井絵のお披露目は例大祭に合わせて催され、避難先から参拝した住民が公民館に足を延ばしました。3列に設けられた長テーブルの展示台に、大学院生らが最初の挑戦として取り組んだ100枚がずらりと並べられています。私は荒井さんの研究室で何度も制作中の天井絵を見せてもらっていましたが、あらためて眺めてみると、オオカミたちの姿、表情のなんと多様なことか。両目を閉じた安らかな寝顔、勢いのよい青い滝を見返る精悍な目、毅然と背筋を伸ばす白狼、背中を丸めたひょうきんなしぐさ、きょうだいのように仲の良さそうな2頭、相手を威嚇し闘おうとする緊迫の顔、珍しい白黒のぶちのオオカミ。それらを、梅の花、萩の花、ススキの穂など、四季の自然の美しさがおおらかに包んでいます。

「どのオオカミもかわいいね」「芸大の学生が復元したんだってな。地元の宝。うれしいの一言だ」

「焼失前の暗い天井にあった当時は、これほどの絵とは知らなかった」。私が聞いた住民たちの感想です。公民館の会場を訪れる人の流れは途切れることなく、1枚1枚に足を止めて、ゆっくりと眺めては語り合っていました。大震災、福島第1原発事故が被災地の人々に痛みとともに残したものは、被害と喪失の不可逆性。津波が古里のまちを奪ったように、除染をしても完全には取り切れない放射性物質のように、「失われたものは二度と元に戻らない」というあまりに残酷な教訓でした。心に深い傷を負い、過去への諦めから再起を模索している飯舘村の住民にとって、焼失の悲劇からよみがえったオオカミたちとの再会は「奇跡」と言えました。そんな会場の様子を、荒井さんと並んで和歌山大の加藤さん、ワーンさん、永徳さんが感動した表情で見つめていました。

「僕らの中には不安があった。心を込めて描いたが、果たして飯舘の人たちから受け入れてもらえるだろうか、焼失前の天井絵を見ていた住民の方々の目にどう映るだろうか、と。地元で発表することへの恐ろしさもわき上がった」。荒井さんに同行して飯舘村を再訪し、お披露目の場に立ち会った大学院生の林さんはこう漏らしました。「でも、とても熱心に見てもらえた。すごく立派に仕上がった、と言ってもらえた。オオカミの絵そのものが、村の人々の自然な、優しい気持ちの中から生まれたことを感じた。地元の人たちが絵を見る目や心と、描き手の思いが初めてシンクロし、つながることができた。自分はもう無力な傍観者ではなく、絵を描くことで被災地に関われる『当事者』になれたと感じた」

残るオオカミの天井絵が荒井さんと院生たちの手ですべて完成した、というニュースが河北新報に載ったのは翌16年4月10日です。その前例のない成果は、福島県立美術館（福島市）でも披露されました。

『東京電力福島第1原発事故で全村避難が続く福島県飯舘村の山津見神社で3年前、焼失した拝殿のオオカミ絵が全て復元された。作業を担った東京芸術大の荒井経准教授らが、昨年秋に仕上げた第1期の100枚に続き、残る142枚を完成させた。生き生きとよみがえったオオカミたちの絵は来月、福島県立美術館（福島市）で披露される。荒井准教授は「自分たちの専門の技で村の応援に関われた。新しい命を吹き込まれた絵が、帰還する人々の力になれば」と語った。

絵は2013年4月に火災に遭った拝殿の天井に飾られていた。宮司久米中時が1904（明治37）年、旧相馬中村藩御用の絵師に描かせたと伝わる。火災の直前、絵を調査した和歌山大観光学部の加藤久美教授らが全部を撮影していた。

2016年４月７日、荒井さんと大学院生たちの手ですべて完成したオオカミの絵＝東京芸術大

荒井准教授は大学院保存修復日本画研究室の院生ら約20人と復元を引き受け、

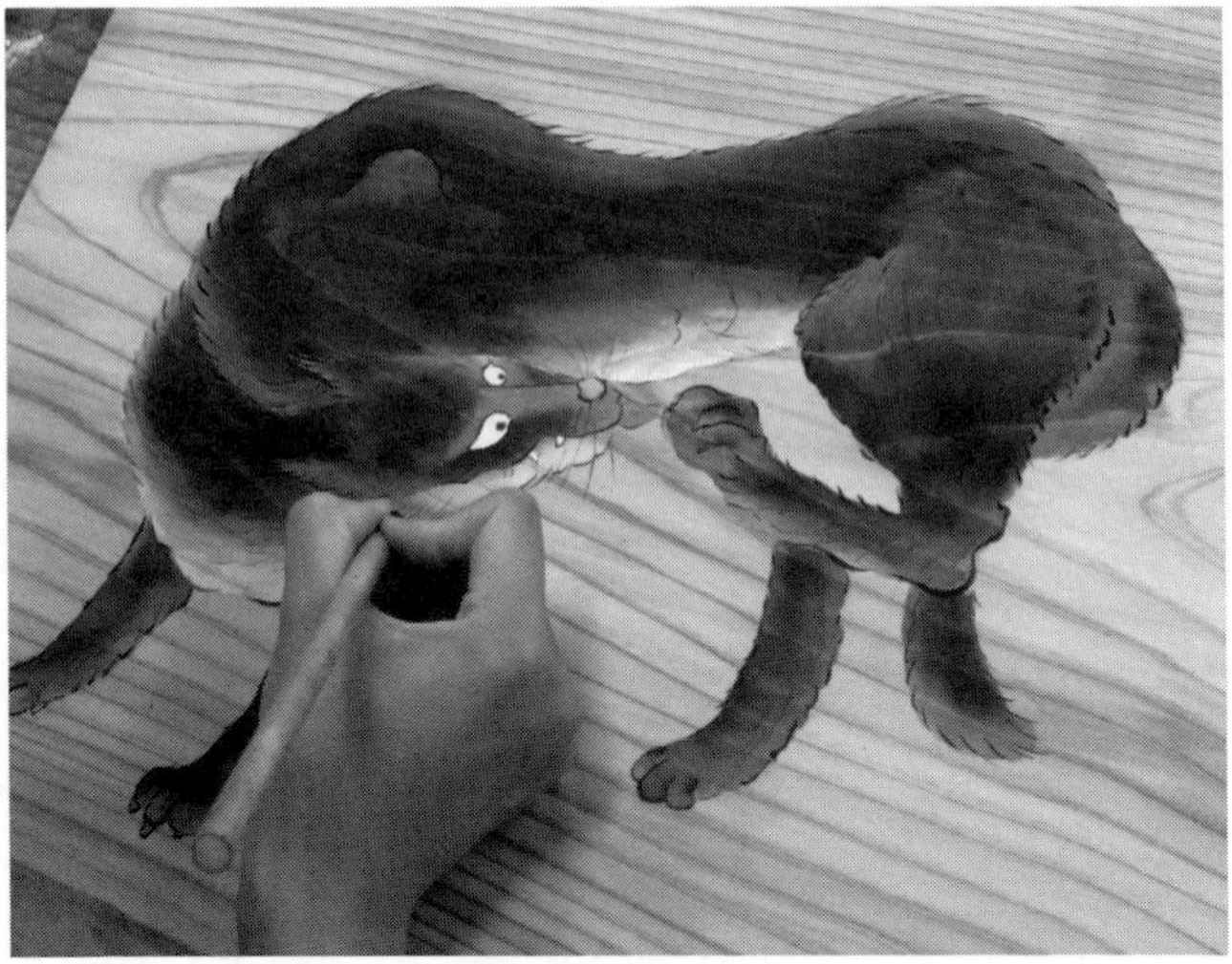

東京芸術大の大学院生の筆でよみがえったオオカミ絵＝2015年８月１日

写真から絵を分析。現地訪問の上で昨年8月以降、実物と同じ杉の板に一枚一枚、伝統技法で丹念に描いた。同11月には地元の佐須地区公民館で、第１期分の完成を住民に報告した。

飯舘村は来年3月末に避難指示解除の見通し。同神社氏子総代の菅野永徳さん（76）＝伊達市に避難中＝は「来年帰村するつもりだが、共同体を立て直すのは大変だ。神社の拝殿は再建された。オオカミの絵を通して村の文化と歴史が発信され、新しい交流が生まれたらいい」と期待する。福島県立美術館は「絵の魅力を広く伝えたい」（増渕鏡子学芸員）と来月28日～7月3日、「よみがえるオオカミ」展を開催し、計２４２枚を一堂に披露する。』

第４章

南相馬
苦き風評からの再起

生業復活をかけた「ひまわりプロジェクト」

旧太田村住民の結束から

まぶしい春の空の下、田のあぜにはタンポポの黄と「農地除染」の青いのぼり。南相馬市原町区の南端にある太田地区は、東京電力福島第1原発事故で隣の小高《おだか》区と接する一部地域が20キロ圏（2016年7月まで避難指示解除準備区域）に入り、11年3月11日の大震災に続く原発事故の際は住民の約9割が市外に避難しました。原発から北西方向に流れた放射性物質の降下圏からは離れて、土壌1キロ中の濃度も1200ベクレル前後（稲作の規制基準値は同5000ベクレル）と低く、農地除染も西隣の飯舘村などの汚染土はぎ取り方式と異なり、「深耕」（2回ほど深く掘り起こす）が行われています。小高区など政府による避難指示区域は環境省、それ以外の区域は福島県、南相馬市が除染作業の主体で、後者が対象とする水田計3265・3ヘクタールに太田も含まれます（16年5月末現在の進捗率は約99％）。

下太田《しもおおた》集落の農家、奥村健郎さん（58）を訪ねたのは15年4月30日。そのちょうど4年前、原発事故後の対応を話し合った地区の区長会の取材で知り合って以来、たびたび近況を聴きに立ち寄ってきました。農道に車を止め、広々とした田園を眺めると、緑の里山と白い原町三中の校舎を背に赤いトラクターが動き、30アールの区画で連なる田んぼの土を細かく耕しています。乗っていたのが奥村さん。地

2015年４月30日、集落の農家仲間と初めて直播《ちょくは》に挑む水田を耕す奥村さん

元から市議会にも送り出されています。こちらの車を見つけたか、トラクターがだんだんと近づいてきました。

『太田では、同年3月15日深夜、水素爆発が相次いだ原発事故から逃れるための大型バス5台が各学校の避難所から群馬、長野などへ出発し、住民の9割が市外県外へと自主避難。地区の災害対策本部も解散しました。残った住民がボランティアで本部を再開したのは同23日。太田生涯学習センターに集い、男たちは防犯パトロール、女たちは食べ物の確保、民生委員らは介護が必要な高齢者らの巡回といった役割分担で支え合ったそうです。

残った住民の1人で、まとめ役となった奥村健郎さん（55）は、「避難した農家の大型ハウスを有効に利用させてもらおうと、キウリ、コマツナ、シュンギク、イチゴなどを収穫し、食べつないだ。旧太田村（1954年の町村合併で原町市に）のまとまりがあったからこそ、乗り切ることができた」と言います。避難した住民がだんだんと戻り始め、区長会が活動を再開したのは同年4月25日。災害対策本部は同7月に「太田地区復興会議」（渡部紀佐夫委員長）と改称し、「これから」に向けて何をしたらいいか、の議論を始めました。』（ブログ75回『祭りの準備／南相馬』より）

2012年７月19日、相馬太田神社に至る道沿いに育ったヒマワリと奥村さん

住民の議論から生まれたのが「ひまわりプロジェクト」でした。地元の田園風景の外れにこんもりとした森があり、そこが旧相馬中村藩の「妙見社」（相馬家の祖、平将門が創建）の一つ、相馬太田神社（他に相馬市の中村神社、小高区の小高神社）。毎年7月下旬の祭り「相馬野馬追《のまおい》」（無形民俗文化財）で、「中ノ郷」といわれた原町区の騎馬会士の参集場所です。その朝、神社に通じる東西の一本道を大勢の騎馬武者が駆け抜け、沿道の水田の緑が美しく映え、何百年も変わらぬ祭りの風物詩でした。しかし、原発事故以来、市内の水稲は作付け自粛となり、その景色も変わりました。翌12年夏に原町区での再開が決まっ

た野馬追を前に、太田地区の人々はヒマワリを植えました。

『「中ノ郷の騎馬会士は今年、180騎くらい出るそうだ。例年とは趣が違うが、順調に咲いてくれれば、きっと絵になると思う」。奥村さんは、（自宅プレハブの）「プロジェクト本部」の机の上に大きな図面を広げて話しました。相馬太田神社と周辺の手作り地図に、さまざまなデータや地点が書き込まれています。それによると、プロジェクトでは神社を中心に、東西に延びる2・2キロの一本道の両側、幅100メートルずつの田んぼに、計約140キロの「春りん蔵」（注・ヒマワリの品種名）の種をまく、という壮大なものです。』（前掲ブログ75回より）

作付けへの不安

旧太田村（明治22年発足）以来、農業と結束を伝統とする太田の人々は生業復活を志す、ひまわりプロジェクトのほか、慶応大の研究者らと連携した継続的な空間・土壌の放射能測定や、新潟大、福島大などの支援を受けたコメ栽培試験にも取り組んできました。15年4月は、南相馬市が20キロ圏外での稲作の本格再開を宣言した春です。トラクターを降りた奥村さんは「原発事故から5年目にして、ようやくの一歩だ」といいながら、複雑な表情でした。

『南相馬市地域農業再生協議会（会長・桜井勝延市長）が12日、市内で開かれ、福島第1原発事故に伴う2015年産米の作付け方針について農水省と意見交換した。同省は市内20キロ圏外での作付け自粛の賠償（注・東電が支払い）を適用しない方針をあらためて示した。近く正式決定する。同省は自粛賠償に代わる策として、作付けが難しい農家に対し、16年産の作付け再開を条件に代かきした水田10アール当たり最大3万5000円を補助する新制度を示した。』

この記事が河北新報に載ったのは、まだ冬のさなかの15年2月13日。分かりにくい交渉話のようですが、南相馬市内の20キロ圏外で前年秋に収穫された14年産米が、全袋検査の結果、食料米の基準値（1キロ当たり100ベクレル未満）をクリアし、それを理由に農水省が、原発事故以来続いた作付け制限への賠償を外す――と決めたのです。原発事故後に続いた作付け自粛への賠償の理由はなくなったと、通常の自由なコメ作りの再開を促した、という動きでした。

同市は13年から「実証栽培米」と称して稲作の本格再開に向けた試験栽培に乗り出し、希望する農家を募りました（1年目の参加は125戸、123ヘクタール）。翌14年は、検査を通れば農家が販売できるという前提の「全量生産出荷管理」を採り、生産者の意欲を盛り上げようとしましたが、参加した農家は86戸、111ヘクタールと前年より減ってしまいました。市が目標としていた「500ヘクタール」のわずか4分の1でした。

この背景の一つには、記事中の「自粛賠償」がありました。市は作付けを増やすために10アール当たり2万円の独自奨励金を支給する方針を打ち上げましたが、同時に、作付け自粛の休作に対して東電から10アール当たり約5万7000円の賠償支払いが継続され、農家に再開への二の足を踏ませたのです。背景の二つ目は、農家の間の不安でした。14年4月17日の河北新報の記事では『原発事故前の作付面積は約4800ヘクタールあったが、市内の本格的な農地除染も未着手。桜井勝延市長は「期待したほど農家の作付け意欲が出ていない。除染、販売先の確保を含め、農家の不安払拭に努めていきたい」と話した』という現実の「壁」が語られていました。そこには、ほかならぬ太田地区に突然降りかかった出来事があり、そのことは後述します。

この日、奥村さんがトラクターで耕していたのは、自宅がある下太田集落の住民たちから請け負った水田計3・5ヘクタールの一角です。南相馬市の稲作の本格再開に応じて、奥村さんがメンバーである農家有志の社団法人「南相馬農地再生協議会」が請負契約の主体となり、実際の作業に下太田集落の農家仲間たちが参加する再出発の場でした。「自分も2・9ヘクタール分のコメを自前の田で作る準備をしているが、共同して請け負う面積は合計3・5ヘクタール。去年の12月初め、30戸ある下太田集落の住民の意向調査をした。私を含めて農業専業を続ける仲間5人が中心になって、農地を守っていこうと決めた」

農の存続に向けて

耕作放棄による荒廃から農地、集落を守り、原発事故からの地域と生業の「復興」を進めるには、意欲ある農家が手を組んで組織をつくり、自らの手で担わなくては――という危機感が奥村さんたちにありました。調査には28戸が回答し、中核になって担う意欲のある5戸のほか、18戸が「営農再開はできないが、集落の共同作業を手伝いたい」という意向でした。

「原発事故から4年の間に農業機械類を動かさず、整備もしないでいると、さびつき、動力を伝えるベルトがだめになる。ネズミが中に入り込んで、わらくずやほこりやごみを巣にして、プラスチックの部分やコードをかじって壊してしまう。一緒にやっていく仲間は原発事故後も再開に備えて機械の整備を続けてきたし、実証栽培にも参加してきた。可能性を模索していたんだ」

前掲のブログ75回には、奥村さんが11年の原発事故直後、農水省の作付け制限を知りながら自分の田んぼでひそかに栽培試験をしていたという打ち明け話が記されています。

『「去年（11年）も、実は〝逮捕覚悟〟で20アール分のコメを作ったんだ。無論、データを知りたかったから。刈り取って測定してもらったら、玄米で19ベクレルだった」。奥村さんの自宅の農機具倉庫の前に、いくつもバケツが並んでいたのを思い出しました。都会の小学校のバケツ田植えのように。「あれも、条件を変えての稲作試験なんだ。やれることは、何でもやってみないと」。ああ、この人も「農」に生きる人なのだ、と思わずにいられませんでした。』

奥村さんの田んぼの端での話は続きました。下太田には計約50ヘクタールの水田があり、そのうち耕作放棄地になる可能性があったのが約30ヘクタール。有志5戸が共同で作業する3・5ヘクタールを除く水田にも、翌16年の耕作再開を条件にした管理・保全の作業に10アール当たり3万5000円が福島県から補助され、請け負う耕作地は増えそうです。奥村さんたちはこの1年を試行の期間として、16年春には共同経営体である「集落営農」の組織を結成したいといいます。「自分は高齢だからと、いったん農家引退を決めた人たちにも朝夕の散歩がてら『口出し』をしてほしいんだ。『あぜに雑草が伸びているぞ、田んぼに水がないぞ』と長年の現場感覚を生かし、後輩たちを助けてもらえたらありがたい」

同じ時点の南相馬市全体（小高区を除く）の営農再開の状況は、市の予想をはるかに下回る厳しさでした。市と地元のJAそうまは、実証栽培の2年を経て、さらに休作への賠償がなくなった15年の作付け目標を「1500ヘクタール」に据えました。目標のために両者は、農家の意欲の上で最も支障と思われた「風評」への対策を用意していました。

14年秋には、東北の全農各県本部が農家から販売委託を受けた際に支払う同年産米の概算金（60キロ、1等米）が、コメの需要減と過剰在庫、豊作予想が重なって軒並み過去最低となり、価格破壊ともいえる惨状になりました。原発事故の風評被害に苦しむ浜通り産のコシヒカリの下落率は37・8％と最悪で、1万1000円から6900円に暴落しました。「コメを作るだけ赤字。南相馬のコメでは売れない」という不安や諦めを抱く農家側に、市が提示したのは、大半を飼料用米として出荷し、販売先をJAそうまが責任をもって確保する——という方策でした。飼料米は転作扱いとされ、農水省の「戦略作物助成」で面積によって10アール当たり8万円を超えるような収入が見込まれました。市内の20キロ圏外に当たる原町区、鹿島区では震災前に約3800ヘクタールの水田でコメ作りが行われていました。再開する面積を少しずつ震災前に近づけようという目標でしたが、市の最終的な数字で729ヘクタール（236の農家と法人）にとどまりました。

前掲の15年2月13日の記事にあった農水省の方針は、被災地にとって復興や自立につながる一歩のはずでしたが、地元側の反応は逆でした。その記事の続きには『(南相馬市地域農業再生協議会に）出席した農業者からは、理解を示しつつも「13年産米の放射性セシウムの基準値超過の原因が未解明で作付けは不安だ」と自粛賠償の適用継続を求める声が上がった』とあります。そこで問題とされた13年産米に何があったのでしょうか。

突然の「基準値超え」

次に太田を訪ねたのは5月16日。わずか2週間ばかり前、奥村さんのトラクターが耕起していた3・

2015年５月16日、新潟大、福島大と協働する試験圃場に苗を植える奥村さん＝後ろの森は相馬太田神社

5ヘクタールの水田には満々と水が張られ、緑の苗ではなく、黄色い種もみが泥の床に沈んでいました。苗を育てる設備と手間を省き、経費もできる限り節約しようと、種もみの直播《じかま》きによるコメ作りに初めて挑戦したのです。そこから1キロほど西に、相馬野馬追ゆかりの相馬太田神社があります。その緑濃い森を間近に映す広い水田では田植え機が慌しく駆け巡り、奥村さん宅の育苗ハウスから青々とした苗を補給する軽トラックが往来していました。周囲には、えさをついばむシロサギの群れが見えます。

30アールに区画整理された水田を東西に14枚連ねた広い圃場《ほじょう》には、大きな看板が立てられ、「平成27年度放射性セシウム水稲吸収抑制調査・研究試験圃場」とあります。その活動の主体として新潟大学の土壌学研究室と水利学研究室、福島大学うつくしまふくしま未来支援センター、圃場の管理と耕作を請け負う南相馬農地再生協議会、この調査研究の委託者である南相馬市の名が並んでいました。

南相馬再生協議会は14年2月、地元太田の高《たか》集落の有機農業者、杉内清繁さん（64）、奥村さんら市内の農家12人と8つの団体が結成しました。12年夏に太田の水田に咲いたヒマワリの話が前述のブログにありましたが、ヒマワリのほか、菜種などの油脂植物の栽培と油の利用に南相馬の新たな農業の可能性を見る人々です。

田植え機の運転席には、メンバーである奥村さんがいます。こちらの水田は販売用のコメ作りではなく、「水田土壌・農業用水中の放射性セシウムの挙動と稲・玄米への影響を調べ、永続的に安心して営農活動ができるよう調査研究」するのが目的で、地元の農家から南相馬農地再生協議会が借りている試験圃場。やはり有機農業の研究者として知られる野中昌法新潟大教授（大学院技術経営研究科研究科長）らとの協働で13年春、「ひまわりプロジェクト」の一環として始まりました。ところが、その秋——。

『南相馬市は13年春、市内の農業復興の一歩として、コメの試験栽培を希望する農家を募りました。奥村さんら太田地区の農家有志もまとまって応募し、同プロジェクトの「実証田」としてコメ作りをしました。155戸の農家が参加した、計123ヘクタールの試験栽培のコメは、放射能測定検査を通れば、自主販売をすることができました（国の食品の基準値は1キロ当たり100ベクレル未満）。約1万袋（30キロ入り）が収穫され、市にとっては農業復興の第一歩でした。ところが、検査の結果、太田地区から収穫された27袋が基準値を超え、そのうち24袋がプロジェクトの実証田のコメでした。

奥村さんは、場所が離れた自分の田んぼで11年から、セシウムを含む泥水が雨後に入りやすい水口（取水口）に活性炭のフィルターを設けるなど、独自の栽培実験をしてきました。そこのコメは「ND」の結果でしたが、「地元を挙げたプロジェクトのコメから『基準値超え』が出たのはショックだった。田んぼの土には今も、セシウムが（土1キロ当たり）2000ベクレル前後あるのは確かだが。どうしてここだけが……と悔しくて仕方がない」と、今年（14年）4月の取材で語りました。』（ブログ117回『風評の厚き壁を前に／コメの行方・相馬・南相馬』より）

13年秋にあった出来事です。この年、相馬太田神社そばの試験圃場は、現在の3倍近い約11ヘクタールありました。そこから、24袋の「基準値超え」が出たのです。当時、プロジェクトに関わる人々はその結果に驚き、首をかしげました。参加する研究者たちはそれぞれ専門の知見を持ち寄って、試験前の春先から土壌と水を調べ、稲にセシウムを吸収させないためのさまざまな実験をしてきたからです。原因が分からぬまま、奥村さんらは14年春から、「基準値超え」のコメが出た水田でセシウム吸収の有無をさまざまに条件を変えて調べ、「基準値超えの原因が何か、突き止める」検証調査に取り組みました。『田んぼの中に塩ビパイプを切った筒を17カ所に置き、周囲の土壌から隔離した環境で苗を育てたり、波打ちトタンで試験圃場を細かく区切って、セシウム吸収抑制効果のあるカリウムの分量や、土に酸素を入れる「中干し」の程度を変えたりしています。』（前掲ブログ117回より）

ところが、同年7月、奥村さんらをさらに困惑させる問題が太田に降りかかりました。

『南相馬市で昨年秋に収穫されたコメから国の基準値（1キロ当たり100ベクレル）を超える放射性セシウムが検出された問題で、農林水産省が福島第1原発のがれき撤去作業で生じた粉じんが原因の可能性があると指摘し、東京電力に防止策を求めていたことが14日、明らかになった。基準値超えのコメが収穫されたのは、原発から21キロほど離れた同市原町区太田地区の14カ所と20キロ圏内の同市小高区の5カ所。農水省が調査した結果、放射能濃度は、昨年8月中旬以降に出穂した穂などで局所的に高かった。
基準値超えの原因は現在も特定できていないが、農水省は同原発で昨年8月19日、3号機のがれき撤去作業の粉じんで作業員2人が被ばくした事実に着目。粉じんが風に乗って飛散し、コメに付着した可能性があるとみて、ことし1月に原子力規制庁に相談。同3月、東電に原発の作業で放射性物質を外部に出さないよう要請した。』(14年7月15日の河北新報より)

この事実は前日、ある全国紙がセンセーショナルに報じました。以下は前掲記事の続きです。

『農水省は2月の南相馬市での(『基準値超え』に関する)説明で、放射性物質の外部付着の可能性を指摘したものの、原発作業との関連については言及しなかった。その後の東電への要請についても市に連絡はなかった。農水省穀物課は「原発からの飛散も可能性の一つという段階で、報告はしていなかった。さらに調査して原因を解明し、対策を講じていく」と説明。桜井勝延市長は「もっと早く説明があるべきだった。原発作業による飛散があるとすれば、農業だけにとどまらない問題。対策を徹底してもらいたい」と話した。』

つまり、農水省は第1原発からの粉じん飛散による稲の外部汚染の可能性を認識しながら、地元には秘していたことになります。記事にある桜井市長の憤りも当然でした。同18日には農水省側が南相馬市役所で事実関係を説明しましたが、『同省の担当者は「(基準値超えの)原因はいまも不明。森林や土壌からの巻き返しなどほかにも可能性がある」などと主張し、謝罪しなかった。』(翌19日の河北新報より)。

この説明を市議として聴いた奥村さんは「本当に因果関係が分からないのか、特定して責任を認めたくないのか。いずれにせよ、納得できなかった」と語りました。その後、第1原発からの粉じん飛散についての「状況証拠」が、研究者たちから相次いで挙がりました。

小泉昭夫京大教授（環境衛生学）らは第1原発から約50キロ離れた相馬市内で大気中の粉じんを集めて測定中、『昨年（13年）8月15〜22日分から、他の時期の6倍を超す1立方メートル当たり1・28ミリベクレルの放射能を検出』『粉じんの粒子が比較的大きく、原発のような放射性物質が密集する場所で大きくなったと推測される――として、8月19日の原発がれき撤去が原因とみている。』（14年7月17日の同紙より）。

南相馬市で試験栽培を指導する後藤逸男東京農大教授（土壌学）は、同市原町区太田の実験田で『放射性セシウムの吸収を抑えるカリ肥料やゼオライトによって昨年7月時点で稲の茎葉のセシウム濃度が前年より一様に低かった。しかし、収穫された玄米からは前年を上回るセシウムが検出。水の影響は考えられず、昨年8月に原発解体現場から粉じんが飛散したことから、後藤教授は「特定する証拠はないが、原発からの飛散が原因だと合理的に説明できる」と話した。』（同8月26日の同紙より）。

うやむやにされた原因

その間にも、南相馬市は政府と東電に対し、粉じん飛散の再発防止と監視の強化、迅速な情報提供、新たな風評被害への賠償などを要求書にして訴え、農水省にも原因究明の調査徹底を求めていました。同年11月には、収穫された14年産米約８０００袋が全て「検出限界地未満」であることが分かり、この段階でも農水省は「調査中で特定に至っていない」との説明を繰り返していました。そこへ突然、政府の原子力規制委員会が登場します。

『昨年8月に東京電力福島第1原発3号機のがれき撤去作業で飛散した放射性物質が20キロ以上離れた福島県南相馬市のコメを汚染した可能性が出ている問題で、原子力規制委員会の更田豊志委員は31日の会合で「飛散量を考えると、がれき撤去がコメに影響を与えたとは考えにくい」との見解を示した。』（同11月1日の同紙より）

『昨年8月に東京電力福島第1原発3号機のがれき撤去作業で飛散した放射性物質が20キロ以上離れた福島県南相馬市のコメを汚染した可能性が出ている問題で、原子力規制委員会は26日、放射性セシウムの降下量を試算した結果、コメの基準値（1キログラム当たり100ベクレル）超えを引き起こす恐れのある量の数十分の1だったとの見解をまとめた。規制委は、がれき撤去が原因である可能性は低く、原発事故で既に広がっていたセシウムがコメに移行したとみている。規制委の田中俊一委員長は「福島県は広範囲に放射性セシウムの汚染がある。県民のために、各行政機関が（基準値超えが出た）原因の究明に取り組む必要がある」と述べた。』（同11月27日の同紙より）

奥村さんらは、この動きを「幕引きではないか」と見ました。田中委員長の後段の発言も、問題のすり替えのように映りました。そして、15年5月末、南相馬市の人々が原発粉じん問題の発覚から1年近く待たされた農水省の調査結果が報じられました。しかし、その内容は――。

『南相馬市の2013年産米から国の基準値を超える放射性セシウムが検出された問題で、農林水産省は26日、最終調査結果を公表した。東京電力福島第1原発からの粉じん付着、土や水からの転移に、いずれも否定的な見解を示し「原因は不明」と結論付けた。

調査は市の依頼で実施。稲の葉に付いていた物質の成分分析などでも由来の特定には至らなかった。農水省穀物課は「原因究明できなかったのは残念。対策を周知して作付けの拡大につなげたい」と説明した。』(同5月27日の同紙より)

「国は逃げたんだな」と奥村さんは語りました。「(新潟大の)野中さんたちの検証と分析では『現場の土壌にも水にも(『基準値超え』を発生させる)原因はなかった』という結果だった。農水省がきちんと調査をした経過と努力をわれわれに見せるなら分かるが」。これでは門前払い同然といわざるを得ませんでした。

太田の人々と研究者たちは14年に続いて、南相馬市内の稲作が本格再開された15年も試験圃場に苗を植え、13年時点の土壌をそのまま残した区画を含めて、稲のセシウム吸収抑制の比較実験を続けました。それは「『濡れ衣』と風評だけを残された、それを晴らさなくては」という強い思いがあるからでした。15年の試験圃場、そして、3・5ヘクタールの直播の水田で育てられるコメは、うまいと評判になった福島県の奨励品種「天のつぶ」でした。「俺たち農家はいつだって、いいコメを作りたい。それを牛や豚ための飼料米として売らなくてはならないのは悔しい」

コメに代わる可能性の模索

原発粉じん問題からの再起

「平成27年度放射性セシウム水稲吸収抑制調査・研究試験圃場」。（2015年）5月16日に田植えを取材した南相馬市原町区太田の相馬太田神社前の水田には、立て看板の背景に青く初々しい稲穂が伸び、こうべを垂れ始めていました。有機農業の研究で知られる野中昌法教授ら新潟大と福島大の土壌、水利学の専門家と組んだ、南相馬農地再生協議会（社団法人・杉内清繁代表）の調査田を8月27日の晩夏の雨が濡らします。

『南相馬市の2013年産米から国の基準値を超える放射性セシウムが検出された問題で、農林水産省は26日、最終調査結果を公表した。東京電力福島第1原発からの粉じん付着、土や水からの転移に、いずれも否定的な見解を示し「原因は不明」と結論付けた。』（5月27日の河北新報より）

福島第1原発から飛散した粉じんが太田の調査田に降り、「基準値超え」のコメが出たのではないのか――という地元の人々の疑念が農水省側のあいまいな幕引きでかき消されたことを前述しました。南相馬農地再生協議会のメンバーである太田の農家、奥村健郎さん（58）らは、同じ調査田の14年産米が検査で「ＮＤ（検出限界値未満）」となった後も、『濡れ衣』を晴らさなくては」と調査田での検証を続けています（ブログ135回『帰れるか、帰れぬのか〜南相馬　苦き風評からの再起 その1』参照）。

この取材をした8月末現在、南相馬市内で稲作を再開した農家は236個人・法人で作付面積は計729ヘクタール。原発事故による休業補償は前年に打ち切られ、市とJAそうまは国の転作交付金がある飼料米での販売を保証しました。しかし、同市が見込んだ1500ヘクタールの目標の半分に届きません（震災・原発事故前の同市内の作付け総面積は約5000ヘクタール）。理由が根強い「風評」にあることを、農家たち自身が知っています。

計4・2ヘクタールの調査田、そして、奥村さんが地元の下太田集落の農家仲間と共に将来の地域維持を見据えて共同の直播をした計3・5ヘクタールの水田は、「天候不順でイモチ病が心配」ながらも稲の生育は順調でした。ただし、福島県の奨励品種「天のつぶ」さえも牛や豚の餌米として育てざるを得ない状況は、生活支援と同様であり、いいコメ作りを追求してきた農家にとって無念としか言いようのないものです。

青々とした水田を見回った後で「ちょっと見てもらいたい」と、奥村さんの自宅にある大きなハウスに案内されました。内部の床いっぱいにビニールシートが広げられ、黒いものがいっぱいに干されています。見ると、小さな粒々です。「菜種なんだ。これで1ヘクタールの畑から収穫された分だ」。太田から近い原町区陣ケ崎に原発事故後、酪農をやめた農家がおり、牧草地にしていた土地を返された地主から「使ってもらえないか」と、南相馬再生協議会に申し出があったといいます。「その土地に今年、試験的に菜種をまいた。１アールの畑から70～80キロの菜種を収穫できるから、ざっと８００キロ近くある」。ハウスでは、再生協議会の農作業を手伝う２人の若者が働き、乾燥させた菜種を45リットル入りのプラスチック樽に詰めていきます。「再生協議会に参加する農家の菜種収穫は６～７月に終わり、第１陣を栃木（の搾油所）に送った」と奥村さん。１キロ当たり３００～３５０グラムの油を生む菜種に、南相馬の農業復興の希望を託していると言います。

2015年８月27日、栃木県の搾油所への出荷を前に、収穫した菜種を見る奥村さん

篤農家と菜種と出合い

南相馬農地再生協議会の代表、杉内清繁さん（65）はブログ128回『風評の厚き壁を前に／南相馬・新たな希望～相馬農高生の魂』でも紹介しました。奥村さんの自宅から車で５分ほどの高《たか》集落の農家で、水田10ヘクタールとトマト、シュンギクのハウス栽培を営んできました。貿易自由化交渉「ウルグアイラウンド」をにらんで１９９３年、政府が推奨した「21世紀型圃《ほ》場《じょう》整備」事業のモデルに高集落が選ばれ、１ヘクタール規模の水田基盤整備が行われました。大型農業機械

と直播による先端的なコメ作りを看板にしましたが、化学肥料、農薬を大量投入するやり方に、「消費者から受け入れられない」と疑問を募らせて集落の集団営農組織をやめ、たった一人で原点に立ち戻って有機農業を10年間追求しました。先祖は天明の飢饉（1780年代）の時代、人口が激減した旧相馬中村藩に越中（富山県）砺波《となみ》から移民した一向宗徒（御門徒）の末裔で、荒廃した農村を復興させた開拓者の歴史を受け継ぐ人です。

福島第1原発事故の際、杉内さんは郡山市や仙台市に避難した後、「将来が見えぬ南相馬の農地と農業を再生したい」と志して、有機農業研究家の稲葉光國さんが代表を務めるNPO法人「民間稲作研究所」（栃木県上三川町）に通い、油脂植物、中でも菜種の可能性を模索します。それは、1986年にウクライナで起きたチェルノブイリ原発事故の被災地復興にもつながっていました。周辺の農業復興のため菜種栽培の普及に取り組んでいるNPO法人「チェルノブイリ救援・中部」理事、川田昌東さん（元名古屋大・分子生物学者）の活動にもNHKのテレビ番組で触れ、菜種油、自動車燃料などバイオマス燃料への活用とともに、そこに「土壌の放射性物質の吸収効果があり、種から絞った油には放射性物質が移行しない」という実証結果があることを知ります。

「これだと思った」と、杉内さんは菜種に目覚めたそうです。自ら11年秋、南相馬市原町区の津波被災地、雫《しどけ》地区で菜種の試験栽培を始め、稲葉さんとも共同で、菜種の残滓を完全に取り除く、安全な搾油の技術を開発し、民間稲作研究所にその搾油施設と運営体の「グリーンオイルプロジェクト」を立ち上げました。

『「興味深い写真を見せてもらいました。1枚は、灰色の雪景色に煙る不気味な建物。巨大な「石棺」で覆われたウクライナのチェルノブイリ原子力発電所でした。杉内さん、奥村さんら南相馬農地再生協議会の視察の一行が写っています。もう1枚は、「ZHYTOMYR NATIONAL AGROECOLOGICAL UNIVERSITY」（ジトミール国立農業生態学大学）の文字があり、一行が大学関係者と会合をしている光景でした。」（前掲ブログ128回より）。

14年2月、川田さんの橋渡しで現地の菜種栽培と本格的な産業化を視察した旅です。「ジトミールの大学にディドフさんという先生がいて、30代の教え子が現地の地平線まで続く畑で、菜種だけでなくジャガイモを作っているのを見た。大麦もあった。農業復興はできると勇気づけられた」。古里・南相馬での実践にも確信を抱いて帰った杉内さんの言葉です。

相馬農高生の夢

『黄色い菜の花は好きですか？　南相馬市では毎年、目の覚めるような菜の花畑が年々広がっています。２０１１年3月11日の大震災の後、福島第1原子力発電所の事故の影響や風評のためにコメを作るのを諦める人が多く、それに代わる作物として、油が取れる菜種を栽培する農家が増えてきました。

この秋、同市原町区太田の広い農地に約１００人が集まり、菜種の種まきをしました。地元の農家、全国から来たボランティアのほか、高校生たちの姿がありました。相馬農業高の農業クラブの17人です。「12年の11月から菜種栽培に挑戦して、もう4回目の種まきです」と、3年生で農業クラブ理事長の遠藤亜美さん（18）は話しました。

農業クラブは全校生が参加する研究活動で、震災後は「農業の復興のために自分たちは何ができるか」と模索してきました。出合ったのが、強く育てやすく、種から搾られた油が食用になる菜種です。太田の農家杉内清繁さん（64）、奥村健郎さん（58）らがつくる南相馬農地再生協議会と協力しながら、菜種油の利用を研究し、去年8月、ついに商品を世に出しました。その名は「油菜《ゆな》ちゃん」！

油菜ちゃんは瓶詰めの食用油。プロのデザイナーの応援をもらい、名前、黄と青のラベル、キャラクターのかわいい女の子を考えたのが農業クラブのみんなでした。「道の駅　南相馬」などで販売され、ことしは「油菜ちゃんマヨネーズ」も売り出されて好評です。』（15年12月13日の『かほピョンこども新聞』～菜種畑をいっぱい広げたい　農家といっしょに復興に取り組む～より）

この活動があったのは9月27日。南相馬農地再生協議会が催した2年目の菜種の種まき体験会でした。原発事故後は電車が通らないＪＲ常磐線・太田駅近くの杉内さんの畑65アールに、午前10時、老若男女約１００人のボランティアが集まりました。朝５時からトラクターで種まき用の畝《うね》を作った畑の前で、杉内さんが感慨を込めてあいさつしました。「震災の後、雫地区で初めて相馬農高生たちと菜種をまいた。再生協議会の仲間の畑は、14年に収穫された計15ヘクタールから、今年は30ヘクタールに倍増した。16年の収穫に向けて、新たに種まきが行われる畑は42ヘクタールに広がる」。種まき体験会には、琵琶湖の水環境再生の運動で知られるＮＰＯ法人「しがＮＰＯセンター」（近江八幡市）の代表・藤井絢子さん（69）ら21人も前年に続いて参加しました。原発事故後の11年6月に南相馬の支援に入って以来の縁です。

2015年９月27日、杉内さん、奥村さんや支援者と共に菜種をまいた相馬農高生。左端が理事長の遠藤さん

記事が紹介した相馬農業高は、全校生参加の研究会「農業クラブ」の活動として12年11月から菜種の試験栽培に取り組んできました。やはり南相馬の農業復興のために「菜種油を特産化できないか」との志で、原町区雫地区の津波被災地で始めた際に杉内さんと出会い、南相馬農地再生協議会発足後の現在まで菜種作りに参加しています。私の取材の縁は15年1月、杉内さん、奥村さんから「3年生の2人が東京農業大に進むことが決まった。俺たちの希望だ」と聞いたのが始まりです。

取材させてもらった農業クラブ正副理事長の山田裕亮さん（18）と横山直道さん（18）＝肩書き、年齢は当時＝は、それぞれバイオ技術、農業土木工学の専攻を希望し、「農業復興に役立つ新しい技術を学んで帰りたい」と意気込みを語りました。彼らがリーダーとして誕生に関わったのが、記事で紹介されている菜種油「油菜ちゃん」。杉内さんが、栃木県の「民間稲作研究所」と共同で開発した安全な搾油法を実用化し、前述した「グリーンオイルプロジェクト」の搾油施設で搾った油を瓶詰めした商品です（同協議会のホームページや「道の駅　南相馬」などで販売され、300ミリリットル入りが1080円、900ミリリットル入りが2700円）。杉内さんが「商品作りに若い世代のセンスを」と、農業クラブにラベルの考案を依頼したのでした。

山田さんらの後を継いだ理事長の遠藤亜美さん（18）に話を聞くのは、同年5月15日に続いて2回目でした。その折の農業クラブの活動は、自分たちが育てたハマナスの被災地への植樹です。

『ハマナスは海岸に自生し、美しいピンクの花を咲かせます。開発のために福島県浜通りでは絶滅が心配され、2011年3月11日の津波が追い打ちをかけました。草花専攻班は、生き残ったハマナスの種から、苗木を育ててきました。初めての植樹の日です。

生徒たちは、高さ約30センチに育った苗木のうち232本を学校の農場から運び、地元・塚原の人たちや、東京からかけつけた大学生のボランティアらといっしょに植えました。

塚原は、津波で多くの家が流され、同時に起きた福島第1原子力発電所の大事故もあり、住民はいまも各地で避難生活をしています。農業クラブの有志が南相馬市内の仮設住宅を訪ねて交流したことから、「塚原にも昔あったハマナスを復活させよう」という話がふくらみました。区長の今野由喜さん（64）は「来年春には地元に戻りたい。若者たちの応援はこれからにつながる」と、うれしそうに話しました。』（15年5月21日の『かほピョンこども新聞～育てたハマナス、みんなで植えた　被災地の海岸にピンクの花、咲かせたい』より）

「この3年間で菜種の畑が一気に広がり、わたしも学校の外へ出て、地域の農家の人たちとのつながりがたくさんできた。菜種作りとハマナス復活の活動を農業高校の大会で発表し、わたしたちの代で『油菜ちゃん』の商品化も実現することができた」。後輩と一緒に畑の畝を巡り、小さな黒い菜種をまきながら、遠藤さんは先を見詰めていました。「ここで学んだことを、ここで生かしたい。放射能への風評はたぶんなくならないと思う。だからこそ、自分から挑戦して売り出さなくては」。高校生も地元の人々のために役立てるという経験をした遠藤さんには、杉内さん、奥村さんらとの協働で商品化した「油菜ちゃん」が被災地を取り巻く風評の「壁」を乗りこえる挑戦の象徴となりました。彼女の将来の選択を続報として、農家への朗報として紹介できたのは、12月10日の河北新報の記事でした。


『相馬市の仮設住宅から通う遠藤亜美さん(18)は11月、県立農業短大を受験し合格した。同高の全校生が参加する研究活動「農業クラブ」の理事長を務めた。

市内の農家と農業復興の菜種栽培に挑み、ハマナスを育てて南相馬市小高区の被災した浜に住民と植えるなど、活動の先頭に立ってきた。

原発事故後、一家は同市原町区から自主避難した。「うちは兼業農家で、コメ作りを手伝うのが楽しかった。田んぼの稲の風景が消えたのも寂しい」と話す。

県立農業短大に進学を決めたのは「稲作や経営を学び、家に帰ってコメ作りを再開したいから。米粉を使った商品を考えていく」。協働する農家団体「南相馬農地再生協議会」(杉内清繁理事長)が昨年から菜種油「油菜《ゆな》ちゃん」を売り出し、「その商品作りの経験を生かせれば」と言う。』

蒸し返される憤り

菜種の種まき体験会の翌9月28日、秋晴れの原町区太田を再び訪ねました。太田相馬神社前の調査田（4ヘクタール）は黄金色に染まり、稲穂の海を赤い稲刈り機が動いていました。「作柄はいいよ。コメの量はまあまあ取れそうだ」と言いながら、この月にあった長雨の影響で刈り取り時期は1週間から10日ほど遅れていました。「本当はあと5日くらい天日で干せばいいんだが、この後に再生協議会の菜種の種まきが控えているんだ」。南相馬農地の再生協議会では、15年秋からの新たな栽培シーズンに菜種畑を42ヘクタールに拡大することを目標に、その一環として調査田の一部、2ヘクタール分と周囲の休耕田、計5ヘクタールを耕起して畑に転換し、菜種をまく計画を立てていました。

この稲刈り機は、高齢になった近隣の農家が手放すことになり、「これから集落の共同作業で使うから」と譲ってもらったそうです。「原発事故以来、4年間まるで動かしていなかったので、仲間の機械屋さんに整備してもらった。一番劣化するベルトと、すっかり液がなくなっていたバッテリーを交換したんだ。まあ、自分で機械を手入れしていた人なので、他の部品は交換しないで済んだ」。ひどいものは、中に詰まったわらがネズミの巣になって、機械をだめにしてしまう、という話を前述しました。この時点で原発事故から4年半余り。多くの農家が営農再開の意欲を保つには長すぎる時間でした。

刈り取った稲のもみを自動でそぎ取り、稲刈り機のタンクいっぱいにたまると、奥村さんは、農道に留めていた軽トラックの荷台の大きな箱に稲刈り機のパイプを延ばし、もみを一気にはき出させました。

奥さんが車で現場に弁当を届け、奥村さんと2人の仲間は田の端に腰を下ろしてご飯をほおばりました。このコメが飼料米として売られるという現実を除けば、いつもの年と変わらぬ豊かな実りの光景に見えました。が、市議でもある奥村さんの口からこぼれたものは憤りの言葉でした。この間、南相馬の人々をまたも傷つける問題が起きたのです。「環境省から2回、市に説明に来たが、『今後はしっかり管理をする』と言うだけだった。原発粉じん問題もそうだったが、政府の対応はそんなものだ」

2015年９月28日、調査田で稲を刈った奥村さん。南相馬市のコメは飼料米として販売された

『環境省は11日、東京電力福島第1原発事故で出た除染廃棄物の保管袋82個が、台風18号の影響による豪雨で、福島県飯舘村の水田から流出したと発表した。

　袋には農地除染で刈り取った草などを入れ、重さは1個200~300キロ。仮置き場に運び出すまで水田に一時的に置かれていた。

　村の東西を流れる新田川が氾濫し、広範囲で浸水。11日午前6時ごろ、村内を見回っていた村職員が深谷地区の冠水箇所で袋が浮いているのを発見し

仮置きの除染廃棄物の袋が下流の南相馬市まで流出した飯舘村深谷の新田川＝2015年９月19日

た。

流出した袋のうち37個は、同日午後6時までに除染作業員が回収し、廃棄物が漏えいしていないことを確認した。ほかは川の中州や土手に引っ掛かるなどした。重機のアームが届かず、回収が難航している。』（15年9月12日の河北新報より）

9月の台風18号による豪雨がもたらした飯舘村深谷地区の新井田川の氾濫と、環境省が川のそばに仮置きしていた放射性廃棄物の流出事故でした。この第1報は、その始まりに過ぎませんでした。

『福島・飯舘　除染廃棄物／流出新たに１５８袋／2袋から中身漏れ出す』（9月13日、同）、『飯舘・除染廃棄物流出／新たに53袋発見』（9月14日、同）、『飯舘で一時保管／除染廃棄物流出　新たに21袋発見』（9月15日、同）、『除染廃棄物　流出３９５個／福島・飯舘／１６７袋は中身流失』（9月16日）、『除染廃棄物　さらに40袋／福島・

飯舘、流出問題』（9月17日、同）、『除染廃棄物448袋に／福島・飯舘流出問題／中身流出は280袋』（9月25日、同）

これらの除染廃棄物の袋は一つ200～300キロもあり、中身は刈り取られた雑草などだといいますが、その一部は約15キロ下流にある南相馬市原町区の新田川の河原で、袋のみが見つかりました。環境省は12日の時点で「放射性物質の濃度は低く、環境への影響は少ない」と説明しましたが、地元の人々にとってはそのような軽い問題ではありませんでした。

「いったい、どういう管理をしていたのか。どうして影響が少ないなどと言えるのか。またしても、風評だけが南相馬に残った。こちらがどんなに払拭の努力を重ねても、また振り出しに戻される」と奥村さん。蒸し返される憤りにも、原発粉じん問題で太田の農家に苦汁を飲ませた政府の姿勢は一向に変わっていませんでした。

『丸川珠代環境相は（10月）16日の閣議後の記者会見で、東京電力福島第1原発事故に伴う除染廃棄物を詰めた袋が関東・東北豪雨で福島県飯舘村などの川に流出した問題をめぐり、環境省幹部が講演で「地元は心配していない」と発言したとして、「誤解を与える内容で極めて残念だ」と述べて陳謝した。環境省によると、同省福島環境再生本部の幹部が15日に郡山市で開催されたシンポジウムで発言した。幹部は聴衆から批判を受けて謝罪したという。』（10月17日の河北新報より）

菜種に未来を託して

英国企業からの朗報

『東京電力福島第1原発事故後の農業復興を目指し、南相馬市の農家グループ「南相馬農地再生協議会」が栽培に取り組む菜種の油を、英国企業がせっけんの原料に選び、10日から神奈川県内の工場で製造する。6月ごろ収穫される本年産菜種からも油1～1・5トンを買い入れる予定だ。英国企業は継続支援を希望し、同協議会は「念願だった販路が開ける」と喜んでいる。

農地再生協議会は、原発事故後に作付け自粛とされたコメに代わり、菜種の栽培と油の特産化を目標におととし、同市原町区太田の有機農家杉内清繁さん(65)を代表に、共鳴する農家ら12個人・団体が結成した。昨年は約30ヘクタールに畑を拡大、9トンの菜種油を生産した。

英国企業は世界的な化粧品・バス用品メーカーのLUSH(ラッシュ)。昨年6月、日本法人担当者が杉内さんを訪ねて菜種油を仕入れ、せっけん商品化の研究開発を英国本社で行った。好結果を得て9月に550キロを買い入れ、生産に乗り出すことを決めた。来月1日から「つながるオモイ」の名前で国内販売する。

(中略)「菜種油を原料にしたせっけん開発で、生産の取り組み、品質、哲学が消費者にとって確かな相手を探していた。杉内さんたちとの提携は東日本大震災の被災地支援にもかなう。買い入れを継続して増やしたい」とラッシュ・ジャパン（神奈川県愛川町）の担当者は話す。』

２０１６年2月9日の河北新報に載った記事です。11年3月の福島第1原発事故後のほぼ5年間、放射能による農地の汚染と厳しい風評から地域再生の苦闘と模索を重ねた南相馬市原町区太田の人々にとって、ようやく訪れた明るいニュースでした。「いつか日の目が見られなくては、被災地の俺たちは浮かばれない」と、杉内さんは自宅の居間で苦笑いしました。ＬＵＳＨの関係者から最初の話があったのは15年6月。杉内さんの活動を紹介したＮＨＫのテレビ番組を（国際放送で）同社の英国本社トップが見て、動かされたことがきっかけだそうです。「14年の秋、チェルノブイリ原発事故（１９８６年4月）から28年が経過したウクライナの被災地を、奥村（健郎）さん＝（58）・太田の農家で南相馬農地再生協議会の仲間＝と一緒に視察した時だ。現地で取材を受けたんだ」

杉内さんが別のＮＨＫの番組で知ったのが縁で交流してきたＮＰＯ法人「チェルノブイリ救援・中部」の理事の川田昌東さん（元名古屋大・分子生物学者）の橋渡しで、川田さんが現地の人々と協働して取り組んでいた菜種栽培と、菜種油やバイオマス燃料への活用を見聞しようという旅でした。

『福島第1原発事故で、地元の有機農業の仲間たちは再開を諦めて離れたそうです。しかし、杉内さんは郡山市や仙台市に避難した後、「荒れて先が見えぬ南相馬の農地と農業を再生したい」と志して民間稲作研究所に通い、そこで油脂植物に着目しました。「土壌の放射性物質の吸収効果とともに、種から絞った油には放射性物質が移行しないという実証結果を知った。これだと思った」と語ります。

2016年４月20日、満開の菜種畑に立つ杉内さん＝南相馬市原町区太田

川田さんらが菜種栽培と油の活用をチェルノブイリ周辺の復興産業として根付かせた理由もそこにありました。』

（ブログ128回『風評の厚き壁を前に／南相馬・新たな希望～相馬農高生の魂』より）

「（15年6月に）ＬＵＳＨからは、『菜種油を、石けんの原料として30トン欲しい』と言われた。しかし、南相馬再生協議会として生産した15年産（同年6月が収穫期）の菜種油は、計30ヘクタールの畑から9トン。私の計算だと、１００ヘクタールに広げる必要がある。16年産の菜種畑は42ヘクタールに増えたが、まだまだ足りない。しかし、これからへの目標はできた」と杉内さん。

15年産の菜種油は、9トンの大半が食用油「油菜ちゃん」、姉妹品の「油菜ちゃんマヨネース」の原料となっていました。ＬＵＳＨからの注文に可能な限り応えようと、杉内さんたちは５５０キロ分を送ったといいます（一部は英国本社に送られ、商品開発に用いられました）。「何よりも、一番の課題だった南相馬産菜種油の販路が、一気に開けることになったのがうれしい」。杉内さんは語りました。ＬＵ

ＳＨ側は16年産菜種油も１～１・５トンを買い入れたい意向で、継続的な提携を約束しました。「現在は収穫した菜種を栃木県の施設に運んで搾油しているが、産地として地元に搾油所を設けたい」

　晴れの舞台となった、ラッシュ・ジャパン品川オフィスでの商品発表会があったのは２月15日。さまざまなメディアが詰めかけました。「つながるオモイ」について、同社は「ＤＲＯＰ ＯＦ ＨＯＰＥ」という英語名を付け、「たくさんの人の希望を湛えるひとしずくのオイル。福島・南相馬産の菜種油に託された、溢れんばかりの『オモイ』も一緒にソープにしました」と紹介。担当者は「南相馬の生産者が育てた菜種油を商品に使うことで、震災からの復興を支援したい。それまでも菜種油を原料に用いることを検討していたが、『顔の見える』生産者のものを消費者に届けたい」とアナウンスしました。

2016年３月１日に発売された「つながるオモイ」と、原料になった菜種油の商品「油菜ちゃん」＝LUSH 東京事務所の発表会

　出席した杉内さんは登壇して話しました。「菜種油を通して、地域の農業も経済も再生したい。原発事故を契機に若い世代が避難、流出した。もう住める所ではないと感じたのかもしれない。前に進む勇気も失いかけた時期もある。だが、菜種は、チェルノブイリ

での取り組みから、地域の再生につながると確信できた。農業と人の交流も目指したい」。苦闘の実りである商品を両手で掲げて、誇らしそうに」（ブログ136回『帰れるか、帰れぬのか〜南相馬 苦き風評からの再起 その2／菜種の可能性』参照）。

イチゴ栽培の復活

「菜種だけじゃなく、太田の希望の星がもう一つある。イチゴを復活させた若者がいるんだ」。奥村さんから、こう紹介されていた人がいます。32歳の農業大和田祥旦《よしあき》さん。奥村さんと同じ下太田集落に立つ15アールのハウスを訪ねたのは、16年2月2日です。原発事故の後、5年ぶりとなるイチゴの収穫を始めたばかりで、ハウスの中には見渡す限り、まぶしい緑と白い小さな花、赤く色づく「とちおとめ」の実がありました。ブーンという小さな羽音は、授粉をするミツバチたちです。

東北の太平洋岸のイチゴといえば、宮城県亘理《わたり》町、山元町が大産地で、相馬市の観光農園も知られていますが、南相馬市内の栽培農家は数戸だけ。なぜ、仕事に選んだかを大和田さんに尋ねると、「イチゴが好きだから。味が大好きで、自分で食べたいから」と屈託なく笑いました。ハウスは農家の父親が15年前に建て、キュウリ栽培をしていた施設を利用しています。後継者として滋賀県内のタキイ園芸専門学校で学び、静岡、栃木両県内の観光農園などでイチゴ作りを研修。「生食で勝負し、じかに消費者とつながれる」という醍醐味を知り、２００７年に実家に戻って就農すると同時に「酸味と甘さのバランスが一番いい」というとちおとめの栽培に挑戦しました。そして、東日本大震災の発生は5年目のシーズンのさなか。「技術も品質も販路も、やっと順調な軌道に乗ったところだった。得意先になった市内のスーパーのイチゴの棚の8割を自分の品で占められるようになり、ケーキに使ってくれるお菓子

2016年２月２日、原発事故を挟んで５年ぶりにイチゴを収穫する大和田さん

屋も1店できた。足場が固まり、贈答用の箱も新調して、これから広げようとしていたところだった」

あの日、11年3月11日の午後2時46分は、朝から昼過ぎまで収穫したイチゴをパック詰めしていた時でした。幸いにも、自宅に大地震の被害はなかったのですが、市内で漁師をしている母親の弟から「津波で家が流される」という悲鳴のような電話がありました。「行けるところまでいってみよう」と車で浜の方角に向かい、途中、すさまじい津波の惨状を目撃して戻らざるを得ませんでした。「(福島第1)原発がやばい。万が一の時は誰かに手助けしてもらえたら」と「ｍｉｘｉ」で友人たちに状況を知らせ、12日の午後3時ごろ、北隣の相馬市と接する鹿島区の親戚宅に家族で身を寄せました。間もなく、「ドン」という爆発音が20キロ余り南の福島第1原発から響き、テレビが水素爆発発生の異常事態を告げていました。危機が迫ったと感じた大和田さんは、家族、親戚の計12人で避難を決意します。西隣の飯館村に向かう峠道の大渋滞に巻き込まれながら、山を越えて会津まで車を飛ばしました。

「14日になって園芸専門学校の先輩から連絡があり、『（会津若松市近郊の）東山温泉に身内の旅館があり、被災者を受け入れる避難所になっているから行ってみろ』との情報をもらった」。ところが、犬と猫を同伴していたために旅館に入れず、「うちの家族の5人と2匹で、磐越道をさらに進んで新潟を目指すことにした」。新潟市は縁のない土地でしたが、不動産屋を探して水道、ガスがすぐに使える空き家を見つけました。ここでも助けてくれたのは、園芸専門学校の先輩です。「OB会の新潟支部長が借家の近所にいて連絡をくれ、親身になって世話をしてくれた。避難所や、民間で支援活動をする人を訪ね、仮住まいに必要な物資を得ることもできた。だが、生活費を稼がなくてはならず、3月25日には仕事を見つけて動き出した。自分と両親は農家の手伝い、妹はファミレスでバイトに通った」

父親は5月、母親も6月には太田に戻りました。原発事故後の混乱から間もない当時の太田の様子を、ブログ22回『相馬・南相馬　見えない壁を背に』（11年5月16日）がこう伝えています。

『太田地区では、3月12日に起きた第1原発の水素爆発事故の3日後、南相馬市の手配したバス5台で子どものいる家族らの避難が始まりました。20キロ圏に接する地域と線引きされて、住民の自主避難が相次ぎ、区長会もいったん解散となりました。「地区で残った人は1割くらいだった」と、自身も踏みとどまった奥村（健郎）さんは語りました。

残った区長や市議らが、ボランティア活動という形で再び集ったのは3月23日でした。20キロ圏内となった南隣の小高区で、避難後の無人の家々で盗難が起きているという話があり、自主防犯のパトロールを始めたのです。また、「『避難先で迷惑を掛けるから』と高齢者が残る家もあり、民生委員も残って回っていた。われわれが一緒に支えなくては、というのも活動のきっかけだった」。

残った人々は、放射能への不安を募らせながらも、「避難した農家の大型ハウスを、みんなで有効に生かさせてもらおう」と、キュウリやコマツナ、シュンギク、イチゴなどを「孤立無援のろう城」の生活の糧として、食べつないだそうです。

4月に入ってからは避難先から戻る人が増え、同25日になって区長会も再開。「今は、世帯のおよそ8割が戻った。男の人は1日も早く働いて収入を得ないといけないし、子育て中のお母さんたちは避難先にとどまるという家も多く、住民の数にすれば、まだ6割くらい。今の状況では仕方がないのかもしれないね」と奥村さんは語りました。』

原発事故後の初出荷

大和田さんが妹と一緒に帰郷したのは翌12年夏。きっかけは「イチゴから、また作り始めるか」という父親からの農業再開の相談でした。現実には原発事故のため、南相馬の人口のまだ半数以上が市外に流出していた時期。商店街や商業施設の再開も道半ばで、厳しい風評も地元産品にのしかかっていました。大和田さんが自力で開拓したイチゴの販路は途切れ、「東京電力の賠償がどうなるかも分からない中で冒険ができず、まずは作りやすいキュウリから始めよう」と決まりました。それから3年、イチゴは見果てぬ夢の日々でした。

「それでも諦めたくなかった」と大和田さん。父親のキュウリ作りを手伝う間、「ブランクだけは出さないようにしよう」とイチゴの親苗を農協から仕入れ、10月ごろから冬越しさせて、春にプランターに移す作業を辛抱強く続け、親苗を約200本に増やしていきました。

「ぼちぼち地元産を取引できる状況になってきた。また、イチゴを出してもらえたら」。得意先だった市内のスーパーから待ちに待った連絡をもらったのが14年暮れ。「うれしかったが、久々なので心配はあった」と大和田さんは言います。原発事故前までイチゴを作っていた畑とは違う場所で栽培することになり、「何年もやって分かる畑の土の『癖』が、最初は分からなかった」という手探りからの再出発でした。原発事故に心折れることなく、再起の希望とともに守り育てた親苗を定植したのは15年11月。

苗は病気を出すことなく、すくすくと伸びて実を結び、16年2月1日の朝、原発事故で中断して以来5年ぶりの収穫を迎えました。「最初の実りは、震災前にひいきにしてもらったお客さん、苦しかった避難生活を助けてくれた人たちに食べてほしい。会津や新潟をはじめ、全国にいる園芸専門学校の先輩や仲間たちに、真っ先に」。心を込めて詰めた初採りイチゴの送り先は約30カ所にもなりました。

本格的な販売・出荷を始めたのは2月15日。1日15箱と少ない量でのスタートでしたが、「イチゴのシーズンが終盤になる5月には、日に60箱は出したい。それを目標に勝負する」。原発事故前、クリスマスのケーキを中心に得意先だった菓子店も「地元の新鮮なイチゴが欲しかった」と仕入れを再開してくれました。大和田さんの友人がなじみにしている市内のバーからは「南相馬の旬の味を生かしたカクテルを作りたい。その材料に」と注文が寄せられました。「市内のイオンにある農協直売場にも出している。ほそぼそとだけれど、販路は広がっている」。贈答用の注文も、宮城県内にいる園芸専門学校のＯＢ仲間からよく寄せられるといい、大和田さんの挑戦は風評の「壁」にも風穴を開けつつありました。

「これから、南相馬でどう生きていきたいか?」。取材の後、大和田さんにこんな質問をしてみました。南相馬市内のイチゴ栽培農家がいま、原発事故前の半数の5人しかおらず、若い人もほかにいない、という話を聞かされ、被災地の農業青年としての孤立感はないのか、少し気になったからです。

「自分はここで、昔からの人のつながりを一番大切にしていきたい」。大和田さんからは、迷いのない答えが返りました。「正月の神楽、運動会、芋煮会とか、どこでも集落ぐるみでやらなくなってきた。親の世代が、息子たちに田舎の面倒事に巻き込みたくないと、行事を簡素化してきたこともある。でも、そこから出てきた問題もある。若い人たちが地元でも顔を合わせる機会が減ったんだ。仕事が農家だけでなく、ばらばらになったからなおさら」

「太田では、水田を広げる基盤整備事業が計画されているが、若い人の声が出てこない。この地域を復興させていくのは国の事業ではなく、人の力。そのつながりを再生してこその復興なんだ。原発事故で一度切れかかった、昔からの人のまとまりをつなぎ直したい。自分はそれをやっていきたい」

大和田さんは「下太田青年団のメンバーなんだ」といいます。私は、青年団が健在だと知って驚きました。昔ながらの地域文化が残る東北でも、農村の若者流出とともに希少な存在になっていたからです。「自分を入れて現役が6人、OBが6人。昔は太田地区青年団という大きな組織があったが、いまはこの下太田だけ。おととしから、自分も仕掛け人の一人になって動き始めた。近々、集まりがあるんだ。来てみたら面白いよ」。杉内さん、奥村さんら原発事故後の太田を背負う50～60代の苦闘を追ってきた私も、若い世代との新たな出会いにわくわくとしたものを感じていました。

下太田の若い力を結集

東日本大震災の発生から丸5年を過ぎて翌日の3月12日夕、薄暗くなった田園の道を若者たちが次々と下太田集会所に集まってきました。傍らにあるモニタリングポスト（24時間の放射線量測定装置）に「0・156（マイクロシーベルト毎時）」という低い空間線量の値が赤いLED電球で浮かび上がっています。きれいな緑の畳敷きの部屋に上げてもらうと、壁の鴨居の上に何枚もの集合写真が掲げられており、その1枚に、赤い獅子頭を真ん中にした紺地の和服姿の10数人の若者が映っています。大和田さんの顔も見つけました。下太田の神楽の一座です。「毎年、元日の朝5時50分に、俺たち青年団がこの衣装で集まって、相馬太田神社と地元の三つの祠《ほこら》を巡って、最後は公会堂の新年会で舞って悪魔祓いをする。11年の元旦に神楽をやって、原発事故を挟んでその年の暮れに新潟から（一時帰省で）戻ったら、けっこう仲間が帰ってきていて、早速、神楽の練習をした。下太田の神楽は途絶えなかった。原発事故の年に集落の運動会もやったんだ」

2016年３月12日夜、集会所で打ち合わせをする下太田青年団（左端が大和田さん）

この夕方、青年団のメンバーが8人集まりました。「いつものようにやりますからね」と大和田さんが言うと、若者たちは長テーブルと座布団を並べ、瓶ビールと乾きもののおつまみ、メンチカツや春巻きを広げて、乾杯をするやいなや議論を始めていました。14年11月以来、地域の住民に呼び掛けて継続的に開いている「下太田を考える会」という集いを、この3月末に新趣向で催すといい、それに向けた打ち合わせでした。「地元に残った若い仲間たちで、まず太田の復興

2016年３月26日、青年団が催した「下太田を考える会」

事業がどうなっているか、自分たちに何ができるか、上下の世代、地域の人が考えを持ち寄ることで何が見えてくるか。そこから議論を始めた。原発事故の後に途切れかけた交流とつながりを継承しよう、という場なんだ」。まとめ役で、建設業に携わる青年団長の高野博信さん（37）はこう話しました。

その2か月後には、南隣の避難指示区域・小高区の現状を知る――をテーマに第2回の「考える会」を開き、翌15年4月に「有機農業の里」で有名な二本松市東和町の農業復興と地域づくりを視察に行き、同7月の第4回には「ホタル復活」のプロジェクトが生まれました。「子どものころ、ホタルがいっぱい飛んだが、いつからか見なくなった。その復活も故郷の大切な風景の継承」と高野さん。青年団は水路の草刈り作業をし、夏休みに入った太田小の子どもたちとゲンジボタルの幼虫の放流大会を行いました。「ホタルが飛ぶのは6月。去年秋に大雨があり、幼虫が流されていないか、不安もある」と大和田さんは言います。下太田の大人も子どももホタル復活を待ちかねています。

「この土地で暮らし続けるということ」の題で、次の「下太田を考える会」があったのは3月26日夕でした。講師は首都大学東京教授の玉野和志さん（社会学）。NHKの「クローズアップ現代」で町内会のコミュニティの課題や可能性を話していたのを大和田さんが観て、ぜひ招いて話を聴いてみたいと考えたそうです。会場の下太田集会には、青年団の大先輩である奥村さんや行政区長ら20人が詰めかけました。人口が流出し、都市側から切り捨てられた地方、過疎地域、限界集落から、いま、危機感と裏返しの工夫と地元の資源を駆使した生き直しの動きが始まっている――と玉野さんは語り、被災地となって過疎化と農業衰退が数十年早まった観のある太田の人々に希望を抱かせました。「生産者が消費者とじかにつながっていく」「集落の良さを残し、維持することに価値が生まれる」。大和田さんがイチゴや青年団でそれぞれ挑んでいることにも新たな光が当てられていきました。

バイオエネルギーへの挑戦

16年4月20日。なだらかな阿武隈の山並みに縁取られた広い田園風景は、農地除染の廃棄物置き場の白いフェンスが目立たぬほど、まぶしい黄色にあちこち染まっていました。「今年も南相馬農地再生協議会主催の『菜の花畑お花見会』を、30日の日曜に予定しているんだが、暖冬で菜種の生育が思った以上に進み、10日余りも早く満開になった」。奥村さんから半分困ったような声の電話をもらい、「下太田を考える会」に参加して以来、久々に太田地区を訪ねました。隣の小高地区の避難指示解除時期に合わせて16年中の復旧が見込まれたJR常磐線・太田駅のすぐ東側に、杉内さんの計65アールの菜種畑があります。ここで15年9月27日、地元の相馬農業高の生徒ら約１００人が参加した種まき体験会があり、その満開の姿をぜひ見たいと思ったのです（ブログ136回『帰れるか、帰れぬのか～南相馬　苦き風評からの

再起　その2／菜種の可能性』参照)。

1本1本の花の密度と背丈が整った生育ぶり、花びらの黄色の濃さ、それらが溶け合った景色の見事さは想像以上でした。「農地再生協議会の活動に刺激されて菜種をまく農地が増えたが、大抵はまきっぱなし。花が疎々《そそ》としか咲かない。われわれは最終的に油を搾ることが目的なので、菜種の量をできるだけ多く取れるように育てねばならず、しっかりと追肥をやっているんだ」。手塩に掛けた春の楽園の真ん中に立った杉内さんの言葉に、地域の復興を目指す篤農家の気迫がにじみました。

「原発事故からの5年を考えると、放射能の汚染さえなければ、みんな、いまごろ震災後の生活、生業の再建に取り組んでいただろう。地域社会を立て直すには、放射能という得体の知れないものに向き合わねばならず、どう取り組んでいいかも分からず、模索の末、チェルノブイリの経験を生かせないかと考えた。その成果と呼べるものが、菜種栽培と油の商品化だった。コメをはじめ他の作物が厳しい風評にさらされた中にあって、菜種の油に放射性物質は取り込まれない――というチェルノブイリなどでの実証結果が、われわれの希望になり、活動の土台になり、復興への思いを込めた商品になった」

杉内さんたちの思い描く未来図は、菜種油の産地づくりだけにとどまっていませんでした。「当初から菜種油と両輪で考えてきたのが、油を取った後の搾りかすを活用したバイオエネルギーだ。地域で生み出す貴重な資源の循環利用であり、エネルギーを自給して住民の暮らしに還元することで、未曽有の原発事故の被災地として、原発事故の教訓を実践した地域社会づくりをしていける」

その具体化のために杉内さんは4月上旬、奥村さんと共に「脱原発」を国策としたドイツのバイオエネルギー企業のプラントと、ライプチヒにあるバイオガス研究センターを視察してきました。そのプラントでは、地域の農業を担う畜産農家から出される牛の糞尿を原料としてメタンガスを製造し、地元の

2016年４月上旬に視察したドイツのバイオエネルギー施設の写真を見る奥村さん＝４月20日

熱エネルギー需要を賄っています。研究センターでは温水利用の魚養殖もしており、発酵後にできる液体も肥料として農地に還元する方法も開発されています。現地で生産される主な穀物である麦も、価格が下落した場合は、バイオガスの燃料として買い入れられるといいます。

「われわれの菜種とは原料が異なるが、地元の産業と暮らしに根差し、密着した持続的なエネルギーづくりが現実であることを学ぶことができた。この太田でも、これからさらに作付けを増やす菜種の自前の搾油所を設けることが当面の目標だ。その先の計画として、搾りかすからガスを製造するプラントの実現に取り組みたい」と杉内さん。バイオエネルギーの熱を何に使いたいのですか、との問いには「まず、高齢化社会が進むこの地域の住民たちに開かれた保養、交流の施設をつくり、そのお湯や暖房に還元できたらいい。南相馬に住み続けるための良い環境をつくっていく一歩として」

実際には、菜種だけではバイオガス原料を賄えない、と杉内さん、奥村さんらは考えており、「去年から、原料として期待できる飼料作物のデントコーンを試験栽培している」（奥村さん）。日本でバイオ

2016年４月30日、相馬農業高生や各地の支援者ら約70人が交流した「菜の花畑お花見会」＝南相馬市原町区陣ケ崎

エネルギープラントを手掛ける企業も構想に関心を持ってくれているといい、「軌道に乗っていけば、将来は４００～５００ヘクタール規模の原料生産の農地が必要になる。小高区（政府による避難指示が同年7月12日に解除）では、農家の多くが風評のため稲作再開を半ば諦めている。そんな農家仲間に参加を呼び掛けていくことができる」。菜の花畑の上の空に、杉内さんの夢は広がりました。

そして4月30日、南相馬農地再生協議会が呼び掛けた「菜の花畑お花見会」は好天に恵まれ、満開を過ぎた黄色の花も雨風に耐えていてくれました。杉内さんらメンバーが育てた菜種の畑を巡る見学ツアーに、今年も菜種栽培で協働する相馬農業高の生徒たち、南相馬の住民のほか、菜の花を広める活動をしているＮＰＯ関係者らが全国から集いました。太田をはじめ市内各地に広がった黄色い菜の花の海がにぎやかな交流の場にもなることを、私は初めて知りました。太田の人々が模索してきた新しい地域の生き方の種が、ようやく芽をふき始めました。

大悲山、祈りの磨崖仏を守る

途切れない参拝者

『知られざる磨崖仏群が南相馬市にある。東京電力福島第1原発事故で避難指示区域となった小高区泉沢にある「大悲山《だいひさん》の石仏」。全戸で保存会をつくる住民は地元を離れ、市内に残る石井光明さん(68)、島田滋さん(69)が草刈りや掃除に通う。市は来年4月を避難指示解除の目標としており、「何戸戻るか分からないが、祭りなど人が集う場を復活させていけたら」と願う。

大悲山は、薬師堂、観音堂、阿弥陀《あみだ》堂の3カ所に平安期の磨崖仏群があり、国の重要文化財。54戸の泉沢地区では原発事故後、住民が市内外に避難。大悲山の保存会も休止し、それぞれ原町区、鹿島区に移った石井さんと島田さんが地元に通っている。古い信仰の場を守る活動は2013年4月の本紙「ふんばる」で紹介された。

泉沢地区では家屋の除染が終わり、現在は農地で作業が進む。避難指示解除後の帰還の意向を行政区が聞いた住民アンケートでは「帰りたい」の回答は14戸。石井さんは戻るつもりだ。

築38年の自宅は東日本大震災で損壊し、本年度中に解体される。新築して妻一枝(63)さん、相馬市にいる次女夫婦と一緒に暮らしたいという。「17歳から横浜、川崎の町工場で働き、帰郷して建てた家だ。あの苦労を捨て去ることはできない」

島田さんは戻ることを諦めた。自宅の屋根に穴が空いて雨が入り、雑草が生えた。「家族が帰りたくない気持ちなので」。専業農家で、周囲では数年がかりの農地復興事業が計画されるが「後継者がおらず、また農業をやれるかどうか」。

大悲山では避難中にもかかわらず、磨崖仏9体が並ぶ薬師堂に参拝者が復活し、関東から年数千人が来る。震災で高さ9メートルの千手観音像の覆屋《おおいや》が全壊したが、市の再建工事が来月下旬に終わる。市文化財課は「広く紹介していきたい」と言う。

「地元から大悲山をもり立てる時。何戸が戻るか分からないが、自分たちは関わり続ける」。福島県から現地の自然環境保護指導員も委嘱された石井さんと、島田さんは口をそろえる。

大悲山の例大祭は毎年2月8日。小高区の金性《きんしょう》寺住職が護摩祈禱をする習わしだが、中断したままだ。ことしは、その日に先立って保存会の有志約20人が近隣から集まった。境内にある樹齢約１０００年の「大杉」のしめ縄を、わら50束で作って奉納した。石井さんは言う。

「来年も集まろうと決めている。皆の近況とともに、保存会の総会や例大祭を復活させていけるかなど、いろんな話を始めたい」』（２０１５年12月15日の河北新報社会面『その先へ　３・11大震災』人が集う場取り戻す／『大悲山の石仏』保存会より）

これは、南相馬市小高区の泉沢地区の山中にある「大悲山」という平安時代の磨崖仏群（仏教遺跡）を、２０１１年3月11日の大震災・原発事故の後も地元に通って守り続ける2人の住民を追った記事の続報です（13年4月10日の河北新報社会面連載『ふんばる』～地域信仰の守り神に再び住民集う日、願って～、

大悲山の薬師堂にある平安時代の磨崖仏たち＝2015年８月31日

同月1日のブログ91回『石仏の守り手・南相馬市小高』参照)。

福島第1原発事故の旧警戒区域（20キロ圏）とされ、全住民の避難が続いた小高区について、桜井勝延市長は13年12月、除染完了を前提として避難指示解除を「16年4月とする」との方針を打ち出していました。隣接する福島県飯舘村が政府から決められた解除時期（17年3月）よりほぼ1年早い目標設定でした。環境省は16年3月末、「宅地など生活圏の除染が完了した」と発表しましたが、飯舘村と同様、住民にとって問題は山積していました。この話は、石井さんと一緒に大悲山を再訪した15年8月末の取材から始まります。

聖地として１１００年

サルスベリの大木が、燃えるように鮮やかな紅色の花をいっぱいに咲かせていました。無人状態の旧小高町の商店街から、やはり原発事故以来、電車が止まっているJR常磐線（北の相馬～原町間は運転）

に沿って南に車を走らせて約10分の泉沢集落。そこから西の里山に分け入る道を進むと、駐車場が開け、大悲山への参道があります。既に2年余りの取材の縁を重ねた石井さんは、小雨降るこの日も避難先の原町区橋本町の借り上げ住宅から泉沢の自宅近くにある大悲山に通い、雨具に長靴、麦わら帽の姿で夏草を刈っていました。参道の急な石段を上ると、史跡の一つ、古い木造の薬師堂があります。靴を脱いでお堂に入り、石井さんが照明を付けると、空調のため設けられたガラス戸の向こうの暗がりに、高さ約3メートルの9体の磨崖仏が浮かび上がりました。どれほどの歳月と情熱で岩壁に刻んだのか、平安期以来の聖地となってきた荘厳な仏教世界です。

全住民避難の間も途切れない大悲山参拝の記帳者を数える石井さん

石井さんは、奉納された幟《のぼり》や折り鶴がある堂内の木机に載った帳面を開き、記帳された名前を数えました。茨城県などからの参拝者が原発事故後も絶えず、それが石井さんの希望になりました。次の一節は、13年7月30日の河北新報の記事です。

『ツアーバスが訪れるようになったのは昨年11月から。「新しい参拝者の記帳が増えているのは知っていたが、

壁に無数のひび割れができ、家全体がゆがんだ石井さんの自宅

実際にバスの乗客たちと現地で話したのは最近です」と保存会の石井光明さん（66）は言う。

バスを運行しているのは水戸市の「石塚サン・トラベル」（綿引薫社長）。震災直後から毎週、石巻、東松島両行きのボランティアのツアーバスを企画し、計約1万6000人を運んだ。

南相馬市へのツアーについて同社は「被災地を訪ねることが支援になれば、という年配者向けに企画した」と話す。（中略）6月上旬に夫婦で参加し、大悲山を訪れた角谷喜代子さん（78）＝水戸市＝は「立派な磨崖仏があることに驚いた。でも、誰も住んでいない小高区の風景に泣けた。地元の人たちの思いを伝えたい」と語った。』


「大悲山でも除染の作業が行われて、参道や境内の（放射性物質を含んだ）土が5センチ削られ、新しい砂利が敷かれた。今月22日に市の住民説明会があり、小高区全体で25％の除染が終わったそうだ」。石井さんは地元の近況を語りました。お盆の時期を挟んで小高区住民が一時帰宅できる「特別宿泊」（政府が許可）は8月31日で終わったものの、引き続き3カ月延長される、といいます。しかし、石井さんにはよそ事の話でした。大悲山を下りて、泉沢の集落にある石井さんの自宅に立ち寄りました。クリーム色のサイディングがモダンな2階建ての家です。外観は何でもなさそうですが、中に上げてもらうと、11年3月11日の大地震で全体がひどく痛めつけられたことが分かりました。建物はゆがみ、壁と床、天井の継ぎ目が至る所でずれ、壁はひび割れだらけで、崩れている部分もありました。次に大きな揺れがあれば、一気に倒壊しそうな危うさでした。

古里を去る無念

「とても住めないのは明らか。だが、市が一部損壊としか見てくれない。解体申請を2度出したが、その度に却下されている。集落では、もう家を解体し終わった人もいるのに。このままでは、泉沢に帰りたくても帰れない。諦めずにまた申請してみるつもりだが」

小高区が避難指示解除となれば、石井さんは帰還するつもりでした。それだけ愛着の深い土地だといいます。小高駅前の指物大工の家に5人兄弟の長男として生まれ、「金持ちの子しか高校に上がれなかった」という時代、中学を出ると職業訓練校で木工を習得して、17歳で「金の卵」として上京。都内、埼玉県内の木工の会社を経て、横浜にあった日東樹脂工業という会社で働きました。24歳でいったん辞めて帰省した後、世話になった前の職場の労務部長の紹介で川崎市の下請け企業に入り、当時人気があった家具調ステレオのカバーを作ったそうです。そこの社長の言葉が、若い石井さんを奮起させました。「石井くん。君は長男なのだから、お金をためて、故郷に立派な家を建てるんだぞ。頑張れ」

その激励通り、懸命に働いた石井さんは30歳で実家に戻り、小高町（当時）にあった籐製品作りの会社に再就職し、縁あって泉沢に買った土地に両親と暮らす家を建てました。友人の紹介で知り合った原町市（現南相馬市原町区）出身の妻一枝さん（63）と結婚した時、32歳でした。苦労を重ねた末に新しい家と家族を持った泉沢は、石井さんの新しい古里になりました。

『石井さんは、「福島第1原発で22年間、保守点検の仕事をした」と言います。東京電力の協力会社の一つで働き、60歳で定年を迎えた後も2年残り、平成20年に辞めたそうです。「定期点検などで原子炉建家の清掃作業をやったんだ。4、5人で班を組んで、スコッチブライトで市販の洗剤で落としたり。フル装備で原子炉の炉心にも入って除染をした。一番汚染がひどい『C、D』レベルの時は、放射線量が最高で0・80くらいだが、30〜40分、往復の移動時間を除けば20分くらいでやらねばならなかった。女川、志賀、大飯（原発）にも班長で出張したよ。福島第1では、重要機器の耐震設備があった記憶があるが、あの原発事故を知った時は正直、『そんなことがあっていいのか？』と不思議だった」

泉沢から避難したのは、福島第1原発で3度目の爆発があった11年3月15日の午後。最初の爆発から3日目でした。「それまで家の片付けをやっていた。11日の地震の後、一時停電になったが、電気が戻り、テレビで翌12日の爆発を知った。原発の中のことまでよく知っているつもりで、まさか、という安全神話が自分にもあったんだ。15日までとどまったが、親子3人暮らしで年頃の娘もいるので、もういかんと思った。いったん（南相馬市）原町に避難した後、縁者のいる（宮城県）白石市に移り、原町区の借り上げ住宅への入居が決まった（同年）10月までいた」』（ブログ91回『石仏の守り手・南相馬市小高』より）

南相馬市小高区の泉沢にある大悲山・薬師堂と石井さん＝2015年８月31日

石井さんが原発（原子炉など）のメンテナンスを行う双葉町の会社に勤めたのは40歳の時。１カ所の仕事を請け負えば半年間、家を離れざるを得ないという出張生活を続けました。さすがに家族との暮らしに落ち着きたくなったといい、「65歳まで働けたが、３年早く辞めた。あのまま続けていたら、福島第１原発事故に遭遇したかもしれない」と言います。

橋本町の借り上げ住宅では一枝さんと２人暮らし。「うちの実家のある石神地区はナシの産地。お世話になった川崎の会社の社長に毎年贈っていたけれど、原発事故の後は（送るのを）やめたの。もらった人が風評を気にして困るかと思って。小高でコメを試験栽培している知人がいて、できたコメを配ったら、白鳥の餌にまいた人もいたと聞いた。心が痛む」と一枝さんは、みずみずしく甘い地元のナシをむきながら語りました。「わたしは縫製工場でずっと働いていたけれど、震災の1年前に閉鎖されていた。親たちの看取りをみんな終えて、それだけはよかった」。一枝さんは農家出身で、原発事故前は泉沢の家の庭で野菜や花を育てたそうです。「借り上げ住宅は街中にあって、何もやれない。やる気になれない」

一枝さんは夫と同じく、小高区の避難指示が解除されたら、泉沢に帰りたいといいます。苦労しながら一から家族の歴史を刻んだ場所で、新しい生活をまた始めたい、と。「泉沢には、うちの墓もある。次女（千明さん）は1月に結婚して、共稼ぎし、相馬市のアパートで暮らしているんだが、俺たちが泉沢に新しい家を建てたら、『わたしたちも帰って、2世代で住みたい』と言ってくれている」と石井さんが続けました。希望の笑顔をほっと浮かべて。

ナシの皿がある茶の間のテーブルに、「なじょしてる（どうしてる？の方言）かんいち通信」という前日の8月30日付のミニコミ誌が載っていました。一枝さんの高校の同級生で、小高区出身の市議・渡部寛一さん（63）＝原町区に避難中＝が出している小高のニュース兼議会報告です。その1面の「小高区の保育園・幼稚園通園希望者ゼロ」という厳しい見出しが目に飛び込みました。小高区に住所があり、かつ現在南相馬市の避難先の保育園・幼稚園の通園児60人の保護者48人を対象にしたアンケート調査の結果でした（回答は、うち41人）。

その設問①「園が再開されれば通園させたいと思いますか？」に、「通園させたい」はゼロ、「通園させたくない」は39人。設問②「今後、小高区に住む考えは？」に対し、「住む考えはない」が30人（いずれでも、その他は『分からない』など）。「通園希望者は少ないだろうとは予想していたものの、ゼロとは……ショックです。小高区の復興は容易ならざるものがあることを強く感じます」という渡部市議のコメントが末尾にありました。

樹齢1100年の大杉は何を見たのか

認められた自宅解体

「大震災で壊れた家の解体を、南相馬市がやっと認めてくれた。本年度中にやってくれるそうだ。4カ月も待たされて、今月4日に連絡が来た。受理番号670番だった」

南相馬市小高区泉沢にある磨崖仏群「大悲山」を15年8月31日に訪ねた後、その守り手となっている地元「大悲山三尊保存会」の石井光明さん（69）＝福島第1原発事故後、妻一枝さん（63）と同市原町区に避難中＝から、11月になって電話をもらいました。泉沢の集落にある石井さんの自宅の様子は前述しました。家全体がゆがみ、無数のひび割れがあり、次の大きな地震があれば倒壊しそうな危険が感じられました。が、調査した市は2度にわたって「一部損壊」の評価をし、石井さんが「もう住むのは無理」と再調査を訴えていました。

大悲山を再訪したのは、晩秋の冷たい雨が落ちていた11月26日。石井さんの小高小中学校の同級生で大悲山保存会の仲間、そして、石井さんと一緒に福島県自然環境保護指導員に任命されている農業島田滋さん（70）が同行してくれました。原発事故後、小高区の全住民避難指示とともに、北の相馬市に隣接する鹿島区の仮設住宅で家族5人の避難生活を送ってきました。島田さんもまた、原発事故によって運命をねじ曲げられた1人でした。

『島田さんは、11年3月11日の地震が来た時、炭焼きをしていたといいます。「畑のそばの炭窯に火を入れ、ふたをして焼いていたところ、グラグラと来て窯が割れ、中から火が吹いた。スコップで土をかけて30～40分も掛けて火を消し、家に戻ってみると、屋根瓦がいっぱい落ちていた。1日家にいて片付けをしていたら、翌12日（午後3時36分ごろ）、『バーン』という音が響いた。雷が落ちた訳でもないのに何だろうと思っていたら、南の浪江町の方から車がどんどん通る。たまたま家の前に車を止めた老夫婦に、何があったのかと聞くと、『原発が爆発して、逃げてきた』と言う。泉沢は原発から13～14キロ。翌13日に小高の町の妹宅に半日いて、テレビで爆発事故の様子を見て、これはもうだめだと思った。いったん家に帰って必要なものを車に積んで、原町から飯舘村に抜ける八木沢峠のふもとにある家内の妹宅に寄せてもらった。その間、夜も昼もすごい数の車が峠を登っていく。ここも危ないと思って福島市に向かい、（同市）渡利の福島南高に避難した」

『妻と母親、娘と子どもの5人でひと月過ごした福島南高の体育館では、寒さから母親が肺炎になって渡利病院に20日間入院する事態になりました。4月に入ると高校の授業再開で他の避難所に移ることを余儀なくされ、同市飯坂温泉の旅館に受け入れてもらい3カ月を経て7月、南相馬市鹿島区の仮設住宅に入ったそうです。小高区は警戒区域（原発から20キロ圏）とされ、農家の島田さんは仕事も失って、12年夏から「ふるさと小高地域農業復興組合」という（農家支援）事業に申し込み、ほとんど毎日、津波で被災した水田に茂った雑草刈りやがれき片付けに参加しています。「浜もひどいものだ。今はふんばって生きるしかない」と言います。』（ブログ91回『石仏の守り手・南相馬市小高』

より）

前回8月31日の取材で石井さんの自宅に立ち寄った折、近くにある島田さんの無人の家も外から拝見しました。光沢あるえび茶色の瓦が葺《ふ》かれた大きな屋根の母屋、立派な蔵。この土地に根付いてきた歴史ある農家の証です。その母屋の姿は、しかし、痛ましいほどの惨状でした。地震で落下したのでしょう、屋根の真ん中の瓦がすっぽりとなくなり、むき出しになった板張りの下地は、4年半もの間、雨水にさらされて大きな穴が空いていました。その真下に当たる居間なども湿って朽ちているようで、暗が

2015年８月31日、大悲山からの帰路に立ち寄った島田さんの自宅＝南相馬市小高区泉沢

島田さんの家の中に生い茂った雑草

りに緑色のこんもりした塊が見えました。床下の地面から伸びて繁茂するササのやぶでした。

除染にも晴れない心

「5年近くも雨漏りしていたからなあ」。大悲山の薬師堂を石井さんと見回った後の立ち話で、島田さんはぽつりと話しました。「あの大地震の時に瓦は落ちたが、中はそっくりしていた（無傷だった）んだ。だが、急いで避難することになり、修理どころでなく、家財道具すら運び出せなかった。その間に雨漏りし、家が腐ってしまい、草まで生えた」

自宅は早い段階で「解体」の判定を受け、年明けから工事が行われる見通しでした。しかし、「家族は、もう戻らない、と話し合っている」。奥さん、90歳になる母親、娘、孫と一緒に辛抱して暮らした仮設住宅を14年春に出て、いまは、同じ鹿島区に建てられた災害公営住宅に住んでいます。自宅の解体後、石井さん一家のように家を建て直すのではなく、原町区か鹿島区に新しい家を造ることが家族としての意向になった、と。「当分の間、そちらにいることになるだろう」。島田さんは苦渋を顔に浮かべて、「当分」という言葉を使いました。「俺1人だけががんばって戻っても、どうしようもない」

泉沢では、環境省による全戸の家屋除染が終わり、農地の除染が始まっていました。島田さんは2・8ヘクタールの稲作をする専業農家でしたが、13年3月の取材で「原発事故の影響で、田んぼの土に1000ベクレル以上（キロ当たり）の放射能がある」と話していました。福島第1原発から真北の海岸線沿いは、放射性物質の拡散が薄く、コメ作付け制限の基準値（土壌1キロ当たり5000ベクレル）を下回っています。島田さんの自宅前にある田んぼでも除染作業が行われており、生い茂った雑草が刈り取られて、黒いフレコンバッグに詰められていました。しかし、島田さんの心は晴れません。小高区で

全住民避難の間も守ってきた薬師堂の磨崖仏群と島田さん（右）、石井さん＝2015年11月26日、撮影・及川圭一（河北新報写真部）

は除染の開始が遅れたこともあって、試験栽培以外の稲作の自粛が続き、5年近く農業を離れた島田さんには先行きの不安が大きいようでした。

「泉沢など三つの集落にまたがる水田の復興基盤整備事業の計画（約90ヘクタール。福島県を主体に早ければ17年度に工事開始）があって、大きいところで1ヘクタール区画の田んぼができる。俺も地権者になっているんだ。だが、もう集団営農のやり方でなくては、農業で生活するのは大変だ。（風評も根強く）花など口に入れるもの以外でやっていくならいいと思うが」。ここまで話して、島田さんはやっぱり寂しげです。「元気でいれば、もう一度できるかもしれないが、自分はもうすぐ70歳。農業を継いでくれる後継者もいないから……」

石井さんと島田さんは薬師堂を出ると、参道の急な石段を下りました。入り口に至る途中に巨大な杉の木がそびえ立っています。2人はその前で立ち止まりました。傍らに「天然記念物　大悲山大杉　福島県教育委員会」「霊木　樹齢壱千百余年　古くからお百度巡《めぐり》は特に縁結　安産　長寿満足に霊験あり」という2本の立て札があります。根元は目通り幹周り8・6メートル、高さ約45メートル。樹齢からすれば、大悲山の磨崖仏が彫られた当時から生き続けてきた木です。大悲山では薬師堂の磨崖仏群のほかに、高さ9メートルという巨大な磨崖仏の観音像があり、1959年建造の覆屋《おおい》が11年3月11日の地震で倒壊しました。南相馬市文化財課が再建工事を進めており、それに先立つ発掘調査で、灯明皿として用いられた10世紀前半（平安時代）の赤焼き土器が出土しました。

「泉沢には、大悲山に慈徳寺《じとくじ》という名前が残り、八つの寺が点在する大寺院だったという言い伝えがある。これだけ大きな信仰の場だったのだから。だが、度重なる火災ですべて焼けてしまったそうで、名前以外には何の古文書も遺物も残っていない」と石井さんは残念そうに話しました。この大杉こそが大悲山の誕生と栄華から原発事故まで、1100年の時を超えて知る証人なのでした。

しめ縄作りに集まった住民

大杉には、2匹の大きな蛇が絡まり合って太い幹に巻き付いているような、しめ縄が飾られています。「稲わら50束を使って作り、長さは18メートルもある」と石井さん。大悲山の例大祭は毎年2月8日の「初薬師詣」です。それに先立つ第1日曜、泉沢集落の男衆が参道入り口の集会所に寄り合い、それぞれに持参した地元の新しい稲わらでしめ縄を作り、大杉に巻くのが伝統の共同作業となってきました。例大祭の日には小高の街にある真言宗金性寺から住職が来て護摩をたき、泉沢の集落と参集する人々の安寧を祈禱しました。大悲山を信仰する200人もの善男善女が集い、にぎわったそうです。

「原発事故と避難生活で保存会の仲間はばらばらになり、例大祭もなくなっていた」と石井さん。小高区が旧警戒区域（福島第1原発から20キロ圏）に入れられ、立ち入りもできなくなっていた間、大悲山そのものも無人の山中で眠りについていました。

「だが、今年の2月の第一日曜日に保存会の有志が再び集まり、4年ぶりに新しいしめ縄を作って、大杉に巻いたんだ」。警戒区域や立ち入り制限が解かれ、13年末に南相馬市が「市内の避難区域の指示解除を16年4月に」とした帰還目標を掲げるなど、小高区を取り巻く新しい動きが出てきたことから、石井さん、島田さんが泉沢集落の伝統行事の再開を思い立ち、行政区長が住民に送っている「泉沢通信」に呼び掛けを載せてもらったのでした。「当日、南相馬市内やいわき市に避難中の21人が集まった。みんな、愛着があるんだ。地元産の稲わらはなかったので、相馬市の農家から分けてもらった」。でも、金性寺も原町区に避難中で例大祭は開けぬまま。その復活は泉沢集落の再生につながる課題になりました。

2015年11月26日、薬師堂への参道にある樹齢約1100年の大杉と、原発事故後4年ぶりに泉沢の男衆が作ったしめ縄

石井さん、島田さんが避難先から大悲山に通い、行っている草刈り、木々の剪定、参道や駐車場の掃き掃除、周辺の水路にたまった落ち葉の掘り上げ、

薬師堂の参拝客の賽銭回収などは長年、泉沢の全戸が加入する「大悲山三尊保存会」の共同作業によって担われてきたものです。大悲山には初薬師詣だけでなく、8月初めの週末に恒例の夏祭りがあり、初日が夜7時から保存会の人たちの「夜篭《ごも》り」(昔は身を清めて寺務所で夜明かししました。最近は午後8時半終了)、2日目が本祭りで、護摩を焚いて住民の健康と村の吉事を祈る「村祈禱」、田んぼの豊作を祈る「稲祈禱」が催されました。集落挙げての祭りだったそうです。

「2月に仲間が集まった時、作業をしながら近況を語り合った。みんなの地元への愛着は変わらないが、例大祭の復活となると難しい。まずは休止状態になっている保存会の総会を開かなくてはならないが、その見通しもまだつかない」「帰還するかどうかの意向について、地区でアンケートも行ったのだが、『帰る』と答えた仲間は54戸のうちの14戸だった」。石井さんはこう語りました。

自身は避難指示解除後、自宅を新築して家族と共に帰還するつもりですが、同じく戻るという回答者に「農業をやる」という人はいません。多くは勤め先を定年退職した人たちで、40~50代が3、4人。「10年後の集落がどうなっているか。自分たちも年を取っていく。保存会を維持し、住民が昔ながらに大悲山を守っていけるのかどうか」

古里になった泉沢へ帰る

避難指示解除への不安

東日本大震災から丸5年を迎えた2016年3月11日の昼過ぎ、私は常磐道を南下し南相馬市に向かいました。仙台からほぼ1時間。南相馬ICを下り、市役所がある原町の中心部を過ぎて再び南を目指すと、相馬野馬追の神旗争奪戦の会場、雲雀《ひばり》ケ原に近い住宅地の一角、橋本町に着きます。小高区泉沢から避難中の石井光明さん（69）、一枝さん（63）夫妻の借り上げ住宅を訪ねました。石井さんは、泉沢にある古い信仰の場「大悲山」（平安時代の磨崖仏群）に福島第1原発事故後も通い、各地に離散してしまった住民組織「大悲山三尊保存会」の活動を担い続けています。

「4月を目標に小高区の避難指示解除をする、と（桜井勝延）市長はずっと言ってきた。『予定通り、除染も環境整備も進める』という考えだったのだろうが、現実は不安ばかり。時期が尚早ではないかと、小高の住民からの批判は大きかった。2月20日の説明会では、『4月の解除はありえません』と市長が延期を口にしたよ。解除はお盆ごろになるのではないか、といううわさが流れている」

石井さんは居間のテーブルを挟んで、市が2月20日、小高生涯学習センターで開いた第1回の「避難指示区域解除に向けた避難指示区域内市民説明会」の模様を語りました。1回目が小高区の中心部、2

回目が原町区の避難指示区域、3、4回目が小高区の他地区という順番で2月中にありました。桜井市長が延期を表明した目標とは、13年12月26日の河北新報で次のように報じられていました。

『福島第1原発事故で、南相馬市は市内の居住制限区域、避難指示解除準備区域の避難指示を2016年4月を目標に解除することを決めた。

国の住宅除染が15年度に終わると見込まれ、目標時期を定めた。対象は小高、原町両区の計約400世帯。学校の再開も予定する。(中略) 桜井勝延市長は「解除は除染の完了が前提。商店の再開支援など早期帰還できる環境を整備したい」と話した。』

石井さんが参加した第1回の説明会の前日には、政府が当初の目標通りの実行を南相馬市に求めた動きがありました。政府の原子力災害対策本部の担当者が同月20日に市議会全員員協議会に出席。あくまで4月を目標に避難指示を解除する考えを明らかにし、『今月中に宅地周辺の除染が終わる前提に基づき「故郷での生活を再開し、復興を本格的に進めることが重要」と強調し、理解を求めた。』(2月20日の河北新報より)。

政府の関係者はそのまま第1回の説明会にも出席し、除染作業やインフラ復旧の状況を説明した上で「地域復興に向け4月中に解除手続きを進めたい」との意向を伝えました。これに対し、約300人の住民の間からは除染効果のほか『廃棄物の保管や作業状況など除染に関して疑問が集中。市内の仮設住宅に避難している佐々木より子さん(54)は「現状では若者に住んでもらえない。解除を1年先送りしてほしい」と訴えた。』(2月21日の河北新報より)。避難指示解除を急ぎたいと見える政府の意向よりも、噴出した住民の不安の声を踏まえて、桜井市長は目標の延期を表明したと思われました。

「環境省は3月中に除染作業を終えると言っている。だが、泉沢集落の仲間からは『家の解体を終えてから除染をしてほしい』という要望が上がっている」。石井さんはこう言います。11年3月11日の大地震で損壊したり、避難中に傷んだりした家々の解体事業は16年度も続きますが、古い家屋の解体とともに粉じんが周囲に飛び散り、再び汚染されるという危惧が住民の間で強いといいます。

変わる集落の姿

15年8月31日、大悲山の取材の帰り道に立ち寄った泉沢の集落で、石井さんと共に避難先の鹿島区から通っている大悲山三尊保存会の仲間、農業島田滋さん（70）の自宅を見た時のショックを思い出しました。5年前の大地震で屋根の瓦が落ちて板の下地がむきだしになり、家族の不在中に雨にさらされて大きな穴が空き、その真下の部屋の床も腐って、下から伸びたササや雑草が繁茂していました。「家の様子を見に戻る度に荒れ果ててゆき、悲しくて、帰る気をなくした」という別の小高区住民の話も耳にしました。島田さんの家の解体は説明会と同じころに始まりました。そして、昨年11月、3度目の申請がようやく市から認められた石井さんの自宅の解体作業は、昨年12月16日に始まり、あっという間に更地になったそうです。

「『金の卵』の1人として田舎から働きに出、横浜や川崎の会社でお金をためて、30歳の時に建てた家だった。大型のバックホー（ショベル付きの重機）で、屋根から一気に崩して解体するんだ。見ていて、悲しいというか、どうしようもないというか。何を思っても、元には戻らない。もっとひどい目、悪い目に遭った人がいるのだから」。もう住めぬと分かりながら、石井さんは無念そうでした。

目標がまだ決まらないとはいえ、避難指示解除の話が現実味を帯びてきたことで、泉沢の住民たちも「戻るか戻らぬか」の判断を迫られていました。家を建て直しての帰還を決めている石井さんにも、集落の仲間の模索が少し詳しく伝わってきました。「最近、行政区長さんから聴いたことだが、地区の54戸のうち、戻ってくるつもりの世帯が現時点で30戸あるそうだ」。昨年、行政区が行った避難先の住民のアンケート調査では、帰還の意向はわずか14戸でした。それが、2倍に増えました。大悲山三尊保存会の復活も遠くなくなったといえそうでした。が、石井さんは難しい表情のままです。

「戻ってくるとしても、19戸あったうちの隣組は半分より少なくなる。島田さんの隣組は、10軒あるうちの4軒ほどか。小高区の外に新しい家を建て、帰らないことがはっきりしている人もいる。会うことも話すこともない人もいる。泉沢の行政区をどうするか？　隣組を合併するしかないのか」

石井さんが家族と新しい家に入れるのは2、3年後になるかもしれない、といいます。帰還者だけで新しい共同体を再生できるのかどうか、まだ想像もつきません。自身も来年1月には70歳。保存会を復活させることは一番の希望ですが、それが続かなければ、「市の文化財課に活動を託すしかない。そのことも考えておかなくては」と、家族の事情で泉沢に戻らないつもりの島田さんと語り合っているそうです。

石井さんの仮住まいで話を聴かせてもらっているうち、一枝さんが「ああ、(午後) 2時46分になったね」と時計を指しました。5年前のこの時刻、私自身が仙台の職場の5階で揺られた未体験の恐怖を思い出しました。大船渡で、陸前高田で、気仙沼で、石巻で、相馬で、飯舘村で、この南相馬で、これまで取材で出会った人たちがどのように同じこの時を迎えているか。しばしの沈黙の間、1人1人の顔を思い浮かべました。石井さんは問わず語りに、大震災直後のことを振り返りました。

2016年3月12日、跡形もなくなった石井さんの家と薄暮の泉沢集落＝南相馬市小高区

「仏壇が、あの地震で吹っ飛んだな。家の中がぐちゃぐちゃになった。津波が近くの常磐線の線路まで来ていたことを知らないで、一枝と2人で家の中の片付けをしていた。原発事故が起きて白石市（宮城県）に避難して、4月になってもう一度戻り、家財道具を運び出したが、翌日には（20キロ圏だった小高区の警戒区域指定で）入れなくなった。それから、こんな5年が過ぎるとは思わなかった」

翌3月12日、浪江町方面に通じる旧街道を小高区に向かい、泉沢に着いたのは午後5時ごろ。大地震で建物がゆがんだままだった石井さんの自宅は跡形なく撤去されています。そこから100メートルほど離れた島田さんの家の前に移ると、作業時間を終えた長いアームの黄色い重機、青いダンプカーが目に入り、取り壊し中の大きな蔵が、下半分のなまこ壁だけの姿になっていました。屋根に大きな穴が空いた母屋はもうありません。そこにあったものが消えてしまったことに戸惑いました。数年後、再び近隣に新しい家が建ち、家族の声が聞こえてくる未来

2016年３月12日、解体される島田さん宅の蔵。母屋はなくなっていた

をまだ想像できずに。こんな薄暮の黄昏時を昔の人は、この世ならぬ世界との境が開く「逢魔《おうま》が時」と呼びました。田んぼも周囲の里山も薄茶色に枯れた集落の風景が次第にぼやけていく中、庭々の古い梅の木の花だけが妖しいほどに咲き誇っていました。

現実に戻る人は１割？

南相馬市役所の議会フロアに小高区出身の渡部寛一市議（63）＝原町区に避難中＝を訪ねたのは、それから2週間後の3月25日。一枝さんの高校の同級生で、「なじょしてる　かんいち通信」という小高区住民向けのミニコミ紙兼議会報告を、石井さんの借り上げ住宅で見せてもらったことがきっかけです。切り出されたのは、南相馬市が2月下旬に開いた避難指示区域の住民向け説明会の話でした。

「確かに、４月の避難指示解除はいまの状態では無理ですね、と（桜井）市長は言った。その上で４月中には可否を判断し、時期も明示したい、と」。その判断の前提となるものが、環境省による除染作

小高区の避難指示解除の課題を語る渡部市議＝2016年３月25日、南相馬市役所

業の完了でした。少し時計の針を進めると、４月１日の河北新報には次のような記事が載りました。

『東京電力福島第１原発事故に伴う南相馬市内の避難区域について、環境省は（３月）31日までに宅地など生活圏の除染作業を終えた。市は４月中に作業報告書の確認を進め、避難指示解除の具体的な時期を探る。

除染の対象地域となっていたのは、同市小高区と原町区の一部約４０００区画。環境省では廃棄物の仮置き場への搬入も終えた。４月以降、住民の要望があれば追加の除染を実施する。

国は２月、４月をめどに避難解除する考えを表明。３月までの除染終了に向け、現場作業員を増員するなどしていた。』

この環境省の発表では、３月中に宅地などの除染が完了したことになっていますが、同省の除染情報サイトを見ると、３月31日現在の宅地の除染率は88

％にとどまっています。これは、除染が必要な区画数約４４００戸のうち、あくまで「除染を実施できる条件が整った」約３９００戸について実施を完了した、という実情を示しています。この差は、除染を行うための同意を取れていない地権者が多いためで、ほかの実施率を見ても、農地は33％止まり、道路は39％、森林（宅地から20メートルの範囲まで）は44％にとどまっています。「避難指示解除を言いながら、いまだに泉沢で除染されていない家もある。区内のあちこちで除染作業が続いており、来年まで掛かるのが現実だろう」と石井さんは語っていました。これで帰還しろ、と言われる住民の不安はもっともでないのか、と。

渡部さんの自宅は、泉沢から常磐線沿いに南にある小高区耳谷《みみがい》にあります。家屋の除染は終わっていますが、家の背後にある斜面の雑木林の除染方法について疑問を抱いたそうです。「家の裏手に（里山の端を削った）高さ7メートルの垂直ながけがあり、その上に斜面がある。常識的には、上の斜面の端から20メートルの範囲を除染するべきだが、実際の作業は、がけの一番下から測り始めた。おかしいと言ったが、それが国の基準だという。当事者の現場でなく、都会の役所で考えた理屈だ」

「国は早く復興を宣言したいがために解除を急いでいるのではないか、と言われても仕方がない。市長にも早く解除したい気持ちはあるが、それは、解除の時期が遅くなればなるほど、住民の帰還の意思が薄らいでいく懸念があるから。われわれ住民からしても、5年間待つというのは既に長い」

渡部市議が見せてくれたのは、南相馬市が15年8月にまとめた小高区住民の帰還の意向調査結果です（計１０９７９人のうち８３１４人が回答）。それによると避難先からの帰還意向は、南相馬市（原町区、鹿島区を含む）に「戻る」が20・2％（１６８０人）、「条件が整えば戻る」が26・4％（２１９１人）、「戻らない」（市外への居住を希望）が28・8％（２３９５人）、「わからない」が21・7％（１８０２人）。

2016年３月12日、原発事故から丸５年が過ぎた小高の商店街＝南相馬市小高区

放射線量が比較的高い山沿いの西部では、「戻る」が14・7％（348人）、「戻らない」は34・9％（827）。津波で被災した海岸部の東部でも「戻らない」が36・6％（682人）でした。このうち「小高区に戻る」という意向の人は、さらに減って全体の13・7％（1141人）にとどまりました。「厳しく見て、現実に戻る人は1割くらいでは」と渡部市議は推測しています。

小高の街はどうなる

３月11日に泉沢へ行く途中、通過した小高の中心部のありさまを思い出しました。南相馬市への合併以前から旧小高町は商業で栄え、相馬地方でも大きな商店街がありました。大震災前には約350事業者が小高商工会に名を連ねていましたが、福島第１原発事故後は全住民が避難し、無人の街に。その後、避難指示解除に先駆けて少しずつ店や事業者が戻り、２年前の計30事業者から現在42事業者に増えています（ほかに152事業者が福島県内外で再開）。しかし、実際には建設業関係が多く、営業している小売業者はわずか7店。商店街の多くの店がシャッターを下ろし、ショーウィンドウ内の商品が震災当時のままめちゃめちゃだったり、外壁が崩れかけていたり、解体中だったり更地になったりした店の跡もあります。

街そのものの再開を準備する動きも出てきました。商店街の一角には、小高区外の仮設住宅で暮らしている住民を迎え入れる災害公営住宅が建てられています。次のようなニュースもありました。

『東京電力福島第1原発事故に伴う住民避難が続く南相馬市小高区で28日、仮設店舗「東町エンガワ商店」がオープンする。地元小売店の大部分は休業が続いており、来春目標の避難指示解除に向けて市が整備した。

小高区中心部のJR小高駅近くに立地。店舗面積約150平方メートルで食料品や日用雑貨など約1500点を扱う。運営は地元の商業者が担う。』（15年9月28日の河北新報より）

『南相馬市が同市小高区に整備する復興拠点施設の概要が固まった。東京電力福島第1原発事故からの地域再生に向け、住民交流、商業振興、子育て支援など多様な機能を持たせる。今後詳細設計に入り、2018年4月のオープンを目指す。』（16年2月26日の河北新報より）

帰還意向の調査結果で小高区に「戻る」という人の8割は50～80代。高齢者を支える医療面では『東京電力福島第1原発事故の影響で診療休止を強いられた南相馬市小高区の開業医2人が、地元での再開準備を本格化させている。今春にも予定される避難指示解除をにらんで再スタートを決めた。帰還する住民は高齢層が中心になるとみられるだけに、地域から歓迎の声が上がりそうだ。』（16年2月2日の河北新報より）との朗報もありますが、入院・介護の施設再開の見通しはまだありません。
渡部さんが心配するのは学校です。小高区の小学校（4校）中学校（1校）は鹿島区の仮設校舎で授業を続けていますが、児童生徒の在籍率は2～3割で、小学校の16年度新入生は6人。市教委は避難指示解除を見込んで16年8月（2学期）から小高区で小中学校を再開させる方針でしたが、15年11月に小高中の保護者たちが再開の先送りを求める請願を市議会に提出しました。県立の小高工業高が17年4月に再開する予定なのに、「なぜ小中学生が早いのか」という疑問も広まったそうです。ここでも地域再生を急ごうとする行政の思惑と住民の不安がぶつかりました。「市教委は2学期から再開する目標を断念して、早くても17年春に延期する考えを固めたようだ」と渡部さんは話します。

5年前の3月11日、渡部さんは市議会の本会議中に大地震に遭い、急きょ戻った地元の耳谷地区の大半は幸いにも津波の被災を免れ、家も無事でした。「原発事故が起きて、全住民避難となったが、市議である以上は南相馬を離れられず、原町区の知人宅を2カ月点々として市役所に通った」。農業後継者であった長男寛志さん（37）は妻、娘たちと共に、大学時代を過ごした愛媛県に避難しました。

『避難後、すぐにミカン栽培を始めた。「放射能の心配のない農作物を福島の人に食べてほしい」。コメや野菜は、風評被害に苦しむ福島の農家と競合してしまう。温暖な土地ならではの果物を選んだ。11年11月、ミカンを初収穫すると、自らトラックで福島の知人の元へ届けた。陸路で1200キロも離れている。周囲から「宅配便を使ったら」と言われたが、「古里とつながっている実感を持ちたい」と配達を続けた。翌年からは収穫量が増え、年10回のペースで通った。』（16年2月20日の河北新

2011年３月11日の震災で崩壊し、再建された大悲山・観音堂の覆屋と石井さん＝2016年３月25日

報社会面『震災5年　3・11あの日と今／古里を離れて⑤』より）

「私は避難指示解除になったら、家に帰るつもりだが、息子は、（現在小学生の）孫たちが高校を卒業するまで戻らない、と言っている」と渡部さん。自身もまた避難生活で家族と離れ、遠くにいる子と孫を思う小高区住民の１人です。不在中の家にアライグマやハクビシンが入り込み、天井に穴が空くほど荒らしていたといい、やはり解体して建て替えなくてはならないと頭を痛めています。

祈りの観音堂復活

南相馬市議会での取材の後、小高区泉沢に向かいました。石井さんと大悲山での待ち合わせを約束していたのです。泉沢集落で島田さんの家の前を通ると、２週間前に解体中だった蔵はなくなっていました。大震災と原発事故は、丸5年を経たいまもなお「被災地を奪い続けている」と感じました。

巨大な観音像を見上げて祈る石井さん＝2016年３月15日、大悲山・観音堂

この日の目的地は、通い慣れた薬師堂ではなく、峰続きの山中にある信仰の遺跡、観音堂でした。高さ9メートルという国内最大級の磨崖仏でしたが、平安時代から約１１００年間の風雨で多くの部分が剥落し、残った顔の部分やたくさんの手に千手観音の面影を伝えています。13年3月23日、石井さんと島田さんに初めて案内してもらった観音堂は、2年前の大地震で古い覆屋《おおいや》が倒壊し、切り立った岩壁に巨大な姿のありのままを見せていました。その刹那の驚きを忘れられません（ブログ91回『石仏の守り手・南相馬市小高』参照）。

南相馬市文化財課が同年11月から再建工事を進めていましたが、「新しい覆屋がようやく形を現した。ぜひ見に来て」と石井さんから電話をもらったのでした。少し急な参道を登っていくと、2段になった真新しい赤茶色の屋根、平安時代の建物を模した黄土色の太い円柱群が見えてきました。

大震災に崩れることなく耐えた千手観音は、頭上に2本の手を上げて組んで小さな仏（化仏）を掲げ、天上につながっているような神々しさ。千の目と手をもって、この世のどんな人々をも救済する慈悲を差し伸べると言われています。傷ついた心を癒やし、よみがえらせようとする姿のようにも思えました。「これから参拝客が増えて、観音堂にも足を運んでくれるといい。それが泉沢集落の復活につながれば」と祈るように石井さん。明日はまだ見えなくても、希望は奪われ尽くされることはない、と。原発事故後の避難生活の中で石井さん、島田さんが通い続けた理由が分かった気がしました。

16年7月12日の河北新報には、小高区の避難指示解除を伝える、以下のような記事が載りました。

『政府は、東京電力福島第1原発事故で南相馬市の一部に出している避難指示を12日午前0時に解除した。対象は同市小高区全域、原町区南部などの住民1万967人（351世帯）。解除は福島県葛尾、川内両村などに続き6例目となった。

解除エリアは避難指示解除準備、居住制限の両区域、帰還困難区域（1世帯2人）は含まない。市は今年4月の解除を目標に掲げていたが、除染廃棄物の処理が遅れたことなどから3カ月程度ずれ込んだ。

域内では昨年8月から準備宿泊が行われており、今月5日現在で2004人（691世帯）が登録している。市は「年度内に3000人」（桜井勝延市長）を目標に住民帰還を後押ししていく。』

南アルプス山麓へ、再起のコメ作り

ストレスから体調不良に

「この土地に1人で飛び込んだのが、震災、(東京電力福島第1)原発事故の翌年、2012年の5月だった。古い空き家を借りて、試行錯誤を始めたんだ」。15年3月4日、山梨県北杜《ほくと》市。北の諏訪から山峡を吹き下ろしてくるという早春の風は冷たく、眼前にそびえる南アルプス・甲斐駒ケ岳(標高2967メートル)の頂もまだ白く、小野田等さん(62)が立つビニールハウスのまわりには「一度降ると、寒さでいつまでも溶けない」という雪が残っていました。なだらかな阿武隈山地、のどかな田園が広がる福島県浜通りの古里から遠く、峻厳とさえ映る異郷の風景は、そのまま小野田さんの心境を物語るかのようです。

「最初の年は来てすぐ、借りた田んぼの田植え準備に追われた。ずっと眠れないままで薬に頼っていて、こっちの医者に行くと、安定剤と睡眠薬をくれて、それでやっと眠れた。が、それ以来、薬をやめた。薬を続けるのは体に悪いし、頼るのはよくなかった」

小野田さんは、南相馬市鹿島区の浜沿い、北屋形という集落で9ヘクタールのコメ作りを営む農家でした。11年3月11日の津波で集落の家々は流され、明治時代の干拓で地元に生まれた広い水田地帯(八

2015年３月４日、北杜市白州町鳥原の雪景色に立つ小野田さんのビニールハウス。甲斐駒ケ岳が眼前にそびえる

沢浦地区）も津波と激しい地盤沈下によって水没し、かつての海辺の浦の姿に戻りました（その後の排水工事で水田は復活）。わずかに高台にあった小野田さんの自宅は助かりましたが、追い打ちをかけたのが原発事故です。鹿島区は福島第１原発から北に約40キロ離れ、放射性物質の影響はほとんどなかったのですが、市内全域で住民の避難が相次ぎ、コメの作付けも自粛とされました。近隣の農家仲間たちが消沈し、津波の被災と原発事故への重苦しい不安から再開の希望を失う中で、小野田さんは「来年もここでコメ作りができるかどうか。まだ、その見通しすらない。放射能の影響の有無を確かめるコメを取る、試験田の田植えをやりたい。風評を農家自らが吹き払いたい」と決意し、たった１人で同年5月下旬に決行しました（ブログ24回『相馬・南相馬へ／田の神よ、守れ』参照）。

原発事故など知らなかったかのように、その秋、試験田の稲は黄金色に実りました。その結果は。

『収穫後の玄米の放射性セシウム測定検査（市による測定）を行ったところ、結果は、試験田内の2地点A・Bでそれぞれ、A／セシウム134＝14・7、同137＝15、B・同134＝0、同137＝11・4（いずれもベクレル）。国の暫定基準値（キロ当たり500ベクレル／2012年4月から同100ベクレルに厳格化）をはるかに下回り、土壌の測定値も1キログラム当たりA＝760、B＝653と、同様に国のコメ作付の目安（5000ベクレル）を下回りました。

「精米すれば、ゼロになる数値だった」と小野田さんは語り、「風評を農家自らが吹き払いたい」と念願した通りの結果になりました。が、同10月に福島県が2011年産米の「安全宣言」を出した後に、福島、伊達、二本松各市内の一部の産米から暫定基準値を超えるセシウムが検出され、大きなニュースとなり、福島の農産物に対する逆風はさらに強まることになりました。「個人の努力では、風評に立ち向かえないのか」との挫折感もまた。』（ブログ63回『再びの春　農の行方／その1』より）

小野田さんは逆風の強さ、賠償請求をめぐる東京電力の姿勢に、心身の疲れと憤りを募らせました。

『隣で妻ひろ子さん（58）が、「『風邪にしてはおかしい』と話していたの。1月10日から、その月いっぱい寝込み、起きることもできず、ご飯を食べるのがやっと。頬はげっそりとやせて。心身症でも、うつでもない。なら、何なの？と。医者からは、『強いストレスがある。環境を変えなさい』と言われた」。昨年3月11日以来、ため込んだ疲れとストレスが堰を切ってあふれ出、毒のように心身を侵した。そうとしか思えませんでした。

「東京電力と交渉し始めたら、また不調がぶり返して。やり取りは、女房にやってもらっている」

と小野田さん。この時、そうだそうだ東電から新しい書類が届いた？と、ひろ子さんが目の前で封筒を開けました。』

『「あんたたち（東京電力の賠償請求窓口の担当者）の原発事故のために俺は苦労しているのに何だ、と言っても、また話がかみ合わない。それがまた、新しいストレスになった。未来のことでなく、起きていることはすべて現実なのに」と小野田さん。ここでは農業を続けることができるのか否か、とどまるべきなのか移住すべきか、自らの心身を害するほどに悩み葛藤し、その思いが決して通じることのない世界と交渉を続けることの濃い疲労が、その顔にありました。』（前掲ブログ63回より）

新天地に希望を求めて

農業を諦めて働き口を見つける仲間もいた中で、「どうやって、これから生きていくか」「このままでは病気になり、だめになる」「俺には、農業しかない」と悩み、葛藤した末、長年作ってきたコシヒカリ、10年続けたイチゴのハウス栽培を両立できる土地はないのか、と小野田さんは手探りを始めました。北海道の函館近郊、宮城や埼玉など、可能性がありそうな候補の町と連絡を取って調べましたが、気候や受け入れ態勢などが合わず、12年春になって、最後まで残った北杜市との話が具体的に進んだのでした。自身も何度か現地に足を運んで、農地、借家の確保などを話し合い、何とか田植えの時期に間に合いました。南相馬市鹿島での就農前、重機メーカー「コマツ」の販売会社の営業マンとして山梨県富士吉田市を中心に6年間働いた経験もあり、「なにかの縁がつながったんだろう」。

身を引き裂かれるような思いで古里を離れて、出合った新天地は、サントリーの白州蒸留所がある北杜市白州町の鳥原という地区。ＪＲ中央線の小淵沢駅（標高８８１メートル）から急坂の道を下り、釜無川を渡った対岸が白州町です。わずか計60アールの水田でコシヒカリの栽培に挑戦しました。『戦国時代の「信玄堤」の伝承にもあるように、自然と闘いながら山峡のわずかな平地を利用して田畑を開き、山の恵みを生かしてきた土地であると、実際に立ってみて実感できました。

「田んぼの区画も小さく、9ヘクタールなんて、もう望むべくもない。この1年は試験のつもり。昼はけっこう暑くなるが、日がかげれば寒い。稲を寒さから守る深水管理が大事になりそうだし、稲刈りの時期も、向こうよりひと月も早いそうだ。まず、やってみないことには。俺が24年間やってきたコメ作りがここでもできるか。それを確かめてから、移住を決めたいと思う」。妻ひろ子さん（58）と愛犬ランを（南相馬市鹿島の）自宅に残しての単身生活です。』（ブログ73回『引き裂かれる思い／南アルプス山麓で』より／ブログ85回『引き裂かれる思い／南アルプス山麓で　その2』参照）

その切実な意欲と東北農民らしい研究熱心さは、すぐに地元の信頼を集めるようになり、後継者がいないまま高齢化した農家からの耕作受託が増えました。4年目となった15年春の時点の営農規模は水田4ヘクタール、畑1ヘクタールに広がり、まだハウス1棟分ですがイチゴ栽培も復活しました。

サントリーの蒸留所に近い同町鳥原の集落の外れに小野田さんの家があります。最初は古い農家の空き家で借り住まいをし、同じ年の秋に集落の人の世話で、東京の会社の社員向け保養所だった三角屋根、広いベランダがある山荘風の家を借り、翌13年5月に買い取りました。後に引けぬ決意の表れでした。どっしりした鉄製のまきストーブが備え付けられた居間で、小野田さんは茶を入れ、語りました。

「鹿島に帰るとしても、おそらく現役の農家を引退した後だろうな。あっちにいたら、農家は続けら

保養所だった山荘を買い取って、新天地の家にした小野田さん＝2015年３月４日、北杜市白州町鳥原

れなかった。それが分かってきた。鹿島で就農してから、俺が作るコメを食べてくれるお客さんとの出会いを大事に広げ、23年を掛けて、首都圏を中心に２００人になった。ところが、原発事故でそのつながりは途切れた。白州の町に来て再びコメを作ることができ、なじみのお客さんたちに再出発を知らせる手書きのダイレクトメールを出した。思いを丁寧につづったつもりだった。が、返事をくれたのはたった10人。みんな、離れていった。たとえ山梨のコメでも、福島の人が作っているからだめなのか」

「去年、鹿島の同級生を亡くした。俺の家の近くでかなり大きくコメ作りをやっていた農家だが、津波ですべて流され、残ったのはハウスだけだった。その上にある親戚の土地に家を建て直し、奥さんとハウスを始めたのだが、急に倒れて亡くなってしまった。脳梗塞だったかと思うが、やはり疲れ、心労、ストレスが原因だろうと感じた。（南相馬市に合併する前の）旧鹿島町の農業委員も一緒にやった間柄だった。同級生に逝かれるのは一番きつい、つらい。俺もまた、あのままの状態でいたら、この世にいなかったのではないか、と思われてならない」

古里のコメとの違い

再起の新しいコメ作りを支えてくれたのは、暗中模索のさなかで「応援するから、頑張れ」「どこで作ろうと、あんたのコメを食べるよ」と返事を寄せた10人のお客さんでした。「残ってもらった人たちが、それぞれ新しいお客さんを紹介してくれた。おかげでいま、60人まで復活した」。新規の人には5～10キロの新米を試食用に送って食味を確かめてもらい、その上で買ってもらうといい、独居から多様な家族の形に応じて5～30キロまで送り、それが計80俵（4・8トン）ほどになったそうです。「震災の時は、患者さんに出すのを家人に止められて中断したが、また頼むよ」と言って、すぐに購入を復活してくれた千葉県の病院の院長、東京のお得意さんの紹介でつながり、「小野田さん、困っているのか」と注文してくれた名古屋の仕出し屋さんもおり、「いろんな人のつながりに助けられたんだ」。

白州町で作るコメはコシヒカリですが、鹿島で作っていたコシヒカリとまるで違う、と小野田さん。こちらに来たばかりのころ、世話をしてくれた集落の人から「ご飯を食べに来て」と呼ばれ、初めて口にしたコメにびっくりしたといいます。「『これが、コシヒカリか？　粘りけがないね』と感想を言うと、逆に『粘りけって何だ？』と聞かれた。でも、うまい。雑味がない、と東京のお客さんは言う」。これには、ミネラルウォーターなどにも用いられている、南アルプスの花こう岩地帯をくぐったミネラル分豊富なきれいな水、同じ花こう岩質の砂質壌土、昼夜の気温差の大きさなどの理由があるといわれています。

「ここのコシヒカリは梨北米（山梨県北産の意味）といい、地元の農家は『魚沼産コシヒカリよりも高

小野田さんが新しいコメ作りに使う、「この辺にはない」という五条刈りコンバイン＝2015年３月４日、北杜市白州町鳥原

値の年があった』と自慢する。確かに13年産米は特Aランクで1万8500円（60キロ）もした。（福島県）浜通りのコシヒカリの値が暴落した去年（14年産米の概算金が同1万1500円から6900円に下落）も、ここのコメは1500円下がっただけだった。浜通りの米は1年して2000円ほど値を戻したが、俺の試算では作るだけ赤字になる。それも原発事故の風評が加味された値段だろう」

南相馬市鹿島の知人の農家から、津波にのまれた近隣の水田が復旧し除染もされ、「50～60ヘクタールもの広さで圃場《ほじょう》整備（1枚ごとの面積を広げる事業）されて田んぼが大きくなったし、そこで、コスト低減の完全直播《ちょくは》（種もみの直まき）をやる」と電話があったそうです。だから、帰ってこないか、と。

しかし、「震災前、1万4000円（同）はした」と小野田さんが振り返る浜通り産のコシヒカリは風評に翻弄され、南相馬市は稲作再開を宣言したこの15年、農家の意欲、収入を減退させぬために農協を通して、より高く売れる「餌米」として販売する窮余の策を採りました。

「ここでは放射能のことが一切話題にならないし、福島第1原発で汚染水漏れが起きたといった事故以外、新聞もテレビも被災地の情報を流さない。精神的には楽になったが、まるで浦島太郎だ」。小野田さんは、震災も原発事故も忘れ去られたような風化の現実に割り切れなさを覚えます。被災地とは天地ほども違うコメの扱いにもかかわらず、「わずか１５００円下がっただけで、ここの農家たちは『やっていられない』という気持ちのようだ。実際に作るのをやめて、俺に60アール分の耕作委託の田んぼが集まったほどだ。いいコメは取れても、農家はほぼ70代で若い後継者がおらず、だんだんとやめていく人が多い。俺はいろんなことをやりたいが、忙しい時にお手伝いを頼む相手がいない」

若者との出会い再び

人手の確保が一番の悩みだったという小野田さんを、14年春、大学生たちが応援に来ました。筑波大の「のうりんむら」というのサークルです。自分たちで大学近くの田んぼを借りてコシヒカリと餅米を作り、秋の学園祭で販売している、農業を愛する若者たちです。田植え前の大仕事である苗作りのための種まき作業を、メンバーが車で遠路駆けつけ、わいわいと片付けてくれました。「のうりんむら」に声を掛け、縁をつないだのは、元一橋大生で東京の広告代理店に勤める渡辺雄さんという小野田さんの若い友人。「鹿島の自宅で農家民宿を始めたころに出会って、それ以来の仲間なんだ」

小野田さんの鹿島の自宅は、カナダ産の丸太で組まれた野趣たっぷりのログハウスです。「コマツ」を退職し、就農のため帰郷した時、親しい同僚らが来て新居造りを手伝ってくれたそうです。そこで農家としての新たな人生を歩みだすとともに、もう一つの大きな夢を育てる場にしていきました。原発事故から間もない11年5月初め、小野田さんの苦悩を初めて紹介したブログ18回『相馬・南相馬へ／風評に立ち向かう』にこのようにつづりました。

『「あと10年は、農業を続けようと思っていた」と、小野田さんは語りました。そのために温めている夢も、始めていることもあります。国の都市農村交流事業に参加して2000年、「グリーンツーリズム・コーディネーター」の資格を得、自宅のログハウスの一室を開放して「もっけの幸《さいわい》」という名の農村体験民宿を開いているのです。

都会から「農」を志す人を募って農業体験をしてもらい、「将来、高齢化などで農家がやめてゆくような地域の農業を助けてくれる人材を育てよう」とのプランです。福島県立農業短大の学生や、東京の若者たちが毎年訪れるようになっていました。』

渡辺さんも広告代理店という都会の仕事に就きながら、小野田さんからもらった「農」の種まきをいまも手伝っている人です。「彼のような、いろんな気持ちやきっかけで農業をやってみたいという若者たちに、泊まりがけで農家の仕事を体験してもらい、夜はにぎやかに議論をし、仲間づくりをしてきたんだ。その中から、農業に新しい可能性を開いてくれる後釜たちが育って、俺は安心して後方支援に回れたらいいな、という夢があった」

「若い者を入れていかなきゃ、農業そのものがだめになる。移ってきた山梨の農村でも、そんな現実は進んでいた。だって、俺が『若手』なんだもの。お客さんとのつながりもそうだし、若い世代との交流の場になっていかなきゃ、農業も農村も生き残っていけない。原発事故は起きたが、鹿島を離れなくてはならなかったが、育てかけた種を絶やしたくない。まだ、夢半ばなんだ」
白州町鳥原に買った元保養所の家は築30年になり、ウッドデッキや外壁の防水加工が古くなったりして、屋根も含めて直さないといけないそうですが、2階には7、8人がゆったりと泊まれるスペースがあります。「のうりんむら」の学生たちは泊まりがけで、春の種まきの後も畑の手伝いなどに通い、「さすがに動きがいいよ」と小野田さん。やはり渡辺さん紹介で、「Youth for 3.11」という大学を超えた東京の学生ボランティア団体（NPO法人）も14年秋の野菜収穫に訪れました。ホームページで結成のきっかけをこう伝えています。

「2011年3月11日に発生した東日本大震災では、ボランティア不足が深刻であるにもかかわらず、学生がボランティアに行けていない現状を目の当たりにしました。将来日本を担う学生が、社会問題解決において重要な存在であると考えています。そこで私たちは、学生にとって参加しやすいボランティアの機会を提供し、ボランティアと学生をつなぐことで社会問題に向き合える若者を増やしていきます」

石巻や気仙沼でカキ、ホヤ、ホタテ、ワカメなどの養殖の手伝い、福島県内で避難中の被災者の支援などを、現地の当事者とじかにつながってプログラムを組み、参加する大学生を募って週末にバスを運行してきました（16年5月現在も活動は続き、原発事故被災地への住民帰還に向けた家々の清掃や草刈り、新しいコミュニティための瓦版づくりの取材なども行っています）。

「継続的にお手伝いしたい、と彼らも言ってくれてね。今年も4月中旬の種まきに来てもらえるそうだ」。零下10度を下回る山峡の厳しい冬を越え、若者たちと再会できる春が近づいていました。

ビニールハウスで栽培を再開して２年目のイチゴ＝2015年３月４日、北杜市白州町鳥原

前に進むしかない覚悟

妻のひろ子さんはこの日、不在でした。

「鹿島の家にやっと借り手がついたんだ。（福島県）浪江町の人で、原発事故で全町避難となり、（南相馬市）原町の借家を見なし仮設住宅にしていたが、家主が戻ってくるんだそうだ。それで、家を探していたんだな。その話で、かみさんは鹿島に帰っている」

小野田さんはもと南相馬市原町区（旧原町市）の農家の生まれで、Uターンして鹿島で就農してから農業者としての地元の信用と水田耕作の受託を積み上げ、９ヘクタールまで経営面積を広げました。「だが、いまはもう年間１００万円もの賃借料を払う意味はなくなり、元の持ち主に返した」。家財道具や農業機械類も、暇を見つけては鹿島の自宅を往復して4トントラックで運んだそうです。田んぼが狭い山梨では珍しい五条植えの田植機、こちらで買い換えたという2年ものの中古のコンバインなどが白州町鳥原の家の前にある倉庫に並んでいます。ビニールハウスでは栽培を再開してから2年目の収穫期のイチゴが赤々と、形のよい三角錐の実を垂らしていました。が、小野田さんは浮かぬ顔です。

「去年はうまくいったんだが、うどんこ病（白いカビが広がる）が出た。苗作りがうまくいかなかった。その時期に、こちらではすごく乾燥した風が吹く。十分に水をかけたつもりでも、午後になると苗の葉が丸まっている。気候風土の違いとは、つくづく、そこで生きてみないと分からないものだ」

古里にはもう、いつでも帰れる場所も、丹精込めて肥やした田んぼもなく、異郷で前を向いて進むしかない覚悟の試行錯誤が続いていきます。

異郷でよみがえる「凍み餅」

機械の修理も引き受け

東日本大震災の津波と福島第1原発事故の被災地となった南相馬市から2012年5月、農業を続けられる土地を求め、山梨県北杜市白州町に移った小野田等さん（62）。異郷にわが身一つを投じての模索を追う私の取材は、再びの訪問が15年10月20日、前回3月から7カ月後の秋の午後でした。ＪＲ中央線の小淵沢駅には、妻ひろ子さん（61）が愛犬ランと一緒に軽ワゴン車で迎えにきてくれました。収穫の季節のさなか、小野田さんは新しい住まいのある白州町鳥原地区の農家たちの手伝いに出ている、といいます。釜無川を渡って白州町に至る道の途中、雄大な姿を見せる甲斐駒ケ岳は薄い山霧に隠れていました。ひろ子さんが車を止めたのは、山麓に広がる畑の一角です。

地元では甘い「干し芋」が特産の名物で、その材料となるサツマイモが収穫され、道端のビニールハウスに積まれていました。麦わら帽に花柄の割烹着、小さなリュックを背負った奥さん方がちょうど帰宅するところで、ひろ子さんは笑顔で立ち話をした後、宮下十四郎さん（77）を紹介してくれました。「いま栽培しているのが、ベニハルカという新しい品種なんだ。タマユタカという長年作った品種の後継で、甘みが強く、焼き芋でも人気がある」。地元の農家6人の農事組合法人「白州鳥原平組合」の圃

キャタピラが外れたソバの収穫機械を修理する小野田さん
＝2015年10月20日、北杜市白州町鳥原

場管理責任者をしており、小野田さんも組合の仲間です。サツマイモの畑1ヘクタールのほか、コメ、ブロッコリー、そして、ソバの畑も7ヘクタールあり、やはり収穫期を迎えています。

「うちのお父さん、ここに来ていたはずなんだけど。どこに行ったか知らない?」。ひろ子さんが問うと、「ソバの畑にいるんじゃないかな。収穫機械のトラブルがあって、修理を手伝っているそうだ」。岐阜県内の業者が12ヘクタールの規模で栽培しているという高冷地大根の緑を眺めながら、軽ワゴン車はソバ畑に向かいました。「何があったんだろう、こんなに時間が掛かっているなんて」とひろ子さんは首をかしげながら。間もなく着いたソバ畑では、なぜか収穫が中断し、赤いコンバイン型の収穫機械のまわりに小野田さんら3人の組合員が集まっていました。「作業の途中で、キャタピラーの片側が外れちゃったんだってさ。小野田さんなら直せるんじゃないかって、急に頼まれたんだよ」

3月に訪れた際、見せてもらった農業機械の倉庫には、メンテナンスと修理の機材がずらりとそろっていました。「農家は自分で直せなきゃ。業者を呼んでいたのでは、コストばかりかさんで赤字になる」というのが小野田さんの農家経営のポリシーです。南相馬市鹿島区で就農する前には、山梨県内で重機メーカー「コマツ」の営業マンをしていたキャリアがあり、そこにいた小野田さんは本職のエンジニアのようでした。外れたキャラピラに太い支え木を何本もあてがい、大きなジャッキを二つ使って車体を持ち上げ、ハンマーを握り、原因箇所と格闘しています。最後に男3人で、鉄の棒をてこにして強化ゴムのキャタピラを再び車輪にはめ、収穫機械を少し前に動かすと、見事に元通りに。「やった、やった」と拍手が起きました。仲間の農家が再び運転席に座り、ソバの実を刈り取っていきました。

このトラブルの解決に、1時間以上を要しました。いつの間にか、あたりに夕方の薄暗さが忍び寄り、ソバ畑の傍らに立つ大きな柿の木いっぱいの実が斜光を浴びて、いっそう赤々と輝いていました。

「さすが小野田さん。プロの農家だな」という声に送られて、自分の軽トラックに乗り込んだ本人はさすがに、ぐったりと疲れ切った表情。「作業をしていた仲間は、きょうが初めての運転だった。無理な動かし方をしないでよ、危ないから、と注意をしていたんだ」「東北とは少し生き方が違うんだな。ここでは秋の収穫が終わると、冬はお休みにする農家が多い。昔から貧乏だった東北の農家は、四六時中あれこれ心配したり、節約に頭を悩ませたり、冬にできる仕事を工夫したり、必死に生きてきた。だから、ここでは『何でもできるんだね』と頼み事をされちゃう。同じ集落の仲間なので、忙しくても、俺は引き受けている。燻炭《くんたん》（籾殻《もみがら》をいぶした肥料、土壌改良材）の作り方とか、東北の農家の知恵も伝えている。だから、俺が生きていける場があるんだ」。小野田さんは笑って言いました。鳥原の集落は約50戸ありますが、「平均年齢が70歳を超えているんじゃないかな。子どもは5人しかいない。だから、

『おじいさんが倒れて入院した。もうコメを作れないので、何とか引き受けて』と、おばあちゃんから泣きそうな顔で頼まれたりして、栽培を受託する田んぼが毎年増えている」。

遠ざかる古里

稲刈りは10月上旬に終わっていました。悪戦苦闘したソバ畑を後にして、小野田さん、ひろ子さんと一緒に見に来たのは、12年5月に白州町鳥原に移って最初のコメ作りに取り組んだ場所でした。再出発の希望を託した田んぼはサントリー白州蒸留所のすぐそばにあり、傍らの水路には南アルプスに発する冷たい山水が流れ落ちています。山麓の斜面に段々の農地が切り開かれた高台にあり、夕日で稲の切り株の影が伸びた刈田のはるか北に、紅葉で赤く染まった八ケ岳の連峰が浮かんでいました。

４年目の収穫を終えた田んぼに立つ小野田さんと妻ひろ子さん、愛犬ラン。背後に八ケ岳＝2015年10月20日

小野田さんは、わずか計60アールだった1年目の挑戦の後、地元の田んぼを借りて広げてきました。15年には4ヘクタールの自前の田と、地元農家からの計約2ヘクタールの受託田でコ

シヒカリを収穫しました。が、試行錯誤は続いています。「こちらの刈り取り時期がなかなか読み切れず、まわりが刈り始めたら俺も始めたが、ようやく分かりかけてきた」と小野田さん。「東北だと、稲刈り前、田んぼを干して稲の茎の3分の2が赤くなったら刈り取り時期——という目安があったが、ここでそれをやると『胴割れ』（コメ粒に亀裂が入る）が起きる。日差しが東北より強く、気温が高いんだ」

前年の14年秋、総量20万トンを超えるとされるコメ余りとともに、福島県のコメについては明らかに原発事故由来の風評が市場価格に反映され、全国の銘柄米で最低レベルとなる農家前渡し金の暴落が起きました。しかし、政権与党が各県で突き上げを受ける反動も起きて、15年産米はわずかながらに値を戻しました。北杜市などのコシヒカリは「特A」で1万8000円（60キロ当たり）で国内有数の高値を維持しましたが、福島県浜通産コシヒカリは、前年暴落しての6900円から9100円に上がっただけ。「作るだけ赤字という状況は変わらない。震災前まで、俺は（南相馬市鹿島区で作った）コシヒカリを2万円近い値で買ってもらっていた。『お前のコメだから食べたい』というお客さんと築いた信頼の値だった」と小野田さん。農家がコメで生きていくための血のにじむような努力も水の泡にされました。

「知り合いの南相馬市役所の人から『いつ戻ってくるんだ。また農業をやってほしい』と声を掛けられていたが、おととしの米価暴落の後は一切、話がなくなった」。収穫したコメの脱穀後の乾燥には、南相馬市から運んできた2基の大型乾燥機を使いました。7月に建てた倉庫の天井まで届くような、高さ約6メートルのタワーです。同市原町区で3ヘクタールのコメ作りをしていた兼業農家の弟さんが、原発事故が起きた年から農業をやめていたことから、この夏に解体して運んできました。

「去年、小高（同市小高区）の知人がここに来た。俺と同じ農家民宿をしていたが、震災で家が全壊し、（福島第1）原発事故で小高区が避難区域にもなって、福島市から新潟、秋田、岩手と避難を重ね、青森で公営住宅に入って地元農家のブロッコリー作りなどを手伝っていたが、最後は栃木県内に家を買ったそうだ。『近くに医大病院もあり、生活に不便はない』と言っていた」。こう語る小野田さんは寂しげな表情でした。年を追うごとに、そうした古里の人との行き来は少なくなり、「知人の奥さんが亡くなったことを、市役所から送られてくる広報紙で知った」。前回、白州町鳥原を訪ねた3月、小野田さんが「やっと借り手が見つかった」と語っていた鹿島区北屋形の無人の自宅には、やはり原発事故で全町避難となり、原町区の見なし仮設住宅にいた浪江町の住民の家族が入ったそうです。

福島第1原発の北40キロ前後の距離にある鹿島区は、もともと放射線の影響が少なく、除染後の市の測定データでは、小野田さん宅の室内線量は0・09マイクロシーベルト（毎時）。住むのに問題がないといっていいレベルですが、水田の除染で土壌改良材ゼオライトが投入されたためか、「（稲作再開後の）コメの味が微妙に変わった」という話も聞いたそうです。「皆、以前にはもう戻れない。かみさんもここで一緒に暮らし、営農の本拠も移したところだ。二重生活を続けていては、前に進めないからな」

ひろ子さんが続けました。「鹿島の自宅には、まだタンス、家財道具など一切が残ってる。トラックで1台分だね。いらないものを捨てないとならないけど。だんだん行く用事もなくなると、がらくたになっちゃう。悲しいけどね」

農村交流の宿が誕生

「プチホテル白州」。白州町鳥原の集落外れにある小野田さんの家に隣接して、こんな看板のある大き

小野田さんらが合同会社をつくり、農業体験の宿泊施設として再生した「eファーム甲斐白州」

なロッジ風の建物がありました。茶色いレンガの外壁に赤い屋根、広いバルコニーやテニスコートがあり、立派なリゾートホテルだったのに違いありません。南アルプスのしゃれた高原ホテルの雰囲気があり、長らく閉鎖されていたというのを、取材に来て見るたびにもったいなく思っていました。「俺も参加して、ここを再生させる合同会社をつくった。来年4月にオープンさせる予定だ」。11月7日、この年3度目の取材行で会った小野田さんからこう聞いて、びっくりしました。「ホテルじゃなくて、白州町の自然や農業を体験してもらい、鳥原の人たちと交流してもらうための宿泊施設にしたいんだ」

昭和の終わりに建てられ、バブル経済のころのリゾートブームが過ぎた後は廃業状態の物件でしたが、「地元に安価で譲りたい」という話があり、農事組合法人「白州鳥原平組合」の組合長で元北杜市議の渡辺陽一さん(75)が引き受けて、15年秋、新しい施設名「eファーム甲斐白州」を運営する合同会社を設立したのでした。「俺が鳥原に初めて来た時、受け入れに尽力してくれたのが渡辺さん」という地域の世話役で、渡辺さんが代表組合員（社長に当たる）となり、「若い世代の農業体験の場となる農家民宿を鳥原でも実現させたい」と夢を温める小野田さんに参加の声が掛かりました。

施設は少々古いですが、ヨーロッパ調のレストランがあり、ふかふかのツインベッドと浴室が各部屋に完備され、きれいに清掃されています。レストランの隣に広い厨房があり、ガス台や調理台が整っており、提供する食事や厨房づくりのアイデアを、ひろ子さんが担当することになっています。「来週、ここで集落の奥さんたちも呼んで料理教室を開き、実際に厨房を使ってみて、どんな料理を出したらいいか、話し合うの。やっぱり、地元のおいしいコメと野菜をたっぷり生かせたらなと思う」

小野田さんが鳥原に住むようになって、変わったことは何ですか？——と、この日のレストランでの話の合間、渡辺さんに尋ねました。「原発事故での苦労は聞いている。新しい土地にも農業で溶け込み、これだけ頑張っている。われわれは規模の小さな兼業の農家が多いが、小野田さんはプロフェッショナルだ。その蓄積を分けてもらって、互いに協力し合って、それが信頼関係になった。奥さんと定住してくれるのはありがたい。私は親戚のような付き合いをして、いろんな人につないでいるよ」「小野寺さんには、若い人を呼び寄せる力がある。われわれにないものだった。高齢化していくばかりだった地域に、新しい交流の場をつくれたら」。渡辺さんは、小野田さんに期待していました。

この日、さっそく東京の若者たちが「eファーム甲斐白州」に泊まることになっていました。小野田さんが南相馬市鹿島区の自宅で開いていた農業体験民宿の出会いが縁で、いまも応援者となっている広告代理店勤務の男性が紹介してくれた、「Youth for 3.11」という大学を超えた東京の学生ボランティア団体（ＮＰＯ法人）です。この年、アスパラの種まき、野菜苗の定植や畑の草取りなどの作業を手伝い

2015年11月7日、ボランティア作業に訪れた、「Youth for 3.11」のメンバーと小野田さん

に通い、「きょうが収穫祭なんだよ」と小野田さんは心待ちにしていました。

午後2時すぎ、男女7人の大学生が車で「eファーム甲斐白州」に到着しました。小野田さんに声を掛けられ、作業着姿になって外に出ると、施設のまわりに野積みになった木の枝や丸太の片付けに1時間も汗を流し、それからレストランでお茶を飲みながら、翌日の活動のミーティング。小野田さんがホワイトボードを使って話しました。若者たちへ伝える言葉を。「俺は、みんなの意見を聞いて、書いていく。一人一人、考えが違うのは当たり前で、それをまず全部書いて、それから議論し消去していく。最後に、必ずいいものが残るんだよ。そうやれば、争いもなくなる。戦争だって、そうだ」

「Youth for 3.11」の代表、お茶の水女子大4年（当時）の永田和奈さん（22）は、埼玉県内の高校3年生になる直前に東日本大震災を体験し、その1年後、大学生になって初めて被災地の岩手県大槌町でボランティアをして、「東北に関わり続けたい」と思ったそうです。新たな出合いから、永田さんらは「山梨で農業体験」という継続的な参加募集プログラムをウェブサイトに掲げました。晩秋の日が深い

作業を終えた「Youth for 3.11」のメンバーとレストランで語り合う小野田さん＝2015年11月７日

山並みに落ちると、いつもは寂しいほど真っ暗になる鳥原集落の夜に「eファーム甲斐白州」の灯が温かく浮かび、ひろ子さんと一緒に山梨名物「ほうとう」を料理する若者たちの声が外までにぎやかに響きました。渡辺さん、小野田さんが夢見る交流の場が生まれつつありました。

幻となった味を再現

「俺がまだ小さかったころ、昭和32年（１９５７年）年ごろだ。うちのおやじが長男だったので、兄弟みんなの面倒をみて、家族は15人もいた。飯も、さつまいもご飯が主だったなあ。どこまで食べても、芋ばかりだった」。小野田さんが「Youth for 3.11」の大学生たちに語った話です。同じ古里の懐かしい食べ物の中でも、忘れがたいお袋の味がありました。福島県相馬地方の同胞である私もよく知る「凍《し》み餅」です。餅米をふかして「ごんぼっ葉」（ヤマゴボウ／オヤマボクチ）の葉を練り込み、寒風にさらした保存食です。「それを焼いて、砂糖じょうゆで食べさせてくれた。最高の味だった」

小野田さんは古里から遠い山梨の山村で、それを作ってみようと思い立ちました。15年3月4日に訪ねた際、こんな話を聞きました。「こっちには、凍み餅がないんだ。飯山（長野県飯山市）にいる友だちに電話で聞いたら、「ごんぼっ葉をそばのつなぎにしているそうだ。取りあえず、種を送ってもらい、暖かくなってから1反歩（10アール）育てるつもり。冬には凍み餅を試作したいんだ」

10月に再訪すると、昔の救荒植物でもあったごんぼっ葉は畑に大きな緑の葉を広げており、そこから摘んだ葉がビニールハウスの棚いっぱいに広げられ、自然乾燥のさなかでした。11月に来た「Youth for 3.11」の大学生たちは、カラカラに乾いた葉から硬い芯を抜く作業もしていきました。小野田さんの田んぼでは餅米も収穫され、南アルプス山麓の白州町鳥原は零下10度まで冷え込む日も珍しくないという冬を迎えました。「材料がそろって、凍み餅はうまくできたのだろうか？」。そんな想像をしながら小野田さんのその後を訪ねたのは、明くる16年1月31日でした。

自宅の畑に育った凍み餅の材料、「ごんぼっ葉」＝2016年10月20日

ＪＲ小淵沢駅前に雪はなく、軽ワゴン

車で迎えに来てくれた小野田さんも薄手のジャンパー。平年なら、一冬凍結して事故を多発させるという白州町までの急坂も、ほとんど乾いていました。車内には春のような日差しが注ぎ、私もジャケットを脱ぎました。「暖冬でね、零下10度は二日くらいで、寒さが続かない。そのせいなのか天気が良くて、12年にこっちに来てから初めて、今年は初日の出が見えた」

鳥原の集落の外れにある家に着くと、お茶とともに出してしてくれたのが、真空パックの茶色い干し芋。かじると、これまた懐かしい甘さでした。「畑のベニハルカから加工まで、うちの奥さんの試作品だよ。国の助成事業を紹介してもらい、去年の秋から家の裏に建てていた農産加工場ができたんだ。見に行こう」

2016年1月31日、初めて試作した凍み餅の出来をみる小野田さん、ひろ子さん

裏手に回ると遠望できる八ケ岳にも雪は少なく、早春のように青っぽく感じられました。見慣れない銀色の四角い建物があり、中は広々として、大きな流しと調理台、ガス台、冷蔵庫などが並んでいます。「ここで、今年はいろんなものを作る。さまざまな餅、赤飯、ジャムとか。地元の道の駅などだけでなく、インターネットにも販路を広げていこうと思う。もちろん、干し芋も、凍み餅もね」

小野田さんはそう言って、農産加工場の裏手、八ケ岳に面した北側に出ました。屋根の下の日陰に渡されたアルミの長いパイプから何十本もの長いひもが垂れ、干されていたのが凍み餅でした。独特の半月形に切り分けられた灰色の餅に、黒いごんぼっ葉が点々とまぶされています。触ってみると、さすがに、かちんかちんの硬さです。「実家に帰った時に、お袋から作り方を聞いたり、（福島県）古殿町で自家製の凍み餅を販売している農家の女性に電話を掛けて助言をもらったりした。どうやら、寒風にさらす前に餅を水に漬ける時間が、俺は足りなかったらしい」。小野田さんは苦笑いしました。

その時にはっと思い出したのが、原発事故後間もない11年4月から、やはり取材の縁を重ねた同県飯舘村の農家の主婦、佐野ハツノさん（67）＝2章参照＝が、全村避難を前にしてごちそうしてくれた凍み餅でした。それもまた、たっぷりの砂糖じょうゆで味わった絶品でした。しかし、こんな痛切な言葉が続きました。「飯舘の山のごんぼっ葉は、（放射能のために）もう採れない。これが、震災前に作って取っておいた最後の凍み餅なの」。ごんぼっ葉は、原発事故から5年を経たいまなお、相馬地方では「採れない山菜」の一つとみなされています。かつては家々のばあちゃんが手作りし、私もおやつに食べていた凍み餅は、ほとんど幻の味になってしまいました。それは、原発事故がもたらした「文化の喪失」でした。同じ味の記憶を持った小野田さんが遠い異郷で復活させた凍み餅に、私は感動して見入っていました。

エピローグ　沖縄で響いた被災地からの訴え

東日本大震災、福島第1原発事故から丸5年となるのを前に2016年3月5日、沖縄で「フォーラム3・11　今できること」という集いがありました（主催／琉球新報社、沖縄テレビ放送、ラジオ沖縄）。浦添市の国立劇場おきなわ小劇場を会場に、東北の被災地や沖縄県内に避難中の人々が壇上で語り部となり、訴えたのは、被災地の南でも北でも遠い震災からの復興、癒えることのない心の傷、風化させず「自分事」として伝える日々の模索です。会場の人々からは「沖縄から東北へ、何をできるか？」の議論がおこりました。前日の琉球新報夕刊には、米軍普天間飛行場（宜野湾市）の名護市辺野古の海岸への移設をめぐり沖縄県と政府が対立してきた問題で「国と県、和解が成立　辺野古訴訟　工事中断し再協議へ」という予期せぬ大見出しが載り、沖縄戦の歴史と基地問題を背負う地元が騒然としていたさなか。3月7日の同紙社説には、フォーラムについて次のような一節がありました。『大震災と原発事故を決して忘れず、人の痛みをわが事として受け止めて寄り添う沖縄の「肝苦《ちむぐり》さん」の心を発揮する必要性を再確認する場となった。エネルギーと安全保障の負担が1地域に押し付けられる点で福島と沖縄を重ね、地方から中央に異議を申し立てる重要性を説く発言も相次いだ。賛同を表したい。フォーラムは、社会基盤を破壊し尽くした大津波と、愛する故郷に住めない人を生み出した過酷な原発事故に共通する重要課題が、被災者の「心の復興」であることを照らし出した』。長い間、はるかに遠いと思っていた沖縄と東北の被災地がつながった場でした。震災による傷と再生を問うたフォーラムに登壇した人々の声を紹介し、エピローグにしたいと思います。

◇

蟻塚亮二さん（福井県出身）は、相馬市にある「メンタルクリニックなごみ」所長として被災者らの心のケアに当たる精神科医。04〜13年に沖縄の病院に勤め、沖縄戦・精神保健研究会の副代表として現在も戦争体験者たちの診療と調査に携わっています。沖縄の高齢者たちが苦しむPTSD（心的外傷後ストレス障害）と同じ症状が、原発事故被災者に見えるといいます。蟻塚さんは震災を、被災した人々の心の内側から見詰め、「震災とは何か？の答えは難しいが、物理的な破壊による被災だけでなく、個人や集団、地域の対人関係の破壊だった」と言います。次のように続けました。

「11年3月11日の大地震と津波の後、大勢の住民が避難した学校や施設で、福島第1原発の状態がおかしいという話を知った職員らの中にも、そこから避難する人が出た。遠くへ避難した人がその後、職場に戻っても、避難しなかった人との関係に分裂が生まれ、5年がたっても口を利かないことさえある。避難生活の中で夫婦や親戚、子どもたちの間でも、『この人はこういう人だ』と思ってきた関係、普段なら距離を置いて付き合ってきた関係が、生きるか死ぬかの状況の集団生活などで、小さな言葉に傷つき、トラウマになって壊れた例、バラバラになった例があらゆる所で起きた。逆に震災の危機を夫婦や家族全員で乗り切り、それまで以上に信頼と絆を強めた人たちもいるが、被災地の表側の復旧だけでなく、人の関係の修復が大きな課題になった」

「三陸の被災地などでは、年月は掛かっても、何とか『復興』の時期かなという印象がある。しかし、福島の原発事故被災地では、復興などとは到底言えず、いまだに震災直後の混乱期が続いている。私の診療所に来られる人たちには『眠れない』とかいろんな症状があるが、いままだ（トラウマが）現在進行形で、傷口が開いている状態だ」

「なぜか、ということを考えてみると、東京電力がまだ原発事故に関して（被災者1人1人に）謝罪をし、間違いを犯したときちんと認めていないからではないか。原発事故の補償が（政府から）民間企業に丸投げにされていて、社会的な解決が遅れている。福島の漁業者たちは地魚を買って食べてほしい、風評被害を解消したいと思っているが、（風評というものの根には）やっぱり原発を信じられないという人の気持ちがあるのではないか」

「キューブラー・ロス（スイス出身で米国の精神科医、『死ぬ瞬間』などの著者）によれば、人は喪失に向き合う時、悲しみ、鬱状態になった後に受け入れられるということだが、（福島第1原発事故では）東電が『間違いでした』と認めないから、被災地の人は悲しむこともできず、喪失を受け入れられず、再スタートもできない。新しいステップを踏めないでおり、それが混乱状態が続いている理由なのではないか」

蛾塚さんは福島の漁業者について「生業《なりわい》の喪失」を指摘しました。「三陸の漁業者は共生すべき海を失ったのではなく、津波の被害も数年待つことで回復できる。しかし、福島の漁業者の場合、週2回程度の試験操業しかできず、賠償はあっても、以前と同じ収入を復活できない。原発の廃炉まで、東電関係者の話でも40年掛かると言われており、後継者も育たない」

住民が農地を失って避難した国内の災害として、蛾塚さんは雲仙普賢岳の噴火災害（1991年）を紹介しました。「1万人以上の人が5年以上、農地を奪われて農業をできなくなった。当事者の人たちはやむを得ず出稼ぎに行ったり、土木作業に出たりした。若い世代の転職なら夢があるが、中高年になって生業を喪失しての転職ほど、ストレスがつらく、難しく、心が傷つくものはない」

その上で福島第1原発事故の被災者たちの苦しみについて、「大地震と津波に加えて、原発事故と避難による『難民』状況、壁が薄く寒暑が厳しい仮設住宅に長期間暮らすストレス、震災をきっかけとして引きずり出される過去（幼児期など）のトラウマ、震災と原発事故による新たなトラウマが未来を妨害する可能性、帰るべき土地と生業の喪失」を挙げました。「南相馬市の70代女性の話だが、戦争中に地元にあった陸軍飛行場が米軍機に攻撃され、父親に背負われて逃げた時の恐怖の場面が、原発事故での避難をきっかけにフラッシュバックし、不眠に悩んでいる」。蟻塚さんによれば日本の歴史で「難民」は、沖縄戦での住民収容所に入った約32万人の人々、旧満州（中国東北部）からの「棄民」同然だった引き揚げ者などの例、そして今回の原発事故による避難者の状況があるといい、PTSD発症の危惧を指摘しました。

沖縄県内には東北の被災3県からの避難者約480人が暮らしています。フォーラムには、福島県からの避難者を中心に350人が集う「福島避難者のつどい　沖縄じゃんがら会」の会長、桜井野亜《のあ》さん（郡山市から家族と避難中）が参加しました。避難者は沖縄本島のみならず周囲の島々に広く暮らしており、その1人1人が地元の人々に助けられているといい、避難者同士のつながりをつくる交流会、避難生活で互いが抱える問題の共有と解決、自分たちの経験を語る防災講演などの活動も行っています。

「避難生活は仮の人生ではなく、いまの自分を生きる、腹を据えて生きることが大事だが、なかなかそれができないというのが避難者の現状。震災5年を機に公的支援が終わったり、縮小していったりするが、そのあり方が、将来設計を立てられないようなものになっていることが大きな問題だ。

単年度、単年度で住宅支援が延長されて、いつまで仮の住まいが続くか、どこまで仮の人生が続くのかわからない。国が決めた物差しで支援が終了しそうな流れの中で、いま初めて自分たちの将来設計を決めていかなくてはいけないんだ、という時期に来ている」

「避難者の現状として伝えなくてはいけないのは、いまでも津波に被災し、避難した時の状況をそのまま抱えて生活している人もいるということ。あの時の気持ちを昨日のことのように話す人もいる。公的支援というのは物理的な支援だが、これは損失に対する支援だと思う。でも、物理的なものではない、精神的なものが避難者の生活に大きく関わっているんだなと、いままで仲間と気持ちを共有する中で感じている」

「沖縄は、原発事故による避難者の数が特に多いというのも特徴。福島県では県民健康調査という小児甲状腺がんの検査を行っているが、その結果をやはり不安に思って、『帰ってこられるんだよ』と言われてもなかなか払しょくできず、避難を継続するか、移住を決意せざる得ないか、と悩んでいる人がたくさんいる。公的支援が終了するという16年度が大きな転換期となりそうで、生活への不安、これからの生活再建への不安が避難者の間に高まっている時期なのかなと思っている」

避難者は津波や原発事故の被災地の別がありますが、「皆、それぞれ喪失体験をしたのではないか」と桜井さんは語りました。政府や地元の行政への信頼を失ったという喪失感もあるといいます。原発事故の当初、放射能の拡散について「直ちに健康への影響はない」と言い続けた政府への信頼失墜の原体験があり、「行政は助けてくれないんだ。であれば、何があってもわが子は自分が守るしかない、自分の命は自分の健康は自分で守らないといけない、といった感情だ」と訴えました。

蟻塚さんが先に指摘したトラウマとは、そのことではないのか、と私は思いました。米国精神医学会の定義によれば、トラウマは「実際にまたは危うく死ぬまたは重症を負うような出来事を、1度または数度、あるいは自分または他人の身体の保全に迫る危険を、その人が体験し、目撃し、または直面した」「その人の反応は強い恐怖、無力感または戦慄に関するものである」といいます。

蟻塚さんは13年11月6日放映のNHK・Eテレ「被災地の福祉はいま　第3回　相次ぐ新たな〝こころの病〟」で、自身の診療経験から、トラウマが引き起こす「遅発性PTSD」について次のように指摘しています。「記憶の時系列の混乱なんですよ。時間の混乱。過去にあったことなんだけど、思い出すと、それは今でも涙が出てくるの。ライブで。だから、現在進行形なのよ。それを現在進行形のままで抱えている人がとっても多い」。その中で蟻塚さんは、沖縄戦から半世紀以上を経て初めてPTSDを発症した高齢者を100人以上、沖縄の病院で診察した経験があると語りました。

政府は原発事故被災地について、15年9月の福島県楢葉町を先駆けに、17年春までに全住民が避難する区域の多くで避難指示を解除する方針です（帰還困難区域を除く）。桜井さんは、そうした地域にあるわが家を片付けに行ったという避難者と電話で語り合った話を紹介し、4年半も手付かずだった間に「窓が割れて、野生動物とかネズミが自宅に入り込んでいて、残っている思い出の品も1つ1つ捨てなくてはいけない」と訴えられたそうです。「『涙を流しながら、いま捨ててんだよ』って電話でお聞きした時は、本当に胸が苦しくなりました。震災後4年半以上経過して再び起こった2度目の喪失感ということではないかなと思う」「何よりも津波を体験した人々の喪失体験はすさまじいもので、大切な方々を失ったことの言い知れぬ悲しみがあり、悔しさ、怖さもあったと思う。これは何年たっても癒えるものではないのだなと、つくづく感じる。それを自分の胸にギュッと詰めて、沖縄で必死に生活をしている、懸命に頑張っている人々を本当に尊敬している」と、桜井さんは語りました。

「皆様にお願いしたいことは、あの時に起きたこと、いまも続いている、これからも続くであろうこの（震災と原発事故という）問題を忘れないでいていただきたい。そして、避難者の人々が生活再建をするまでにはもう少し、皆様の支えが必要であるということです」

里見喜生《よしお》さんは、いわき市湯本地区で1695（元禄8）年から続く旅館「古滝屋」の16代目です。福島第1原発から約50キロの距離にあり、避難指示区域からも遠く外れていますが、「50キロと言うと原発の目の前にあるんじゃないかと感じる方も全国に多い」。旅館の泊まり客は、5年たったいまも震災前の4割ほど。湯本温泉には約30軒の旅館あり、「原発や除染作業で働く人たちのための借り上げもあるが、どの旅館も今後の将来を憂い、苦悩の経営が続いているさなかだ」

湯本温泉の青年部長、交流体験イベント「いわきフラオンパク」の実行委員長などを務め、11年の震災後にNPO法人「ふよう土2100」を設立しました。目的は、原発事故による避難と仮設住宅暮らしで孤立した自閉症やアスペルガー症候群、発達障害の子どもたちと家族の居場所づくり。障害のある子どもたちがいる双葉郡の避難者の多くは、郡山市内の特別支援学校に通わせていますが、「住み慣れた土地を離れ、避難生活を過ごす子供たちは一般の小中学校に通っていても不安を感じる日々を過ごしており、自閉症児に象徴されるように障害児は環境の変化にいまだ戸惑い続ける子供たちも少なくない」（HPから）と、郡山市に交流サロンや放課後デイサービスの施設を開きました。

活動の一環で取り組んできたのが「スタディツアー」です。「あの日、何が起こったのか？ 変わってしまったものは？ 現在の状況とは？」を知ってもらおうと、避難指示区域にある富岡町や楢葉町（昨年9月に避難指示解除）、いわき市内の仮設商店街、津波被災地などを巡る半日の旅で、これまで2

800人を案内してきました。「いわきフラオンパク」に参加した沖縄市の有志が、それを縁に「コザいわきがんばっぺ隊」という支援交流の活動を始め、スタディツアーにも参加してきました。

「全国から集まった支援NPOも、震災5年を節目に撤退が始まっている。やむを得ないことで、感謝の気持ちしかないが、これからは地元の人間が手を組み、一致団結して進まなければいけない。でも、気になる問題もある。(復興まで)あまりにも課題が多いということに加え、今後40年もの歳月が福島第1原発の廃炉まで掛かり、コミュニティ再生も含めて想像を絶するような時間が必要で、NPOのリーダーたちが疲れてきた。責任を感じて、うつに苦しんでいる方々もいる。行政、民間、住民、そして、東北以外の人々とつながって乗り越えなくちゃなくちゃいけない、と感じている」

「原発事故後、被災地の双葉郡から6万8000人が避難し、いわき市には2万3000人が移り、仮住まいをしている。20キロ圏内のスタディツアーをガイドして感じるのは、自分の目でそこで起きたことが確認できること。商店街は、ぱっと見るときれいだが、人が全くいない。そこに立つと何も聞こえてこない。風評被害、風化という二つの言葉があり、どちらにも『風』が付く。相反する言葉に思えるが、自分の足でそこに立ち、自分の目で確認し、自分の耳で聞くことが真実を知る方法であり、『風評、風化』の言葉の壁を超えて、他人事であることを『自分事《じぶんごと》』に変えていく方法だと思う。自分も沖縄の友人たちとの交流から、どんどん沖縄が好きになり、沖縄のニュースがテレビや新聞に出ると、無関心でいられなくなった。水俣でも広島でも長崎でもそうだと思う。震災を自分事として考えていく人たちが日本中に増えることが、これからの5年間の大切な目標になった」

コラム　風化と風評をどう乗りこえるか

（『ジャーナリズム』２０１５年12月号メディアリポートに加筆）

２０１５年10月1日、金沢市で開かれたマスコミ倫理懇談会全国大会に参加した。分科会のテーマの一つが「災害をどう伝えるか～『風評』と『風化』を乗り越えるために～」。東京電力福島第1原子力発電所事故を原因とする放射能の問題を中心に、風評をめぐる現実の動きを、被災地内外のマスメディアがどう受け止め、どのように報じ、その克服のために何ができるのか——を、研究者の分析を織り交ぜて多角的に意見交換する機会になった。筆者も被災地の地元紙記者の立場から取材現場の事例を提供した。貴重な議論の一端を報告する。

震災当初の報道を検証する

ＮＨＫ放送文化研究所メディア研究部の田中孝宣さん（上級研究員）は、阪神淡路大震災を取材した経験と比べ、「発生から生放送でとらえた巨大災害だった」と指摘した。その中には、空からの津波到達の映像、福島中央テレビがとらえた福島第1原発・第1建屋の水蒸気爆発事故の瞬間を映した衝撃的な映像もあった。田中さんは、ＮＨＫと在京のキー局4社が大震災初期に伝えた情報を比較し、報道した被災直後の内容（津波、地震など）、地域（岩手、宮城、福島、首都圏など）、状況（避難所、救援救出など）は、それぞれの判断の違いが生まれたが、それ以後について、田中さんは問題点として次の二つを指摘した。

まず、最初の72時間内に「伝えられた場所」が陸前高田市、大船渡市、気仙沼市、石巻市、仙台市、名取市、宮城県南三陸町などにはっきりと偏り、逆に岩手県山田町、大槌町、岩沼市、宮城県亘理町、山元町、福島県浪江町など「伝えられない」、言葉を変えれば「忘れられた被災地」が生まれた。初期段階に取材が出遅れると、その後に特集報道番組を作る際も映像が乏しいままになる。各市町は以後、メディアが生んだ遅れ、格差をなかなか取り戻せず、全国からの支援にも差が生じたという現実があった。最も関心を集める時期の情報不足が、既に大震災の初期段階から「風化の芽」をつくっていたことになる。

指摘の2点目は、福島第1原発事故の発生直後の報道内容だった。NHK、民放キー局の報道量がほとんど同じ動きをし、政府が放射能の影響について「直ちに健康に影響はない」「放射性物質が飛び散っている可能性は低い」などと国民への安心材料をコメントするたびに一様に報道量が上がり下がりした。「放送する側としては、独自に取材をして（事実を）確認する手段が限られている中で、決まったところからしか情報を得られず、似たような報道量になった。テレビ（報道）などが不信感をもたれてしまった原因なのかなと思う。多様な情報源がない中で、逆に不正確な情報や流言が出てくる土壌になったのではないか」と田中さんは語った。現在に至る風評の源はここか、と筆者も当時を思い起こした。

11年4月11日。政府が福島第1原発の警戒区域（20キロ圏）外の高放射線量の市町村を対象に「計画的避難」指示を発表した時、筆者が取材に入っていた福島県飯舘村の住民は大混乱に陥った。マスメディアを通して政府は「健康に直ちに影響はない」との見解を繰り返し、福島県が村に派遣した放射線医療の専門家たちも同様の講演をしていた。原発からの放射性物質の飛散状況を予測した国の「SPEEDI」の画像が公表されたのは翌月だった。「俺たちはモルモットにされた。政府もマスコミも信用できない」。インターネットを使う習慣もあまりなかった村民から、そんな声を何度も聞いた。信頼できる情報源、「安全」の物差しを失った被災地内外の人々は、自衛策を手探りするほかなかった。「風評」もまた、当時の強烈な不安の感情の落とし子として生まれたとは言えないか。

「風評被害」のメカニズム

風評被害の構造とメカニズムについて詳細な講演を行ったのが、第一人者である東京大大学院情報学環総合防災情報研究センターの関谷直也さん（特任准教授）だ。1999年の茨城県東海村でのJCO（核燃料加工施設）臨界事故をはじめ、原子力に絡む過去の風評被害の事例をひもときながら、そのプロセスについて関谷さんは、次のように説明した。

風評の「第1段階」は、「報道量が増大し、世の中のあらゆるメディアが批判を行う、何か問題があればすぐネットに書き込まれる。科学的に何が正しい情報なのか不明で、理不尽な批判を受ける。事実関係が不明で、科学的に正しいことがあまり対抗策として意味を持たない。リスクコミュニケーションが効かない」という。前記した混乱の状態と重なる。

第2段階は、「報道量が減少し、既に多くの人が『福島県産』を拒否していないが、市場関係者、代理店、保護者を含む学校関係者ら、少数者が、（農産物や水産品などの）流通、給食、修学旅行などに影響を及ぼす」という。

第3段階は「常態化」だという。「報道量は減少するが、少数の関係者の関心、影響力は依然として高く、汚染水、廃炉過程のトラブルなどのニュースが出るたびに敏感に反応する」。さらに「コメ、果物、贈答品など他に代替えの利く商品について、贈られる側の反応を慮って購入を自制する。それを扱う店も同様の思い込みから、福島産の商品を敬遠する」。この段階は、風評が「壁」のように社会で構造化している状態と、関谷さんは説明する。

筆者は、河北新報の記事（15年6月4日の連載「風評と闘う　福島・原発事故の現場」㊤）が報じた風評の現状を紹介したが、その事実の一つ一つが関谷さんの指摘に重なった。

『手厚い検査体制によって福島産農産物は安全性が証明されている。2012年から全袋検査を続けるコメは、放射性セシウム濃度が基準値（1キロ当たり100ベクレル）を上回ったのは0・0003％以下で、市場には出回らない。コメ以外も、キノコや山菜類を除き、ほぼ全量が基準値を下回る。基準値を超えた場合、出荷されることはない。

それでも、風評被害はやまない。一時と比べ弱まったとはいえ、他産地との価格差の「固定化」はむしろ進んでいるように見える。

（中略）出荷量全国2位のモモは岡山県や山梨県産と比べ、今も25％安い。贈答用を中心に買い控えの影響が残る。福島市で果樹園を営む橘内義知さん㊲は「口コミで少しずつ広げた評判が原発事故で一気に途絶えてしまった」と悔しがる。

（中略）宮城県や岩手県産は2年で震災前水準に戻ったが、「福島牛」は1キロ当たり200～300円（約15％）の差が埋まらない。「福島産というだけで安い値が付く。これほどむなしいことはない」』

関谷さんによると、「福島県産の食材」への抵抗感は、福島市民約300人の聞き取り調査の比較で着実に改善し、13年5月の「積極的に購入している」（14・3％）「特に産地を気にして購入していない」(57・7%)が、15年1月にそれぞれ17・7%、64・3%に変化した。福島県以外の地域での同様の調査でも、13年5月がそれぞれ3・2%と68・7%、15年1月でそれぞれ4・5%と72・2%を記録。全体としても「福島県産を拒否する人の割合は減ってきている」と結論づけている。さらに、不安が和らいだ理由を問うと、「放射性物質に関する検査が行われるようになったので」が、福島で75・1%、県外でも47・5%、「基準値を超えた品目は出荷が制限されているので」が福島で62・7%、県外で46・0%、「放射性物質が検出されなくなったので」が福島で42・0%、県外で27・0%——など、検査の事実と結果を知ったことが理由の上位になった。

むしろ意外と言えるこうした数字を見ると、記事にある現実とのギャップは何なのか?という疑問が湧いてくる。あるいは、このギャップを埋めることにこそ、風評を克服する方策があるのではないだろうか。関谷さんは「事実を知らせていく」ことだと考えている。

被災地とのギャップは広がる

「福島県産の消費を拒否している層は難しい。情報を発信すべきターゲットは、例えば、ベクレルの数字やND(検出限界値未満)を読み取れない県外の一般消費者や、消費者の不安を慮っている流通の関係者だ。『おいしい』といったイメージでなく、全量全袋検査とその結果の周知をしてほしい」と関谷さん。調査では「どんな情報があれば積極的に購入を考えるか」との問いに、テレビ番組や新聞記事での詳細な特集をすべき——との回答が7割を占めた。

ただし、その前提となるマスメディアの大震災、福島第1原発事故、被災地に関する報道量は、これまでに激減した。無論、被災地の地元紙ではいまなお毎日、1面から社会面まで震災報道が絶えることがない。歳月は何も解決せず、風評問題をはじめ、南北にわたる被災地の復興の遅れと山積する課題が、現在進行形のニュースであり続けているからだ。

講演者でもあった筆者が紹介した事例に、南相馬市原町区太田地区に降りかかった「原発粉じん」問題があった。太田は、原発事故でほぼ全住民が一時避難を強いられた（注・小高区と接する一部が旧警戒区域に）。伝統の農業を基に地域再生に取り組み、12年から新潟大、福島大などの研究者らと連携して稲作試験を始めた。が、市内の13年産米の27袋からから、前年に出なかった放射性物質が検出され（24袋が太田の稲作試験のコメ）、14年7月になって「農林水産省が福島第1原発のがれき撤去作業で生じた粉じんが原因の可能性があると指摘し、東京電力に防止策を求めていたことが明らかになった」との報道が流れた。南相馬市と議会、農業団体が徹底究明を訴え、北隣の相馬市でも京都大の研究者が同時期に放射性物質の濃度上昇を観測した。が、その後、国の原子力規制委員会が「現地の土壌に原因がある」との見方を示し、15年5月には農水省が「最終的に原因は不明」とうやむやな幕引きをした。新たな風評への憤りだけが地元に残った。同年産米の米価（前渡し金）は、明らかに風評が反映され、福島県浜通り産のコシヒカリが半値近くに暴落（30キロ当たり6900円）。ことしも南相馬のコメは餌米として売られる。

「原発粉じん」問題は最初、ある全国紙がスクープとして大きく報道したが、以後の経過が全国ニュースに上ることはほぼなかった。「被災地の現状を全国紙が取り上げなくなった」という風化の実感を、被災者たちから耳にする。その傾向はテレビも同様のようだ。

最初の講演者だった田中さんは、大震災、原発事故が11年3月11日以降にどれだけ伝えられてきたか、テレビ報道（NHKとキー局のニュースキャスター番組）の時間量の推移について時系列の調査結果を紹介した。それによると、大震災関連報道が占めた割合は当然ながら右肩下がりに減り、11年4月の40〜80％から、14年以降は5〜10％に（ただ、月10〜15日は何らかの形で伝えている）。キーワード別では、4年以降で「復興」が1〜5日程度。「原発」は10日前後と依然高いが、「放射能」を加えると1〜5日、これに対し「エネルギー」では5〜10日に上がり、田中さんは「同じ原発でも『福島』でなく、『再稼働』『エネルギー政策』などに重点が移った」と分析した。また、震災関連ドキュメンタリー番組もNHK、キー局を併せて月10本程度の放映が続いているが、12〜14年では3月だけが30〜50本に跳ね上がり、「アニバーサリー（記念日）報道」の実情があらわになった。「視聴率を取るのが難しく、民報制作の50％が深夜の放映」だという。

メディアは何をすべきか？

被災地の内と外をつないでいた情報の流通が止まった時から、水が滞って酸欠になるように「風評」や「風化」が進み、内外を隔てる「壁」に育つ。それが筆者の実感だ。原発事故当初の衝撃があまりに強く、不安が多くの人に焼き付けられ、その後の被災地側の厳しい検査の結果や除染の効果、現地の生業再生への努力と成果などが日常的、継続的な情報として外に供給されないまま、最初の記憶が「思い込み」として消費者や学校を取り巻く人々、流通・市場関係者らの意識に固着する。被災地の産物の市場回復をも阻んでいる。関谷さん、田中さんの見解と調査データを自分の取材現場に重ね合わせ、風化と風評は互いに絡んだ構造的な問題だと再確認できた。では、我々メディア側にその解決策はないのか？分科会に集った地方紙、テレビ局や通信社、出版社など関係者の発言の一部を紹介する。

「定期的に福島に記者を派遣し報道しているが、風評問題をどこまで読者が知っているか、分からない」（九州の地方紙）、「福島からの避難者たちの報道を通じて、県民も風評問題に関心を持っていると思う。正確な情報を伝え続けることが風評克服の鍵という関谷さんの話を実践したい」（北陸の地方紙）、「原発事故が起きれば、福島のような全袋検査をやらざるを得ない状況になる。立地県のマスコミには、風評問題でも当事者になってほしい」（福島の地元紙）、「原発事故以来、系列各社から応援の派遣を受けている。1週間で自由に取材してリポートを作ってもらい、それぞれの地元で伝えてもらっている」（福島のテレビ局）、「地方紙から県外に発信する方法をどうするのか、課題のままだ」（福島の地元紙）。

原発事故の風評という広域的な問題に対し、多くの地方メディアはそれぞれ県単位の報道エリアで手探りしているのが実情だった。「県民は」「県民に向けて」という言葉がたびたび聞かれ、旧来の枠にとどまる地方メディアの「分断」を浮き彫りにしていると感じた。

在京のあるキー局は、毎月11日を大震災の「月命日」として被災地発のニュースを伝えている。ところが、宮城、岩手の系列局から復興にちなむ話題が上がってくるが、福島からはなかなか来ないという。「聞いてみると、『安全ですと報道すると、実際には安全でないのか、と視聴者から疑われ、逆効果ではないか』という迷いが現地の記者たちにある」

この話に対しては、関谷さんが「安全をめぐる対策は国や県がやるべきこと。メディアのやるべき使命は、いま福島の復興を妨げるどんな問題があるか、どう解決すべきかを掘り起こし、伝えることではないか」と延べ、地元記者たちが一歩踏み出すことを勧めた。

ある通信社の編集委員は南相馬市で起きた原発粉じん問題に触れ、「政治の側が何かをぼやかし、隠そうとした可能性はある。在京メディアが農水省の判断に関わった担当者に突き詰めて聴き、事実を追及することが必要だったのではないか。そうでないと、（被災地の外のメディアが）新たな風評発生に荷担していくことにもなってしまう」と指摘した。

議論の最後に筆者が提案したのは、被災地の地元メディアが連携して外への発信を強める、あるいは被災地の内外にある地方紙同士がそれぞれの住民、生産と消費の現場をつないで風評問題を立体的に検証する共同プロジェクトである。風評問題は、「地方」メディアに自らの定義のし直し、生き直しを迫っている。「県民のため」との枠にとどまらず、地域の問題や声を全国につないで解決を可能にする発信のメディアとなることだ。そして、地方と在京のメディアが風評などの問題を、現地と政治の場の両側でチェックする機能と責任を取り戻すこと。そうしてこそ情報は「壁」を越えて流通し、マスメディアの信頼回復にもつながる。

コラム　被災地で聞かれぬ言葉、当事者の言葉

（2016年3月　復興学会誌「復興」への寄稿に加筆）

東日本大震災の現場を2011年3月から取材する記者の1人として、被災地の北から南まで歩いて当事者たちの話を聴いてきた。数え切れない走り書きの言葉が大学ノート40数冊分を埋めてきた。その言葉は、被災地を流れる時間とともに変わってきている。同胞、家族、半生で築き上げてきたものを失い、古里から引き離された人々からは、折り返しのつかなさへの悲嘆と悔しさ、奪い去ったものへの怒り、行き場のない憎しみがあり、それから、そうした未解決の感情を心に抱えながらの模索、再起、決意、あるいは諦めの言葉があった。いま筆者が感じるのは、それらの言葉が「壁」に隔てられたように被災地の外に伝わらぬもどかしさ、被災地で聞かないのに外で語られる言葉の違和感、当事者とのギャップの広がりだ。筆者が日々過ごすジャーナリズムの場に流布してきた言葉の数々から、「復興」を主題として、震災から5年の被災地を取り巻く現実を「逆引き辞書」のように考えてみたい。

「復興」の行方　その1

今回、ここで取り上げたいのは、ほとんど「震災」、「被災地」の対語として語られている「復興」という言葉だ。「復興」を広辞苑で引くと、「ふたたびおこること。また、ふたたび盛んになること」という意味が載っている。もう一語、「復旧」という言葉があるが、こちらは「もと通りなること。もと通

りにすること」というシンプル、かつ、明瞭な説明がある。それと比べると「復旧」を超えて、もっと規模が大きく、以前の勢いを盛り返すというイメージがある。

その原型として、誰もが思い浮かべる歴史的事象のひとつが、日本中が焦土と化し、膨大な犠牲者が生まれた第2次世界大戦の悲劇からの復興であり、東京五輪の開催を象徴として経済大国に復し、国民が「豊かさ」を享受するに至る昭和20〜40年代の高度経済成長の成功神話であろう。そうした「〝暗〟から〝明〟」に転換する壮大なドラマのような明るい響きが「復興」という言葉にはある。それは昭和32（1957）年に生まれて、東京五輪のテレビ放映の興奮をリアルタイムで知る筆者を含め、国民的な記憶につながっているものと考えられる。

15年12月10日現在で死者計15，893人（行方不明者2565人）という自然災害で未曽有の犠牲者を出した東日本大震災。被害は甚大で、被災地は、岩手・宮城・福島3県を中心に、広大なエリアに及ぶ。こうした規模の災害は、70年前に体験した戦災以来の巨大な悲劇だった。そこからの再建の目標に「復興」という言葉が震災後の目標として用いられたことは――戦災復興の体験を基軸とするならば――、これもまた自然な流れだったと言えよう。

この「復興」という言葉が、震災発生後に新聞に現れたのは意外に早く、河北新報では3月13日の朝刊だった。記事の内容は感心したものではなく、当時の民主党政権が「11年度政府予算案を先に成立させてから、4月の補正で災害関連予算を」との方針を示したのに対し、自民、公明の野党が補正予算を優先させろと要求して対立している――との政争モノだ。「復興になれば予算もかかるの」という菅直人首相（当時）の発言がそれだが、この16年前、1995年1月17日に起きた阪神・淡路大震災では、2カ年にまたがり計3兆2，298億円の復興関連予算を組んだ。その経験がすぐ予算論議につながったのだろう。が、「復興」が政治の主導権争いのテーマとして登場したことは、この言葉の後の行方を暗示していた。

その阪神淡路大震災をひもとくと、発生からわずか2カ月後の1995年1月17日にこんな記事が出ていた。

『阪神大震災（兵庫県南部地震）の発生から、17日で2カ月。死亡者は計5490人（16日現在、警察庁調べ）に上り、兵庫県内の避難所では依然、8万人近くが不自由な生活を続けている。最大の被害を出した神戸市は、防災都市を目指した復興計画をめぐり、市民から「説明不足だ」との反発も。復興を急ぐ行政に対して、街づくりへの住民参加を求める声が強まっている。』『市は21日に計画案を発表。私権の大幅制限を前提に、幅20メートル前後の幹線道路と1－2ヘクタール規模の防災公園などが具体的に盛り込まれ、街が様変わりする内容だ。これに対し市民からは「住民の意向を無視した一方的なゴリ押し」と、計画反対の声が噴き出した。』（河北新報朝刊より）

大地震と火災の痛みも癒えぬ同市長田区など8地区の住民に対し、神戸市がひそかに着々と準備した計画だった。JR新長田駅南地区を筆者も歩いたことがあるが、再開発ビルには無人スペースが目立ち、取材した市民から「住民不在の失敗例」の評価を下されていた。これを読む限り「復興」は、現場と関係なしの政治、行政の言葉になっていったようだ。

現場取材者の言葉と葛藤

では、東日本大震災が起きた直後、東北の被災地の取材現場・報道で使われた言葉とはどんなものだったろうか。仙台市の河北新報で記者をしている筆者が、被災地に最初に入ったのは11年3月16～20日にかけて、宮城県石巻市、岩手県陸前高田市、大船渡市だった。大津波の襲来から間もない現場に足を踏み入れた刹那の印象とは、母親が体験した1945年の仙台空襲や歴史の教科書にあった原爆投下後の広島の写真くらいしか比較が思いつかなかった。そこにあった町がはぎ取られたような、すさまじい破壊の風景だ。現実の感覚を失って立ち尽くし、打ちのめされ、声をなくし、何をしたらいいのか分からぬ無力感に襲われた。そのころ国会で政治家たちが引っ張り合いをしていた「復興」という言葉など、想像すらできなかった。

そこで出合った言葉がある。石巻市と大船渡市という別の場所で、偶然に会った被災者から同じ言葉を聞いた。それは「ごくろうさま。がんばって」。1人は不明の母親を探す40代の男性、もう1組は流された自宅跡から先祖の位牌《いはい》、遺影を持ち出してきた初老の夫婦。自らが投げ出された悲劇を棚上げしてまで、その極限の現場に来てくれた地元紙記者に出した一服茶のようなねぎらいであり、起きたことを伝えてほしいという願いを託す言葉とも感じた。同じ東北出身者の筆者は「同胞」の気持ちが伝わってきて、泣けた。

同じ時期に被災地に足を踏み入れた他の取材者たちにとっても、筆者を打ちのめした無力感は共通のものだったと思う。現場や避難所で被災した人々に出会っても、そこから、どう話しかけるか、どんな言葉で何を問えばいいのか……。廃墟となった古里で家と暮らしを失い、家族が亡くなったり不明になったりした人々に、そもそも質問が許されるのか。そんな葛藤に苛まれ、否応なく自分が「他者」であると自覚する。それが始まりだった。

「息子を亡くし納骨を行った被災者にインタビューしている際に取材相手と一緒に泣いてしまった。取材者としては失格だと思うが、それ以降は取材相手とより一層打ち解けたつきあいができるようになった」

「被災者と一緒に泣いた。涙の止まらない私を見て、被災者も泣きながら話してくれた」「情報を聞き出すのではなく、一人の人間として、その方のお話を受けとめることです」「放送で伝えることが自分の仕事ですけど、一人の人間として力になりたいので、何か手伝うことはありませんか」

「何度も会いに行き、自分という人間を信用してもらえない限り、難しいと実感した」

列記した言葉は、震災取材に参加したNHKの記者、アナウンサー、ディレクター、カメラマンら217人の体験を聴き取り、「言葉」の視点で分析したNHK放送文化研究所の井上裕之主任研究員の調査（『放送研究と調査』9月号所収）の一端だ（筆者も現場取材者の立場で分析や13年3月の発表に関わらせてもらった）。

ひとつの質問をするまで、取材者たちは「1人の人間としての当事者に向き合う」ことと、ニュースを切り取る任務とのはざまで苦悩した。その過程で「被災者」「がれき」「壊滅」など、遠くから現場の惨状をひとからげにする言葉に、疑問を持っていったという。

例えば「被災者」は、「突き放した印象を受ける」「被災地以外から見た目線になる」「被災という烙印を押して、ひとくくりにまとめてしまうことに抵抗を感じる」「被災者である前に、町民であり村民であり、主婦であり、会社員であるはずだ」等々。

「壊滅」という言葉に関しては、「第三者的で、その地域に寄り添っている感じがしない」「被災者が失ったものの大きさを考える時、『カイメツテキ』のひと言で形容していいのか」。「何度も使うと『全く復興の見込みがなく絶望的』という印象を与えてしまう」等々。

「がれき」という言葉に関しては、「傍観者的に感じさせる表現」「壊れた家やその他のモノに被災者の生活感が残っているように感じた」、「その人たちにとっては家や車など大切なもの」等々。

筆者は2011年5月、南相馬市民の情報サイトで、「瓦礫、瓦礫って言うけど、ほんの1カ月半前迄、それらは瓦礫じゃなかったんだい。被災者にとっては今でも」という書き込みを見た。重なったのは廃虚でなく、その下に散乱した三輪車や化粧道具箱、鍋、布団、晴れ着、タンス、ハイヒールやブーツ、レコード、教科書や漫画本、携帯電話や位牌、家族のアルバム……。「がれき」に見えたのは、遠く離れているから、あるいは、距離を置いて見ているからだ。現場の取材者には、もはや集合名詞や抽象名詞などではなく、そこにいたはずの人の分身として向き合うべき存在になった。

南相馬の浜で、被災した農家の男性が家の柱などを野積みにしていたのを筆者が見て、理由を問うと、「再建の日まで取っておく」とのこと。亡くした妻と暮らした日々の形見であり、再生の希望がある限り、がれきではなかった。現場の取材者は自然に当事者側の言葉を選ぶようになった。

被災地がこうした惨状にある時、すでに政治の場で独り歩きしていた「復興」という言葉は、それからどのように使われていったのか。河北新報の記事に載った事例から確かめてみたい。

「復興」の行方　その2

「われわれは政権に復帰をし、福島の復興なくして、日本の再生はなし。この基本姿勢の下に復興に全力を尽くしてまいりました」。「こうした復興をどんどんどんどん進めていくためにも、やっぱり日本の経済を強くしていかなければなりません」「私たちはしっかりと、しっかりと、復興を加速化させていくことをお近い申し上げる次第であります」

２０１４年12月14日、自民党の政権復帰後初の衆院選の公示日、福島県相馬市（筆者の郷里）の松川浦漁港で安倍晋三首相が挙げた第一声の演説の一節だ。「復興」は演説で10回語られた。相馬市は東京電力福島第1原発（福島県双葉町、大熊町）の約45キロ北にあり、避難指示区域からは外れたが、東電が流出させた１１５００トンの汚染水の影響で漁獲自粛に追い込まれた。津波被災者でもある漁業者たちは、忍耐強い努力で「試験操業」を重ね、ほそぼそとした量ながら安全な魚種の流通を復活させてきた。

「日本経済を強く」する話が大半の演説に、居合わせた漁業者は、取材に対して「よその世界の話のようだった」と話し、「復興」の言葉はほとんど響かなかったという。「復興」はここで政権公約のスローガンの扱いとなり、被災地の人々の現実感や生活実感との乖離はいっそう広がった観があった。

東日本大震災を契機に「復興」が政治スローガンとなっていった原型は、河北新報の記事でさかのぼれる限りにおいて、２０１１年9月8日、民主党政権の野田佳彦首相（当時）が福島県庁で被災地自治体の首長たちに訴えた「福島の再生なくして日本の再生なし」というセリフだと思われる。「再生」も東日本大震災を機に多用された言葉で、元首相はその後も繰り返し語り、翌12年12月の衆院選でやはり政権公約のスローガンにした。同じ選挙で政権復帰を果たした安倍首相は福島市での第一声で「被災地の復興なくして日本の未来はない」（同月4日）、首相就任後の会見では「復興の加速化が何より大事だ。国が前面に立って福島の再生に取り組む」（同26日）と述べた。以後、「復興」は「福島」、「被災地」、「加速」との組み合わせを主として、施政方針演説や国会答弁、会見、談話などで語られ続けている。

「復興」と「2020年東京五輪」と結びつけた政治の側の発言があったのは2013年3月4日。国際オリンピック委員会（IOC）による東京の会場調査の折、竹田恒和招致委員会理事長が「聖火リレーを（東北で）実施し、復興した日本の姿を世界に発信したいと伝えた」と語った。同年9月のブエノスアイレスのIOC総会で東京五輪招致は決まったが、その間の演説や会見で安倍首相は「（原発事故の汚染水問題の）状況はコントロールされている。東京に悪影響を及ぼすことはない」、「復興を成し遂げた日本の姿を世界中の人々に向けて力強く発信していく」などと発言した。その後「東京五輪・パラリンピックまでに東北、福島の復興を加速させる」（14年2月14日の衆院予算委）、「何としても復興五輪としたい」（同年9月29日の所信表明演説）と、どちらが主か従かわからぬまま、「復興」は「五輪」とも合体していった。

ただの復興ではなく「創造的復興」という言葉も大震災以後、流行語になった。これも政治の側から発せられており、阪神・淡路大震災から丸1年の追悼式で、当時の貝原俊民兵庫県知事が「フェニックスのように力強くよみがえる創造的復興に全力を注ぐ」と述べた。この言葉は東日本大震災後の政府の復興構想会議でも用いられて流布した。元に戻す再生の枠を超えて、新たな時代のモデルになるような進化形に造り変えるイメージがある。これを多用し、やはりスローガンとしているのが、復興構想会議の一員でもあった村井嘉浩宮城県知事だ。「創造的復興を契機に宮城をつくり変える」（15年11月23日の河北新報）、「自分のイメージ通りの復興をやり遂げたい思いがあるから、知事を続けている。きついが、自分の責任で『創造的復興』を完成させたい」（同24日の同紙）。この流れに対し、民間研究団体「兵庫県震災復興研究センター」の出口俊一事務局長の次のような反語的指摘がある。先に紹介した神戸市新長田駅南地区の再開発の結果は「復興がもたらした災害」であり、「市が『創造的復興』と称して高コスト体質になる再開発を進めた結果、商店主たちは疲弊した。復興を契機にあれこれやるのは災害への便乗。東北でも同じことが起きているのではないか」（14年8月12日の同紙）。

被災地の側における「復興」

東日本大震災での筆者の取材経験を振り返ると、「復興」という言葉が被災地で話を聴いた人々から語られたという覚えがない（彼らが語るのは事実のみだからだ）。震災から5年近くが経過して、いまだ現状からはるかに遠い理想郷のようなものであり、あるいは震災前の自分たちに戻ることは不可能になってしまったという諦めがあり、目の前にあまりに多くの問題が山積している現実があり、最もギャップを感じる言葉なのかと想像している。前章で眺めたように「復興」が政治の側からたやすく、作為的に発せられることへの冷めた感情、不信、不快、憤りもあろう。河北新報の読者の投稿で「復興」は数多くヒットするが、その大半が反語的な表現だ。

『2020年の五輪開催地が東京に決まった。招致委員会の竹田恒和理事長が「福島から250キロ離れている東京は安全」と言った。その発言は福島の人々に対して失礼だと思う。被災地と東京を切り離しているような気がする。被災地の復興が忘れられてしまうのではないか、という考えを抱かずにはいられない。また「復興した日本を発信する」と安倍晋三首相は言っていたが、本当に復興できるのだろうか。』（13年10月16日の『声の交差点』から）。宮城県の中学生の投稿の一節で、上述した被災地の感情の発露といえる。

『あれから3年10カ月がたとうとしているが、福島第1原発の状態が収束からは程遠いということも、故郷に戻れない十数万の人々がいるという現実も、〝復興〟という言葉の陰に押し込められ忘れ去られようとしているような気がしてならない。』（15年1月10日の読者コラム『座標』から）。ここにも全く同様に、被災地の現実を覆い隠そう、忘れ去らせようとしている「復興」という言葉の流布に対する、東北の人々のいらだちがある。

『そんな中、復興事業費の地元負担が求められることになった。あの日からひとときも息を抜くことなく復旧復興に汗している自治体と住民に「ギアをもう一段上げる」との担当大臣の発言は、余りに非情ではないか』（15年7月8日の投稿コラム『持論時論』より）、『安倍晋三首相をはじめ、国や政府は「福島の復興なくして日本の復興なし」と繰り返し発言している。だが点と線の復興はともかく、面的な復興は遅々として進まずの感が強い。仮設住宅とは名ばかりの〝恒久〟住宅になりつつある現実を見ると、政治の愛が届いていないと思う』（15年2月28日の『声の交差点』より）。このような指摘の例は、まさしく枚挙にいとまがない。「復興」という言葉がいかに政治（あるいは選挙）スローガンとなっているか、そして、言葉の裏にある政治の非情な素顔を、人々は見抜いている。

「復興」の意味やイメージが不明確で、誰にも共有されていない中で、その言葉が被災地を引き裂き、対立を生んでいる例もある。震災後、被災地の多くの自治体には臨時災害FM局が生まれ、行政や生活の情報、DJ放送と憩いの音楽、住民生出演によるさまざまな訴えをなどを伝えるメディアになってきた。が、多くの自治体で、政府の放送免許と運営の補助金交付が16年3月で期限を迎える。宮城県亘理町では、町が財政難を理由に放送継続に否定的だ。一方、地元の「FMあおぞら」は住民のために継続を求めている。その問題を報じた15年12月2日の河北新報には、両者の次のようなコメントが載った。

FM局側は「復興途上の地域にとって情報発信はまだ必要」とし、町は「復興途上で財政が厳しい中、多額の税金を投じることに住民の理解を得るのは難しい」。どちらの理由も真実なのだと思われる。復興のために住民向けの生の情報は不可欠であり、復興のためには限られた予算を正しく分配することも不可欠だ。しかし、同じく町と住民の「復興」を目標としながら、両者は目に見えない情報と予算不足という異なる価値の間で対立し、最も大事な「復興とは何か?」についての議論と合意がないままに、「復興」という大義をめぐる綱引きになってしまった。ただ、問題の後ろにある真の問題とは、「復興」の旗印を掲げながら、実際には政府に財源と支援を依存せざるを得ない被災地自治体の弱さという現実であり、それが政治の側に「親方顔」「どや顔」の「復興」スローガンを語らせ、言葉の意味をますます希薄にしている。

「フクシマ」をめぐって

「復興」に次いで、気に掛かっていた言葉がある。本稿の最後に、この点についても言及しておこう。厳密に言えば表記の話であるが、前者と同様に、その抽象的なイメージの陰で被災地の現実が忘れられてしまうのではないか、という小さな危惧を感じていた。それは、「福島」ではない「フクシマ」という言葉だ。

考えるきっかけを、早稲田大政治経済学部4年の前場理恵子さん(22)にもらった。ゼミの論文で「ヒロシマ・フクシマはどのように表象されたか」というテーマを選び、筆者も2015年11月にインタビューを受けた。原爆被災地のカタカナ表記に小学5年生で違和感を持ったことに加え、大学2年の時、筆者が福島第1原発事故の被災地報告を中心に行った講義を聴いた後、偶然に見た全国紙の見出しの「フクシマ」への違和感が重なったという。

「フクシマ」への印象を問われ、筆者が真っ先に頭に口に出した言葉は、失礼ながら「よそもの(言葉）だな」、「気楽だね」、「ふざけんな」だった（その発言を前場さんも記録している）。その理由はいくつかあった。
（1）抽象的なカタカナにしようがない（相馬市生まれの自分には最も具体的に知る古里だから）
（2）「フクシマ」という響きにこだわりが薄かった（たとえば浜通りの人にとって福島は、福島県か中通りの福島市を意味し、相馬、南相馬、飯舘、いわきなど浜通りとは、会津地方と同様、どこか遠い感覚がある。原発事故以前は県の一体感よりも、多様な地域が共存するイメージが強かった）
（3）浜通りの双葉、相馬地方が原発事故で最も深刻な被災地であり、「フクシマ」というばく然とした扱いに違和感がある
（4）そもそも福島県の人が自分のいる場所を「フクシマ」とカタカナで考えたことがない。
前場さんは2013年6月、福島市のJR福島駅周辺で通行者に「〝フクシマ〟という表記に違和感はあるか」を質問した。10～70代の市民40人の回答は「抵抗を感じる」「どちらかというと抵抗を感じる」が100％だった。筆者の実感と同様だ。前場さんが聴いた個々の意見は、「原発事故が（本当に）起こってしまったんだな」「フクシマがこういう形で世界的にも有名になるのはつらい」「カタカナを見る度に怖くなる」と否定的なものが多かったが、「〝フクシマ〟が〝ヒロシマ〟のように日本や世界に向けてのメッセージになれば」「確かに違和感はあるが、忘れ去られるよりはましである」と、あえて前向きにとらえようとする人もいた。

相馬市で3000人以上の住民を診察してきた精神科医の蟻塚亮二さん（69）＝エピローグ参照＝は、近著『3・11と心の災害』（大月書店）でこう指摘する。

『ときに県外に避難して生活する人にとって、「福島」という言葉は自分が否定されるときの口実と

なった。すると「フクシマ」という言葉はスティグマ（注・烙印のこと）となって人を刺す。「フクシマだから」というスティグマに直撃された当人たちは、まるで自分が悪いことでもしたかのように沈黙するか、避難者であることを隠して生きる。』

前場さんの調査では、「ヒロシマ」表記が初めて現れたのは1946年。原爆投下直後の広島で、米国人作家ジョン・ハーシーが人々の声を記録し、発表した本の邦題で「ヒロシマ」だったという。英語の原題「Hiroshima」の日本語訳としてのカタカナ表記であり、世界に広く伝えるべき「国際語」のメッセージ性を込めたのだろう。国内のマスコミでもその後、おそらく同様の意味で、朝日新聞を中心に「ヒロシマ」が多用されるようになったという。

河北新報のデータベースを検索すると、記事で「フクシマ」が使われたのは、原発事故があった2011年の8月。広島原爆忌の6日を前に、東京新聞が配信した「被爆国日本、原発推進の背景　広島・長崎への原爆投下……第五福竜丸被ばく事故…そして福島原発事故」という長い特集記事が最初だ。ここでは上記の意味の「ヒロシマ」と対置して「フクシマ」という言葉が使われた。福島第1原発事故を原爆と並べうる世界史的出来事としてアピールする狙いがあったようだ。2番目の記事は、6日の平和記念式典を伝えた共同通信の記事（同月7日掲載）。『「脱原発」と「核兵器廃絶」への思いを新たにした。ヒロシマとフクシマ。新たな核被害者の思いが被爆地に重なった』として、福島県須賀川市、福島市、浪江町から広島市に避難中の家族の声を紹介した。あらかじめ準備して取材した〝狙いモノ〟と思われる。

原発事故の直後といえる時期であり、書いた記者たちの意図や思いは理解できる。が、やはり筆者は違和感を覚え、「当事者と他者の違い」を感じた。地元紙の記者なら、ほとんどやらないことだからだ。

以下の理由も、前場さんのインタビューで話させてもらった。

（5）被災地の一つ一つの町や村、「○○地区の××さん」の名は、我々にとって具体的なもの。一人一人の声と事実を伝えることこそがジャーナリストの仕事である。

（6）カタカナ表記は、そうした事実をぼやけたもの、きれいごとにしてしまい、当事者のありのままの苦闘と苦悩、抱える問題を見えなくしてしまう。

（7）広島、長崎と原爆は、70年を過ぎた現在も抽象的な議論の対象ではなく、いまの問題であり、地元の語り部たちは「いまを生きているあなたがたと、子どもたちの問題なのだ」と身体と命を懸けて訴え続けている。現在進行形の事実であり、カタカナ表記にする理由がない。

（8）抽象化、さらには象徴化することは、現地からの距離が遠ければ遠いほど、そうした事実への人の思考を止めさせ、「風化」につなげてしまう。それこそがいま、東日本大震災の被災地の内と外で起きている問題である。

むすびにかえて

本稿は、東日本大震災の被災地をめぐる、もしくは当事者をめぐる言葉の問題に関して、報道の現場で感じた断片を書き留めたものである。被災地の痛みや悲しみ、苦しみが続いているのと同様に、この思索はいまもなお進行中である。したがって、「結論」の節を拙速で書くことは、敢えて差し控えさせていただきたい。

（注）本書のタイトルにおける「福島」は、福島第1原発事故の被災地が広い地域に及ぶことを想起していただく意図で用いた。飯舘村、南相馬市もその中にある。

あとがき

2016年4月14日と16日、最大震度7の前震・本震が熊本市と近郊の益城町《ましきまち》などを襲う熊本地震が起きました。直下型の激震で家屋群が延々と崩壊していた光景に、11年3月11日の東日本大震災から数日後「初めて足を踏み入れた宮城県女川町を思い出した」と、現地を取材した河北新報社の記者は語りました。「並べられたマットや布団、形だけの仕切り、あぐらをかいて弁当を食べる男性、所在なげに肩を並べた老夫婦、不安そうに掲示板の情報を眺める女性、夕食の配給を待つ長い列など、数え切れない被災者の姿。あの震災と同じだと思った」「避難所の状況や消えた交通信号など、受け入れがたい非日常の光景、地震による地割れで田植えができなくなった農家たちの嘆き、歴史の象徴である熊本城の城郭崩落。5年前の被災直後の東北各地で起きた『喪失』の現場に重なった」

熊本市出身の別の記者は、変わり果てた古里を取材した手記を5月1日の本紙につづりました。『実家の近所や幼なじみの被災した家は、引っ越したり建て替えたりすることになったと聞く。慣れ親しんだ地域の変容に、むなしさがあふれる。東北の被災地で見聞きした状況が、目の前の現実となった。』『河北新報の腕章を着けて避難所を歩いていると、避難者や支援者など多くの人が声を掛けてきた。「震災を心配していた」「東北にもボランティアで行った」。熊本をはじめ、全国各地の人が今も東北に心を寄せてくれていた。その思いにもまた、鼓舞された。』

取材者、記録者、地元に関わる当事者でもある——という立場を背負う葛藤は、5年前、筆者を含めた河北新報の記者たちがくぐった経験です。津波のすさまじい破壊の惨状に圧倒され、何をしたらいいのか分からない無力感に襲われる。廃墟となった街で家とすべての財を失い、家族が亡くなったり不明になったりした人々にどんな言葉を掛けたらいいのか？――。それが始まりでした。「そこから自分に、何ができるのか？」と、いま、熊本ゆかりの記者たちが自問しているのではないでしょうか。

痛ましい姿で立つ熊本城の映像を見るたび、現地の復旧・復興もまた長い時間を要するであろうことを想像しますが、6433人が犠牲（関連死も含む）になった1995年1月17日の阪神・淡路大震災の後、神戸新聞の記者たちはその後の10年を追った連載報道で、初めて語られる記憶を発掘し、失われた命の意味を考え、地元紙の責任を自問しました。神戸で10年、東北ではいったい何年掛かるのか？

阪神・淡路の9年後に中越地震が発生し、その7年後に東日本大震災、さらに5年後に熊本地震が起きました。驚くべき頻繁さではありませんか。「日本列島の震災は風化を拒否している」と感じます。政府の地震調査委員会は「太平洋岸（関東～四国）で30年以内に震度6弱以上の確率が約60～80％台」という評価を公表しました。いったん震災が発生すれば、被災地の住民にどんな事態が降りかかるのか、次に何が起きるのか、どんな問題、苦難が生まれるか、どんな選択を被災者は迫られるか、どう乗り越えたらいいか――。震災を先に体験した被災地のメディアはそれらを発信し続ける使命を背負います。次への備えとともに、被災地の苦闘と模索、挑戦、知恵と解決策、生き方を知ってもらい、共有してもらうために。熊本、大分両県の活断層に沿って直下型地震が広がった熊本地震で、近接する川内、伊方両原発が無事だったのは天のみぞ知る幸運でしかありません。原発事故による惨禍は、広島、長崎の原爆、沖縄戦などの犠牲と同様、風化による忘却を許しません。「何も終わっていない」と私たちが言い続けるのは、「隠す」「小さくする」「繰り返す」側もあるからです。

『東京電力は24日、福島第1原発事故の状況をめぐり、核燃料が溶け落ちる「炉心溶融（メルトダウン）」が起きていることを事故直後に公表できたにもかかわらず、過小に誤った判断をしていたと発表した。東電は「判定する根拠がなかった」と説明してきたが、炉心溶融を規定するマニュアルが社内に存在していた。』（16年2月25日の河北新報より）

『東京電力が福島第1原発事故から5年間、原子炉内の核燃料が溶融しているか判定する社内マニュアルの基準を見落としていたとされる問題で、東電の岡村祐一原子力・立地本部長代理は11日の記者会見で「（炉心溶融の基準を）私自身は認識していた」と述べた。事故直後に炉心溶融の基準を把握していたことを東電幹部が認めたのは初めて。』（4月12日の同紙より）

『東京電力が福島第1原発事故の当初、原子炉内の核燃料が溶け落ちる炉心溶融が起きていたのに炉心損傷と説明し続けた問題で、姉川尚史原子力・立地本部長は30日の記者会見で「炉心溶融に決まっているのに『溶融』という言葉を使わないのは隠蔽《いんぺい》だと思う」と述べ、同社の説明が不適切だったとの認識を示した。』（5月31日の同紙より）

『（前略）東電の第三者検証委員会は16日、検証結果を公表した。当時の清水正孝社長が「炉心溶融」の言葉を使わないよう指示し、使用を控えるべきだという認識が社内で共有されたとした。事故を過小評価する「炉心損傷」との表現を続けた東電の隠ぺい体質が改めて浮き彫りになった』（6月17日の同紙より）

大震災、福島第1原発事故から5年が過ぎて後、ほとぼりが冷めるのを待ったように漏れ出す事実があります。福島県ばかりか東北の震災被災地の産業再生と市場回復の足かせとなってきた「風評」の根も、原発事故発生当時からの情報隠ぺいへの疑念と不信にあるというのに。この報道に触れて思い出したのは14年1月、「防災」をテーマに東京のフォーリン・プレスセンターが催した討論会。私も参加したこの壇上で語られたのが、原発事故の当初、メルトダウン（炉心溶融）が起きていたかどうかをめぐるジャーナリストたちの葛藤と無念、教訓です。「メルトダウンは間違いないと思ったが、政府、東電がそれを言わないため、そこから踏み込めなかった」（水野倫之NHK解説委員）、「隠している情報があるのではないかと当時、政府に問い続けた。人々のためにそれを見つけられるかどうかが、次の震災でも最大の課題であり続ける」（ラース・ニコライゼン・ドイツ通信社東京支局長）。

「原発事故被災地の避難指示を解除したら、政府はきっと『復興』をうたい上げ、20年の東京オリンピックへと機運を盛り上げ、被災地を忘れさせることでしょう。『終わらないことは終わらない、おかしいことはおかしい』と言い続けなくては。それが、被災地のメディアの役目。歴史を記録し、伝えてきた先達である沖縄の人たちに学ぶ時だ」。本書のエピローグで紹介した沖縄での「フォーラム3・11今できること」の討論で、筆者が最後に述べさせてもらった東北からのメッセージです。

本書は東日本大震災の取材記ブログ「余震の中で新聞を作る」から生まれた5冊目の本になります。出版に当たり、飯舘村の菅野義人さん、菅野啓一さん、佐野ハツノさん、菅野宗夫さん、菅野永徳さん、ふくしま再生の会の皆さん、和歌山大の加藤久美さん、サイモン・ワーンさん、東京芸術大の荒井経さん、南相馬市の杉内清繁さん、奥村健郎さん、大和田祥旦さん、石井光明さん、島田滋さん、山梨県北杜市の小野田等さん、河北新報の同僚たち、明石書店の森本直樹さんに心より感謝を申し上げます。

２０１６年7月

寺島英弥

著者紹介

寺島英弥 （てらしま・ひでや）

河北新報社編集局編集委員

1957年、福島県相馬市生まれ。早稲田大学法学部卒。論説委員、編集局次長兼生活文化部長を経て2010年から現職。02〜03年にフルブライト留学で渡米。東北の暮らし、農漁業、歴史などの連載企画を長く担当し、連載「こころの伏流水　北の祈り」で1993年度新聞協会賞。11年３月から震災取材に携わる。ブログ「余震の中で新聞を作る」。15年から早稲田大学ジャーナリズム研究所招聘研究員。

著書に『シビック・ジャーナリズムの挑戦——コミュニティとつながる米国の地方紙』（日本評論社）、『東日本大震災　希望の種をまく人びと』『海よ里よ、いつの日に還る——東日本大震災３年目の記録』『東日本大震災４年目の記録　風評の厚き壁を前に——降り積もる難題と被災地の知られざる苦闘』（以上、明石書店）、『悲から生をつむぐ——「河北新報」編集委員の震災記録300日』（講談社）などがある。

東日本大震災 何も終わらない福島の５年
　飯舘・南相馬から

2016年８月25日　初版第１刷発行

著　者　寺　島　英　弥
発行者　石　井　昭　男
発行所　株式会社　明石書店
〒101-0021　東京都千代田区外神田 6-9-5
電　話　03 (5818) 1171
ＦＡＸ　03 (5818) 1174
振　替　00100-7-24505
http://www.akashi.co.jp
装　幀　明石書店デザイン室
印刷・製本所　モリモト印刷株式会社

（定価はカバーに表示してあります）　ISBN978-4-7503-4376-1

東日本大震災 希望の種をまく人びと

寺島英弥 著

◆四六判／392頁 ◎1800円

東日本大震災から2年、いまだ先行きの見えない復興と多くの困難を抱える被災者。河北新報編集委員が、たとえ小さくとも確かに芽生えつつある再起と復興の兆候を追いかける。農業・漁業、除染、まちづくり、事業再開など、丹念な取材で人びとの不屈の活動を紹介する。

海よ里よ、いつの日に還る

東日本大震災3年目の記録

寺島英弥 著

◆四六判／312頁 ◎1800円

被災地の現状を丹念に追いかけ、伝えつづける河北新報編集委員の震災後3年目の報告。厳しい現状と向き合いながら地道に生活の再建と希望を見い出す糸口を見つけだそうとする人びとの歩みを共感をもって描き出す。

東日本大震災4年目の記録 風評の厚き壁を前に

降り積もる難題と被災地の知られざる苦闘

寺島英弥 著

◆四六判／312頁 ◎1800円

風化と忘却にさらされつつある東日本大震災の被災地の状況を執念をもって伝えつづける河北新報編集委員の震災後4年目の報告。風評被害の厚き壁を前にして状況打開に苦闘する米作り農家や漁業者の姿を描く。

福島原発事故 漂流する自主避難者たち
実態調査からみた課題と社会的支援のあり方
戸田典樹編 ◎2400円

福島第一原発 メルトダウンまでの50年
事故調査委員会も報道も素通りした未解明問題
烏賀陽弘道 ◎2000円

理念なき復興 岩手県大槌町の現場から見た日本
東野真和 ◎2200円

新版 原子力公害 人類の未来を脅かす核汚染と科学者の倫理・社会的責任
ジョン・W・ゴフマン、アーサー・R・タンプリン著 河宮信郎訳 ◎4600円

〈価格は本体価格です〉